I0325113

www.ingramcontent.com/pod-product-compliance
Lightning Source LLC
Chambersburg PA
CBHW080538300426
44111CB00017B/2778
9781949743395

Persian Learner

فارسی آموز

Advanced Persian for College Students

فارسی پیشرفته دانشگاهی

نسخه تصحیح شده

Part Four

بخش چهارم

Peyman Nojoumian

پیمان نجومیان

UCI Jordan Center for Persian Studies

— 2018 —

Publication of this book was supported by:

Design, illustrations and composition of the book: Leila Ahmadpanah

Persian Learner Part Four: Advanced Persian for College Students

ISBN: 978-1-949743-39-5

Companion website: https://www.persianlearner.com/

© Peyman Nojoumian 2018

Peyman Nojoumian is hereby identified as author of this work in accordance with Section 77 of the Copyright, Design and Patents Act 1988.

All rights reserved. No part of this publication may be reproduced, stored in a retrieval system, or transmitted, in any form or by any means, electronic, mechanical, photocopying, recording or otherwise, without the written permission of both the author and the publisher. This book is sold subject to the condition that it shall not, by way of trade or otherwise, be lent, resold, hired out or otherwise circulated without the author or publisher's prior consent in any form of binding or cover other than that in which it is published and without a similar condition including his condition being imposed on the subsequent purchaser.

پیشگفتار

زبان فارسی، پیشینه‌ای ۲۵۰۰ ساله در فلات ایران دارد. در سال‌های اخیر، برخی از مردم ایران و افغانستان به قاره‌ی اروپا و آمریکای شمالی مهاجرت کرده‌اند. در نتیجه‌ی این مهاجرت، مؤسسات آموزش عالی، تصمیم به آموزش زبان و فرهنگ فارسی به این مهاجرین و سایر علاقمندان به این زبان گرفته‌اند. بنابراین، بیش از هر زمانی به تألیف کتاب‌های آموزش زبان و فرهنگ فارسی احساس نیاز می‌شود.

مجموعه‌ی فارسی‌آموز، نوشته دکتر پیمان نجومیان، قدم مهمی در پاسخ به این نیاز روزافزون است. دکتر نجومیان زبانشناس و متخصص آموزش زبان و فرهنگ فارسی به غیر فارسی‌زبانان است و بیش از یک دهه است که این زبان و فرهنگ غنی را در دانشگاه‌های مختلف تدریس کرده است. آنچه که مجموعه‌ی فارسی‌آموز را جذاب و پراهمیّت می‌کند، تلفیق سنّت‌های فرهنگی و ارزش‌های فرهنگ مدرن ایران در آموزش این زبان است.

مرکز مطالعات زبان و فرهنگ فارسی جردن در دانشگاه کالیفرنیا - ارواین، مفتخر است که بخش چهارم مجموعه‌ی فارسی‌آموز را با حمایت دانشگاه یواس‌سی به چاپ برساند.

تورج دریایی
رئیس کرسی مطالعات زبان و فرهنگ فارسی
مدیر مرکز ساموئل جردن، مرکز مطالعات زبان و فرهنگ فارسی
دانشگاه کالیفرنیا، ارواین

فهرست مطالب ـ بخش چهارم

پیشگفتار iii
راهنمای دانشجو viii
درباره بخش چهارم فارسی‌آموز ix
برنامه درسی پیشنهادی xi
سپاسگزاری و توضیحات حقوقی xii
فهرست منابع منتخب فارسی و انگلیسی xiii

Unit Thirty One — درس سی و یکم ـ تاریخ ایران باستان

آشنایی با تاریخ ایران باستان ۲
تمرین کلاسی ـ اشیاء باستانی ۳
خواندن یک ـ تاریخ ایران باستان ـ هخامنشیان ۵
تکلیف ۷
تمرین کلاسی ـ گفتگو ۸
تمرین کلاسی ـ مستند هخامنشیان ۹
خواندن دو ـ اشکانیان ۱۰
تمرین کلاسی ـ قلمرو اشکانیان ۱۱
تکلیف ۱۲
خواندن سه ـ ساسانیان ۱۳
تمرین کلاسی ـ قلمرو ساسانیان ۱۴
تکلیف ۱۶
متن فایل‌های صوتی ۱۷

Unit Thirty Two — درس سی و دوم ـ ایران در عصر اسلامی

آشنایی ـ حمله مسلمانان به ایران ۲۰
تمرین کلاسی ـ گسترش اسلام ۲۱
خواندن یک ـ ایران در عصر اسلامی ۲۲
تمرین کلاسی ۲۳
تکلیف و تحقیق ـ دانشمندان ایرانی ۲۴
تمرین کلاسی ۲۵
خواندن دو ـ گسترش زبان فارسی ۲۶
دستور ـ گروه اسمی، گروه فعلی و فعل مرکب ۲۷
تکلیف ۲۸
تمرین کلاسی ـ مستند ابن سینا ۲۹
خواندن سه ـ حکومت‌های ایرانی ۳۰
تمرین کلاسی ۳۱
تکلیف ۳۳
مغولان ـ حمله به ایران ۳۵
خواندن چهار ـ ایلخانان ۳۶
دستور ـ عبارات فعلی و گروه قیدی ۳۷
تکلیف ۳۸
صفویان ۳۹

خواندن پنج ـ افشاریه و زندیه ۴۰	
تکلیف ۴۱	
متن فایل‌های صوتی ۴۲	

Unit Thirty Three — درس سی و سوم - ادبیات کلاسیک فارسی

آشنایی با شعر و ادب کلاسیک فارسی ۴۴	
دستور ـ ساختار هجایی زبان فارسی ۴۵	
عروض و قافیه ـ مقدمه ۴۶	
تمرین کلاسی ۴۷	
خواندن یک ـ فارسی مدرن ۴۸	
تمرین کلاسی ۴۹	
شعر کلاسیک فارسی ـ قالب‌ها ۵۰	
تکلیف ۵۱	
آرایه‌های ادبی ـ صنایع معنوی ۵۲	
آرایه‌های ادبی ـ صنایع لفظی ۵۴	
تکلیف ۵۵	
خواندن دو ـ سبک‌های ادبی ـ خراسانی ۵۶	
تمرین کلاسی ـ رودکی و فردوسی ۵۷	
خواندن سه ـ سبک عراقی ۵۹	
خواندن چهار ـ خسرو و شیرین ۶۱	
تمرین کلاسی ۶۲	
تکلیف ۶۳	
خواندن پنج ـ سبک‌های ادبی ـ سبک هندی ۶۴	
تکلیف ۶۵	
سبک‌های ادبی ـ سبک اصفهانی ۶۶	
سبک‌های ادبی ـ دوره مشروطه و معاصر ۶۷	
تکلیف ۶۹	
هفت وادی عرفان ـ عطار نیشابوری ۷۱	

Unit Thirty Four — درس سی و چهارم - تاریخ ایران معاصر

آشنایی با تاریخ ایران معاصر ـ قاجاریه ۷۶	
تمرین کلاسی ـ مرزهای ایران ۷۷	
تمرین کلاسی ـ پادشاهان قاجار ۷۸	
تکلیف ـ روحانیون شیعه ۷۹	
خواندن یک ـ جنبش مشروطه ۸۰	
تکلیف ۸۱	
خواندن دو ـ حکومت رضا شاه ۸۲	
تمرین کلاسی ـ کشف حجاب ۸۵	
خواندن سه ـ محمدرضا پهلوی ۸۷	
خواندن چهار ـ ملی شدن نفت و دکتر مصدق ۸۸	
تکلیف ۸۹	
تمرین کلاسی ـ مستند انقلاب سفید و اصلاحات شاه ۹۰	

خواندن پنج ـ انقلاب اسلامی	۹۱	
تمرین کلاسی ـ ماجرای اشغال سفارت آمریکا	۹۲	
خواندن شش ـ جنگ ایران و عراق (گفتگو)	۹۳	
تکلیف ـ انشای تحلیلی	۹۵	
متن فایل‌های صوتی	۹۶	

درس سی و پنجم ـ ادبیات فارسی معاصر — Unit Thirty Five

مقدمه ـ ادبیات فارسی معاصر	۹۸	
تمرین کلاسی ـ شعر نو ـ آب را گل نکنیم (سهراب سپهری)	۹۹	
تمرین کلاسی ـ دستور ـ جمله دعایی	۱۰۰	
تمرین کلاسی ـ انیمیشن سه قطره خون	۱۰۱	
خواندن دو ـ سه قطره خون (صادق هدایت)	۱۰۲	
تمرین کلاسی	۱۱۱	
تکلیف ـ نقد و تحلیل داستان	۱۱۳	
خواندن سه ـ نقد ادبی «سه قطره خون»	۱۱۴	
تکلیف ـ مقایسه‌ی دو نقد	۱۱۵	
تمرین کلاسی ـ تمرین داستان نویسی	۱۱۶	
اصطلاحات ادبی ـ عناصر داستان	۱۱۷	
مکاتب و نظریات ادبی	۱۱۹	

درس سی و ششم ـ اقوام و زبان‌های ایرانی — Unit Thirty Six

تمرین کلاسی ـ آشنایی با اقوام و زبان‌های ایران	۱۲۲	
خواندن یک ـ تنوع نژادی و زبانی در ایران	۱۲۳	
تمرین کلاسی ـ زبان‌های باستانی و دوره‌ی میانه	۱۲۴	
خواندن دو ـ فارسی از دوره‌ی باستان تا امروز	۱۲۵	
خواندن سه ـ زبان‌های ایرانی	۱۲۶	
خواندن چهار ـ اقوام ایرانی	۱۲۷	
تمرین کلاسی	۱۳۱	
تمرین کلاسی ـ گزارش مستند از اطلس زبان‌ها و گویش‌های ایرانی	۱۳۲	
تمرین کلاسی ـ ترانه‌هایی به زبان‌های محلی	۱۳۳	
تکلیف	۱۳۴	
پروژه	۱۳۵	
متن فیلم	۱۳۶	

درس سی و هفتم - موسیقی سنّتی — Unit Thirty Seven

خواندن یک ـ موسیقی سنّتی	۱۳۸	
خواندن دو ـ سازهای ایرانی	۱۳۹	
تکلیف ـ سازهای ایرانی	۱۴۵	
خواندن سه ـ دستگاه‌های موسیقی	۱۴۶	
تمرین کلاسی ـ شور، چهارگاه	۱۴۷	
تمرین کلاسی ـ ماهور، نوا	۱۴۹	
تکلیف (پروژه)	۱۵۰	

اصطلاحات موسیقی (آشنایی)	۱۵۱

Unit Thirty Eight — **درس سی و هشتم ـ محیط زیست ایران**

تمرین کلاسی ـ آشنایی با محیط زیست ایران	۱۵۴
تمرین کلاسی ـ گزارش ویدیویی و انیمیشن	۱۵۵
خواندن یک ـ آلودگی محیط زیست	۱۵۶
تمرین کلاسی	۱۵۸
تکلیف (دستور: علت و معلول)	۱۶۰
تمرین کلاسی ـ گزارش ویدیویی از پدیده‌ی ریزگردها	۱۶۱
گفتگوی یک ـ مدیریت زباله (استدلال، موضع‌گیری و فرضیه‌سازی)	۱۶۲
تمرین کلاسی ـ بحران آب (آشنایی)	۱۶۳
خواندن دو ـ بحران آب	۱۶۴
تمرین کلاسی	۱۶۶
تمرین کلاسی ـ گزارش ویدیویی از آلودگی اقیانوس‌ها	۱۶۷
تکلیف ـ پروژه نوشتاری	۱۶۸

Unit Thirty Nine — **درس سی و نهم ـ ساختار سیاسی و اقتصادی ایران**

تمرین کلاسی ـ آشنایی با ساختار سیاسی ایران	۱۷۰
خواندن یک ـ ساختار سیاسی ایران	۱۷۱
تمرین کلاسی ـ نمودار ساختار سیاسی ایران	۱۷۴
تمرین کلاسی ـ انیمیشن (شورای نگهبان، مجلس خبرگان، مجلس)	۱۷۵
خواندن دو ـ ساختار اقتصادی ایران	۱۷۶
تمرین کلاسی ـ نهادهای مذهبی	۱۷۷
تمرین کلاسی ـ صادرات ایران	۱۷۸
تمرین کلاسی ـ رشد اقتصادی	۱۷۹
خواندن سه ـ تحریم‌های اقتصادی	۱۸۰
دستور ـ تحلیل محتوایی متن (موضوع، دلایل، حقایق، عقاید)	۱۸۰
تکلیف	۱۸۱
تمرین کلاسی ـ گفتگوی یک (استدلال، مقایسه، راه‌حل یابی)	۱۸۲
تکلیف ـ پروژه‌ی ترجمه‌ی متن تخصصی	۱۸۳

Unit Fourty — **درس چهلم ـ مستندسازی (پروژه نهایی)**

فیلم مستند ـ آشنایی	۱۸۶
تمرین کلاسی ـ گفتگوی یک: تحلیل مستند «افق آبی»	۱۸۷
تمرین کلاسی ـ آموزش مستندسازی	۱۸۸
تکلیف	۱۸۹
خواندن یک ـ فیلم مستند	۱۹۰
تمرین کلاسی ـ خلاصه‌نویسی	۱۹۱
تکلیف ـ پروژه نهایی دوره‌ی فارسی پیشرفته ـ ساخت مستند کوتاه	۱۹۲

Lexicon & Appendix — **فرهنگ واژگان و پیوست**

فرهنگ واژگان فارسی به انگلیسی ـ بخش چهارم	۱۹۳
پیوست دستوری	۲۱۵

راهنمای دانشجو

بخش چهارم فارسی‌آموز برای زبان‌آموزان دوره‌ی پیشرفته، طراحی و تدوین شده است و کمک می‌کند تا علاوه بر مرور واژگان و قواعد دستوری سه بخش قبلی، ساختارها و فعالیت‌های زبانی جدیدی را یاد بگیرید. تفاوت این کتاب با سه بخش قبلی، محتوا و مضامین پیشرفته‌ی آن است. از جمله فعالیت‌های جدیدی که یاد می‌گیرید، توصیف دقیق و علمیِ مسائل زبانی، ادبی، فرهنگی و پدیده‌های سیاسی و اجتماعی است. برای این کار باید در حد فارسی متوسط قوی توانایی زبانی داشته باشید تا بتوانید مهارت‌های سخت‌تر را انجام دهید.

در این بخش با بیان نظرات و عقاید خود به فارسی آشنا می‌شوید و یاد می‌گیرید چطور موضع بگیرید و از نظر خود دفاع کنید. همچنین خواهید توانست تا به موضوعات ذهنی فکر کنید و آن‌ها توصیف کنید و در مورد پدیده‌های انتزاعی، نظریه‌پردازی کنید. موضوعات درس‌های بخش چهارم فارسی‌آموز از تاریخ ایران باستان شروع می‌شود و با نگاهی تحلیلی به رشد و گسترش زبان و ادبیات فارسی پیش می‌رود. در این بخش همچنین به مسائل زیست محیطی، سیاسی، اقتصادی و اجتماعی ایران در عصر معاصر پرداخته می‌شود.

یکی از نکات جالب درباره‌ی بخش چهارم فارسی‌آموز این است که این کتاب را گویشوران فارسی‌زبان مقیم خارج از ایران هم می‌توانند مورد استفاده قرار دهند. زیرا به لحاظ محتوایی بسیار غنی و منسجم است و به بازآموزی مهارت‌های ضعیف‌شده‌ی زبانی در این افراد کمک خواهد کرد و در عین حال مانع از دست رفتن توانایی‌های شناختی و ذهنی این دسته از ایران مقیم خارج از وطن می‌گردد. امروزه ثابت شده است که از دست دادن مهارت‌های ذهنی و زبانی به رشد بیماری آلزایمر و زوال عقل می‌انجامد و برعکس تقویت مهارت‌های زبانی به دلیل افزایش ساز و کارهای مغزی، ابتلا به بیماری‌های فوق را به تأخیر می‌اندازد (نگاه کنید به تحقیق کِریک و اِلِن بیلی‌استاک، دانشگاه تورنتوی کانادا، سال ۲۰۱۰).

نکته‌ی مهم دیگر این که این کتاب، کتابی درسی است و تمرین‌های کلاسی آن به منظور رشد مهارت‌های تبادلی و بینافردی زبانی طراحی شده است. شما اگر زبان گفتاری را با فرد دیگری به غیر از معلم زبان بکار نبرید، این مهارت زبانی در شما رشد نخواهد کرد. باید کسی باشد که با او بحث و گفتگو کنید تا مهارت‌های استدلالی شما در زبان فارسی تقویت شوند. چنانچه در دوره‌های قبلی از کتاب‌های دیگری استفاده کرده باشید، ممکن است زمینه‌ی دستوری و دانش واژگانی لازم برای این کتاب را نداشته باشید. بنابراین توصیه می‌شود که پیش از شروع بخش چهارم زبان‌آموز، بخش‌های اول تا سوم را دوره کنید. مجموعه‌ی فارسی‌آموز برای یک دوره‌ی سه تا چهارساله از مبتدی تا فوق پیشرفته طراحی و تدوین شده و پیش از گردآوری مطالب آن، انسجام محتوایی و دستوری آن به لحاظ سطوح زبانی مختلف تعیین شده است.

به خاطر داشته باشید که برای یادگیری هر چه سریعتر و بهتر زبان فارسی، باید هر روز حداقل دو ساعت در خانه تمرین کنید. در این کتاب، تکلیف و پروژه‌های متنوعی در نظر گرفته شده و شما باید بعد از کلاس این تکالیف را انجام دهید تا روز بعد آماده به سر کلاس بروید. برای انجام پروژه‌ها با استاد خود از قبل هماهنگ کنید و سعی کنید گزارش پروژه‌ها را به فارسی تایپ کنید و به استادتان ایمیل کنید. بخش چهارم فارسی‌آموز همراه با فایل‌های صوتی و تصویری ارائه شده است. با مراجعه به وبسایت کتاب، این فایل‌ها را دریافت کنید و در خانه آن‌ها را تمرین کنید. مکمل این کتاب، فرهنگ واژگانی آن است که به صورت برنامه‌ای کامپیوتری قابل نصب روی تلفن‌های هوشمند و قابل دسترس در اینترنت می‌باشد. فرهنگ واژگانی، تلفظ کلمات را دارد و هر کلمه را در جمله‌ای نشان می‌دهد تا کاربرد آن را درست یاد بگیرید. برای یادگیری همه‌ی مسائل مربوط به ایرانشناسی و ادبیات و فرهنگ آن، این کتاب کافی نیست، بنابراین به منابع دیگر و منابعی که استادتان معرفی می‌کند هم رجوع کنید.

سخنی با استادان درباره بخش چهارم فارسی‌آموز

مجموعه‌ی فارسی‌آموز با هدف تلفیق هر چه بیشتر فرهنگ در آموزش زبان، مطابق اصول و استانداردهای آموزش زبان‌های خارجی تهیه و تدوین شده است. بخش چهارم فارسی‌آموز برای دوره‌ی پیشرفته، مطالب زبانی را یک سطح بالاتر از بسندگی زبانی این سطح ارائه کرده است. بنابراین از ابتدای کتاب، مهارت‌های سطح پیشرفته به تدریج به شکل پیشرفته قوی و در نهایت فوق پیشرفته ارائه می‌شود. از این منظر، کتاب برای بازآموزی فارسی‌زبانان خارج از کشور هم مفید خواهد بود.

در درس‌های بخش چهارم، مهارت‌های پیشرفته و فوق پیشرفته‌ی زبانی زیر لحاظ شده‌اند: رشد مهارت‌های شنیداری و خوانداری پیشرفته با استفاده از محتوای تخصصی در بر گیرنده‌ی متون علمی، تاریخی، ادبی، اقتصادی، فرهنگی، هنری و اجتماعی. رشد مهارت‌های دستوری و واژگانی با ارائه‌ی محتوای زبانی غنی و اصیل. توصیف و تحلیل پدیده‌های تاریخی و یافتن دلایل وقوع اتفاقات آن، مانند یافتن دلایل اقدامات کوروش و نقد آن (درس ۳۱)، تحلیل علت موفقیت مسلمانان در شکست امپراتوری پارس (درس ۳۲) و دسته‌بندی و مرتب کردن اطلاعات تاریخی (درس ۳۲ و ۳۱). تحلیل دلایل سیاسی و اجتماعیِ رشد و گسترش زبان و ادبیات فارسی در عصر اسلامی (درس ۳۳). مقایسه‌ی شرایط اجتماعی و سیاسی ایران باستان و عصر اسلامی و آشنایی با خدمات علمی و فرهنگی ایرانیان به جهان. تحلیل شعر و ادب کلاسیک فارسی و توصیف مفاهیم انتزاعی عرفانی و تحلیل و واکاوی شعر و نثر قدیم فارسی (درس ۳۳). یافتن دلایل ضعف حکومت‌های سیاسی پس از صفویان و تحلیل شرایط سیاسی دوران قاجار و جنبش مشروطه مانند کشف دلایل بحران اجتماعی ایران در زمان کودتای ۲۸ مرداد (درس ۳۴). توصیف و تحلیل داستان کوتاه فارسی و واکاوی متن داستان در جهت یافتن نمادهای اجتماعی و فرهنگی و عناصر ادبی آن مانند نقد و تحلیل داستان «سه قطره خون» نوشته‌ی صادق هدایت (درس ۳۵). توصیف دقیق پدیده‌های ذهنی و انتزاعی مانند عامل وحدت اقوام مختلف یک کشور (درس ۳۶)، سیاست‌ها و نگرانی‌های مرتبط با دفع زباله‌ها یا اثرات بالقوه‌ی مصرف‌گرایی بر محیط زیست (درس ۳۸)، بیان احساسات انتزاعی و معنوی حاصل از مُدهای دستگاه‌های موسیقی سنّتی ایرانی (درس ۳۷)، یافتن راه‌حل برای مشکلات اجتماعی مانند بحران آب (درس ۳۸)، یافتن تفاوت‌ها و شباهت‌های پدیده‌های اقتصادی و سیاسی مانند تفاوت نهادهای مدنی با مذهبی (درس ۳۹)، تحلیل متون زبانی و تمییز دادن عقاید شخصی (جانبدارانه، بی‌طرفانه) از حقایق، واکاوی متن و ساده کردن پیچیدگی‌های محتوایی در جهت بازسازی و درک معنی، خلاصه‌سازی و تحلیل ساختاری متن (درس ۳۹)، موضع‌گیری و دفاع از استدلالات منطقی با ذکر منابع مستند، مناظره و نظریه‌پردازی در سطح انتزاعی مانند یافتن راه‌حل‌های کاربردی برای مشکلات اقتصادی (درس ۳۹)، ترجمه متون تخصصی و در نهایت رشد مهارت‌های کار گروهی و بینافردی مانند ساخت پروژه‌ی مستندسازی که شامل تحلیل متون، ترجمه، ارائه محتوا، مرتب‌سازی، دسته‌بندی، مصاحبه و یادگیری زبان از طریق انجام کار واقعی می‌شود.

به جز موارد فوق که جنبه‌ها و مهارت‌های خاص زبانی را در بر می‌گیرد، محتوای این بخش با توجه به تحلیل نیاز زبان‌آموزان رشته‌ی ایرانشناسی، از مواد زبانی در حوزه‌ی تاریخ ایران باستان، تاریخ ایران معاصر، ادبیات کلاسیک و معاصر، ساختار سیاسی و اقتصادی ایران معاصر، محیط زیست ایران، دستگاه‌ها و موسیقی سنّتی ایران، اقوام و زبان‌های ایرانی و غیره انتخاب شده است. لیکن با توجه به گستردگی محتوای مورد نیاز در این سطح، در نسخه‌های بعدی افزودن مواردی مانند دیپلماسی، حقوق

بشر، خبرنگاری، بازرگانی، فعالیت‌های اجتماعی، پزشکی، مهندسی و هنر هم میسر خواهد بود. به لحاظ روش آموزشی این بخش، هم «کاربنیان» یا «تکلیف ـ محور» است و هم «محتوا ـ محور» و «پروژه ـ محور». انتخاب این شیوه برای سطوح پیشرفته و فوق پیشرفته بسیار مناسب است زیرا زبان‌آموز را با محتوای واقعی و پیچیده‌ی زبانی درگیر می‌کند و ضمن رشد مهارت‌های خاص زبانی که در بالا ذکر شد، وی را با عناصر مهم فرهنگی و اجتماعی هم آشنا می‌کند.

درس‌های این بخش با آشنایی با موضوع درس شروع می‌شوند. مهارت‌های اولیه بیشتر جنبه‌ی تفسیری دارند اما در قسمت‌های بعدی به تدریج مهارت‌های سخت‌تر زبانی از جمله گفتاری و در نهایت نوشتاری معرفی می‌شوند. در این بخش سعی شده تا بر نکات دستوری با راهکارهای مختلف تمرکز شود و در بخش دستور این نکات به صراحت معرفی و آموزش داده شوند. البته، بیشتر متن کتاب به فارسی است و برای توضیحات دستوری از زبانی ساده استفاده شده و مثال‌های کافی داده شده است. با این وجود، استاد می‌تواند در صورت نیاز مطلب را به زبان دیگری مثل انگلیسی توضیح بدهد. هر درس در نهایت با یک تکلیف نهایی یا پروژه خاتمه می‌یابد تا مهارت مورد نظر به صورت کلی فراگرفته شود. در پایان کتاب و فصل چهلم، پروژه‌ای برای پایان دوره‌ی فوق پیشرفته‌ی فارسی در نظر گرفته شده است که عبارتست از ساخت فیلم مستند با بکارگیری کلیه‌ی مهارت‌های فراگرفته شده در طول این دوره.

به خاطر داشته باشید که نقش کتاب در آموزش زبان به اندازه نقش معلم و روش تدریس او در کلاس نیست و هیچ کتابی نمی‌تواند جای معلم را بگیرد. بنابراین، اگر برنامه درسی خود را بر اساس کتاب درسی قرار دهید، احتمالاً نتیجه مطلوبی نخواهید گرفت. توصیه می‌شود که همواره به کتاب درسی به عنوان ابزاری کمک‌آموزشی نگاه کنید و از مطالب و روش‌های گوناگونی که در درجه اول مطابق با نیازهای زبان‌آموزان‌تان است، بهره بگیرید. یکی از اجزای بسیار مهم این مجموعه، وبسایت کتاب به نشانی https://www.persianlearner.com است که حاوی فایل‌های صوتی، تصویری و تمرین‌های اضافی است. استادان و معلمان محترم با ثبت‌نام در این وبسایت، با استفاده از آدرس ایمیل دانشگاهی قابل تأیید، به محتوای ویژه‌ی استادان از جمله برنامه‌های درسی، نمونه‌ی درس‌ها، امتحانات میان‌ترم یا نهایی و سایر منابع تکمیلی دسترسی مستقیم خواهند داشت. زبان‌آموزان نیز با استفاده از فرهنگ واژگانی موجود در این وبسایت و نصب آن روی تلفن‌های هوشمند خود به واژگان کتاب و تلفظ و معانی آن دسترسی خواهند داشت. این فرهنگ هنوز در حال توسعه است و اخیراً معادل‌های چینی و عربی به آن اضافه شده است.

بخشی از این مجموعه در کلاس‌های آموزش زبان فارسی در دانشگاه کالیفرنیای جنوبی تدریس شده و برخی از تمرین‌های آن بنا بر خواست زبان‌آموزان تغییر کرده است. با این حال، هیچ کتابی بی‌نقص و ایده‌آل نیست. این مجموعه هم ادعا نمی‌کند که بهترین روش آموزشی را ارائه کرده است. در پایان لازم می‌دانم از چهار نفر از همکارانی که فارسی‌آموز ۴ را مورد نقد و بررسی قرار دادند و تصحیحاتی پیشنهاد کردند، صمیمانه تشکر کنم. این اثر باز هم با استفاده از نظرات متخصصین تهیه و تدوین مواد درسی و همکاران محترم مورد بازبینی و بهسازی قرار خواهد گرفت. از دانشگاه یواس‌سی، به دلیل حمایت از این اثر تشکر می‌کنم. این کتاب را به تمام دوستداران فرهنگ و زبان غنی فارسی و میهن عزیزم ایران تقدیم می‌کنم.

پیمان نجومیان، دکترای زبانشناسی و دانشیار آموزش زبان فارسی
دانشگاه کالیفرنیای جنوبی ـ لس‌آنجلس
بهار ۲۰۱۸ ـ ایمیل: nojoumian@gmail.com

فارسی آموز ۴ — مقدمه

برنامه درسی پیشنهادی

The following syllabus is a sample for one semester of 16 weeks/4-5 classes per week for an hour.
Students are required to do at least 2 hours of homework per day.

		Advanced Persian I – Tentative Course Schedule				
W	**Units**	**Language Functions & Tasks**	**Themes**	**Forms**	**Culture**	**Assignments**
1-3	Unit 31	**Tasks**: Analyzing historical information on ancient Iran, describing ancient artifacts, doing research, demonstrating understanding of facts by categorizing, comparing, interpreting, giving descriptions and writing short summaries. Expressing and supporting opinions.	History of ancient Iran from 8000 BC to 640 AD	Detailed descriptions, case analysis	Ancient history, cultural heritage, artifacts	Homework pages: 7, 12, 15
4-6	Unit 32	**Tasks**: Finding information on historical cases, analyzing a historical map to extract and categorize information. Expressing and supporting opinions, making a structured argument, writing biography, describing historical cases, navigating through a map, hypothesizing, abstracting.	History of Iranian middle ages 640 AD to 1900 AD	Analysis, structured arguments, S, NP, VP	History of Iranian middle ages, Islamic golden era	Homework pages: 24, 28, 33, 34, 38, 41
7-10	Unit 33	**Tasks**: Defining literary terms, analyzing Persian classic poetry metric, finding out the main ideas, rewriting in literary style, analyzing poetry to find out rhetorical devices, historical styles, features and meaning. Expressing and supporting opinions, hypothesizing, describing abstract notions.	Persian classic literature	Analysis, literary forms,	Classical Persian prose and poetry, poets, mysticism	Homework pages: 51, 55, 63, 65, 69, 70
11-13	Unit 34	**Tasks**: Finding information on modern Iranian history, analyzing a map, expressing and supporting opinions, writing short summaries, analyzing historical facts, paraphrasing, discerning positive opinions from negative ones, finding similarities and differences, analyzing sociocultural cases, writing short essays and compositions.	Modern history of Iran from 1900 AD to 1979	Analysis, summarization, extracting information	Modern history of Iran, constitutional movement, revolution	Homework pages: 79, 81, 88, 93
14-16	Unit 35	**Tasks**: Defining modern literary terms, analyzing modern Persian poetry, finding out rhetorical devices, modern styles, features and meaning, expressing and supporting opinions, hypothesizing and describing abstract notions.	Persian contemporary literature, short story, new poetry	Literary analysis, critical analysis	Contemporary Persian literature	Homework pages: 100, 113, 116
		Advanced Persian II – Tentative Course Schedule				
1-3	Unit 36	**Tasks**: Describing Iranian people, ethnic groups and languages. Discerning dialect from language and accent. Defining and describing abstract and sociolinguistic concepts such as ethnic group, dialect, cultural diversity, and nomads.	Iranian people and languages	Argument structure, idiomatic expressions	Iranian ethnic groups, nomads. Iranian languages	Homework page: 134 Project 1: 135
4-6	Unit 37	**Tasks**: Identifying Iranian classical or traditional music. Describing and categorizing musical instruments. Discering "dastgah" from "magham". Identify musical instruments and basic music types. Analyzing the meaning of traditional music and poetry.	Iranian traditional music, Magham	Detailed and technical definition	Iranian traditional music and Magham	Homework page: 145 Project 2: 150
7-10	Unit 38	**Tasks**: Analyzing Iranian environment, finding solutions and surveying sustainability measures. Identifying environmental challenges and causes. Discerning causes from effects. Analyzing a document for the purpose of summarization and report writing. Defining abstracting concepts and hypothesizing.	Iranian environment	Argument structure, relative clause	Environment, air pollution, water crisis, human intervention	Homework page: 160 Project 3: 168
11-13	Unit 39	**Tasks**: Analyzing Iranian political and economy structures and issues, such as sanctions, self-sufficiency, international relations, tensions. Hypothesizing, debating and expressing opinions.	Iranian political and economic structures	Case analysis, discourse strategies	Iranian political and economic system	Homework page: 181, 184 Project 4: 183
14-16	Unit 40	**Tasks**: Project-based learning: producing a documentary on Iranian culture or society. Analyzing information, translating from Persian to English and vice versa, dubbing, interviewing, editing, typing, and subtitling.	Documentary project	Exit Task: Final Project	Making a comprehensive documentary	Homework page: 189 Project 5: 192

سپاسگزاری

از کلیه دوستان و بستگان عزیزی که در تهیه و تدوین مواد درسی این دوره آموزشی مرا یاری کردند، صمیمانه سپاسگزای می‌کنم. از دانشگاه یواس‌سی برای حمایت از تهیه و تدوین مواد درسی و چاپ این کتاب و از مرکز مطالعات فرهنگی و فارسی دانشگاه کالیفرنیا، ایروان برای انتشار آن تشکر می‌کنم. بدون این حمایت‌ها و کار بدون دستمزد دست اندرکاران این اثر آموزشی، کاهش بهای کتاب برای زبان‌آموزان میسر نبود. بی شک، هدف و قصد همه دست اندرکاران این اثر، گسترش زبان فارسی و فرهنگ غنی میهن عزیزمان ایران بوده است.

لازم می‌دانم که از خانم لیلا احمدپناه برای طراحی جلد، صفحات و تصاویر داخلی کتاب تشکر کنم. از همکار عزیزم جناب آقای دکتر تورج دریایی به خاطر مطالب و فایل‌های صوتی درس سی و یکم درباره ایران باستان سپاسگزارم. همچنین از استادان محترمی که قبول زحمت فرمودند و بخش‌هایی از این کتاب را مورد نقد و بررسی قرار دادند، به خصوص آقایان دکتر احمد کریمی حکاک، علی عباسی، هانی خوافی‌پور و نجم‌الدین مشکاتی، سپاسگزاری می‌کنم. در پایان از تمامی دانشجویان فارسی دانشگاه کالیفرنیای جنوبی که در خلال سال‌های گذشته با پیشنهادات مؤثر و سازنده‌ی خود این اثر را بهبود بخشیدند، تشکر می‌کنم. با این وجود، هیچی اثری خالی از ایراد نیست. بنابراین، نظرات و پیشنهادات سازنده‌ی خود را به نشانی ایمیل مؤلف در بالا ارسال فرمائید.

توضیحات حقوقی

از آنجایی که هدف اصلی این کتاب، آموزش زبان فارسی در سطح پیشرفته و فوق پیشرفته است، تأکیدِ کلیه مواد درسی آن بر فعالیت‌ها و تمرین‌های متنوع زبانی بوده است و از محتوای کتاب در پیشبرد هدف تقویت مهارت‌های شناختی زبان (مانند مهارت استدلال، بازگویی داستان، نقد، تعریف و مقایسه‌ی پدیده‌های انتزاعی و ذهنی، نظریه‌پردازی و بیان عقیده)، استفاده شده است. بنابراین، این کتاب درسی، یک اثر تحقیقی و تخصصی در زمینه‌ی تاریخ و مسائل اجتماعی و سیاسی ایران نیست. به دلیل همین ویژگی و جلوگیری از بهم ریختگی متن، ذکر منابع و مآخذ در بین متون زبانی و مواد صوتی ـ تصویری آن، امکان‌پذیر نمی‌باشد. از طرف دیگر، راستی‌آزماییِ دقیقِ منابع تاریخی، سیاسی، اجتماعی و اقتصادی به کار رفته در متن آن هم جزو اهداف کتاب نبوده است. با این حال، مطالب این کتاب از منابع و مآخذ معتبری که در پایان این مقدمه ذکر شده، بدست آمده است و هرجای کتاب که میسر بوده و به انسجام آن لطمه‌ای وارد نمی‌شده، لینک و شماره‌ی منابع مورد استفاده در پاورقی‌های آن، ذکر شده است. **لازم به ذکر است که مؤلف، ناشر و حامیان این کتاب درسی، دخل و تصرفی در محتوای تخصصی این منابع نکرده‌اند و موضوعات مطرح شده به هیچ عنوان منعکس‌کننده‌ی عقاید و نظرات آنان نیست.**

برخی قطعات ویدیویی، گزارش‌های خبری و مستندها از دامنه‌های عمومی اینترنتی مثل یوتیوب، بی بی سی فارسی، شبکه‌های صدا و سیمای جمهوری اسلامی ایران و آپارات انتخاب شده است و همه جا نشانی اینترنی این منابع برای استفاده‌ی مستقیمِ زبان‌آموزان و استادان محترم ذکر شده است. لازم به ذکر است که مسئولیت حقوقی استفاده از لینک قطعات ویدیویی و نمایش آموزشی آن‌ها در کلاس بر عهده کاربران و اساتید محترم است. بیشتر منابع و لینک‌های مربوط به مواد صوتی، تصویری، متن‌ها، شعرها و بخش‌های کوتاه داستانی در متن کتاب ذکر شده است. برخی از تصاویر از دامنه‌های عمومی اینترنتی مانند ویکی پدیا است و تحت کپی رایت آزاد گِنو GNU و برخی تحت نسخه سه و چهار قانون Creative Commons می‌باشد. برای حفظ هویت واقعی افراد، نام‌های اصلی ذکر شده در برخی تصاویر تغییر یافته است. پیشنهاد می‌شود که در صورت عدم اطمینان از داشتن اجازه لازم، از نقض حقوق مؤلفین مواد صوتی و تصویری اجتناب گردد و نسبت به اخذ مجوزهای لازم، پیش از استفاده از این مواد آموزشی اقدام گردد.

برخی از منابع و مآخذ منتخب فارسی

۱. حسین پاینده (۱۳۹۴). گشودن رُمان: رمان ایران در پرتو نظریه و نقد ادبی، تهران: انتشارات مروارید، چاپ سوم

۲. حسین پاینده (۱۳۸۶). رُمان پسامدرن و فیلم: نگاهی به ساختار و مضامین فیلم میکس، تهران، انتشارات هرمس

۳. محمد تقی بهار (ملک‌الشعرا) (۱۳۴۹). سبک شناسی، چهار جلد. تهران: انتشارات امیرکبیر

٤. محمد دبیر مقدم (۱۳۸۷). زبان، گونه، گویش و لهجه کاربردهای بومی و جهانی، مجله ادب پژوهی، شماره پنجم، سال ۸۷

٥. تورج دریایی (۱۳۹۳). کوروش بزرگ پادشاه باستانی ایران ترجمه‌ی آذردخت جلیلیان، تهران: انتشارات توس.

٦. ویل دورانت (۱۳۷۸). تاریخ تمدن، ترجمه‌ی احمد بطحائی و دیگران. جلد اول ـ مشرق زمین گاهواره‌ی تمدن، کتاب اول: پارس (هخامنشیان)، ایرانیان (سلطنت ساسانیان)، ویرایش دوم، چاپ ششم، تهران: انتشارات علمی و فرهنگی

۷. عبدالحسین زرّین‌کوب (۱۳۸۳). تاریخ ایران بعد از اسلام، تهران: انتشارات امیرکبیر

۸. سیروس شمیسا (۱۳۹۴). نقد ادبی. تهران: انتشارات میترا

۹. سیروس شمیسا (۱۳۸۳). داستان یک روح، تأویل داستان بوف کور صادق هدایت، تهران: انتشارات فردوس

۱۰. محمدرضا شفیعی کدکنی (۱۳۷۸). ادبیات فارسی ترجمه‌ی حجت الله اصیل. تهران: نشر نی

۱۱. محمدرضا شفیعی کدکنی (۱۳۸۰). ادوار شعر فارسی از مشروطیت تا سقوط سلطنت. تهران: انتشارات سخن

۱۲. عبدالله شهبازی (۱۳۸۱). سِر شاپور ریپورتر، فصلنامه تاریخ معاصر ایران، سال ششم، شماره ۲۳، پاییز ۱۳۸۱

۱۳. ذبیح الله صفا (۱۳۴۷). نثر فارسی از آغاز تا عهد نظام الملک طوسی. تهران: انتشارات ابن سینا

١٤. ذبیح الله صفا (۱۳۹۱). تاریخ ادبیات ایران، چهار جلد، تهران: چاپ دهم، انتشارات فردوس

١٥. احمد کسروی (۱۳۶۳). تاریخ مشروطه ایران، جلد اول، تهران: انتشارات امیرکبیر

١٦. صادق هدایت (۱۳۳۳). سه قطره خون، تهران: چاپ سروش

۱۷. کتاب درسی ادبیات فارسی دوره‌ی پیش دانشگاهی تألیف تقی وحیدیان کامیار و دیگران (۱۳۷۸). تهران: انتشارات مدرسه

۱۸. کتاب درسی مطالعات اجتماعی پایه نهم و اول متوسطه (۱۳۹۴). تهران: انتشارات مدرسه

۱۹. کتاب درسی شاخه فنی ـ حرفه‌ای، سازشناسی ایرانی (۱۳۹۵). تهران: شرکت چاپ و نشر کتاب‌های درسی

۲۰. کتاب درسی شاخه فنی ـ حرفه‌ای، مبانی نظری و ساختار موسیقی ایرانی (۱۳۹۵). تهران: شرکت چاپ و نشر کتاب‌های درسی

Disclaimer

The main focus of Persian Learner Part Four has been the teaching of Persian language at an advanced high level. Therefore, the content and topics of this volume have only been utilized to further develop learners' cognitive and linguistic skills and abilities, such as making a structured argument, recounting and narrating a story in all time frames, analyzing, defining and describing abstract ideas and concepts, hypothesizing, expressing and supporting ideas, etc. The author has expertise in language teaching and materials development. He is not an expert in history, politics, social sciences and economy. Therefore, the validity of political and historical content used in this language textbook cannot be verified by the author and should be left to the authenticity of the sources. This textbook is not a work of primary research in which quotes and contents can be cited in the text without damaging the integrity of a language textbook. In fact, language materials go through language enhancement and elaboration processes to be useful for the learners. Nevertheless, materials have been selected from unbiased and valid sources to the best of the author's knowledge and ability and cited by its source number on the footnotes. Links to media content have been provided for reference. To this extent, **the above-mentioned topics and content provided in Persian Learner Part Four does not in any way represent the ideas of the author, the publisher and supporters of this textbook,** and has merely been used to develop Persian language skills required at an advanced high levels of proficiency.

Selected English & Web References

21. Ervand Abrahamian (2008). A History of Modern Iran, London: Cambridge University Press

22. Mangol Bayat (1991). Iran's First Revolution, Shi'ism and the Constitutional Revolution of 1905-1909, Oxford University Press

23. Joyce Moss (2004). World Literature and Its Times: Middle Eastern Literatures and Their Times, Volume 6, Thomson Gale Publishing Company: USA.

24. Hamideh Sedghi (2007). Women and Politics in Iran: Veiling, Unveiling and Reveiling, Cambridge University Press

25. Gernot Windfuhr (2009). The Iranian Languages, London: Routledge

26. Encyclopedia Iranica, Ed Ehsan Yarshater (1989). Routledge & Keegan Paul 1989; New York Travelers in Persia, London, 1928, pp 41-49.

27. A Media Course: Ancient History of Iran by Touraj Daryaee: https://tourajdaryaee.com/media-files/audio-files/

28. Video Clip: Engineering An Empire: The Persians, dubbed and translated by Manoto2 TV Channel from an original History Channel BBC Documentary: https://www.youtube.com/watch?v=sUajwPZSRQI

29. Ancient Map of Iran: http://sassanids.com/مفهوم-ایرانشهر-به-روایت-تورج-دریایی

30. Map of Muslim Expansion: https://ba.wordpress.com/tag/middle-eastern-history/page/5/

31. Video Clip: A documentary on Avicenna by BBC Persian: https://www.youtube.com/watch?v=2URYLxYZHhw

32. Map of Ilkhanids, Wikimedia: https://i0.wp.com/upload.wikimedia.org/wikipedia/commons/0/09/Iran-ilkhanids.jpg?ssl=1

33. World Fact Book: https://www.cia.gov/library/publications/the-world-factbook/geos/ir.html

34. U.S. Library of Congress: http://countrystudies.us/iran

35. The Silk road Foundation: http://www.silkroad.com/artl/sasanian.shtml

36. Hostage Crisis & Documents Retrieved from US Embassy in Tehran in 1979: http://www.autbasij.org/component/content/article/2-particular/1155-1389-08-08-20-06-40

37. Exclusive Video Archive on Hostage Crisis http://irannegah.com/video_browse.aspx?keyword=hostage

38. http://www.bbc.com/persian/iran/2010/09/100921_l44_war30th_iran_iraq (an article by Houchang Hasan-Yari, Professor of Political Science, Royal Military College of Canada)

39. http://www.hamshahrionline.ir/details/62923 (an article by Dr. Ali Akbar Velayati, former IRI Secretary of State)

درس سی و یکم

تاریخ ایران باستان

۱. آیا **چهره**‌های زیر را می‌شناسید؟

۲. آیا **تمدن**‌های باستانی در کشور ایران را می‌شناسید؟

۳. نام کدام شاهان ایران باستان را شنیده‌اید؟

گُذَشته	قبل، قدیم
تَمَدُّن	civilization
چِهره	صورَت، قیافه
قِدمَت	قَدیمی بودن
تَحمیل	به زور گفتن
بازگو	دوباره گفتن
اُصول	چیزهای مهم
فَلات	plateau
ناحیه	جا، مَکان
کَشف کردن	یافتن، پیدا کردن
م.، میلادی	A.D.
ق.م.، قبل از میلاد	B.C.

تمرین ۱: گوش کنید و پاسخ دهید.*

۱. این استاد درباره‌ی چه چیزی صحبت می‌کند؟

الف) تاریخ ایران باستان　　ب) تعریف کار تاریخ‌دان

پ) قدمت تاریخ ایران　　ت) ایران باستان و گذشته‌ی ایران

۲. تعریف شما از تاریخ‌دان چیست؟

تمرین ۲: گوش کنید و پاسخ دهید.

۱. نام این **تمدن** قدیمی در **فلات** ایران چیست؟ ....

۲. این تمدن چند سال **قدمت** دارد؟ ....

۳. این تمدن در کدام ناحیه‌ی ایرانی وجود داشته است؟ ....

۴. چه‌کسی این تمدن را **کشف** کرده است؟ ....

۵. شغل این دانشمند چه بوده است؟ ....

*کلیه‌ی مواد صوتی این بخش از کتاب از منبع شماره ۲۷ می‌باشد.

اصل نقشه‌ی فوق به زبان انگلیسی در لینک مقابل موجود است: https://wol.jw.org/en/wol/d/r1/lp-e/1102003108

درس سی و یکم		تمرین کلاسی

تمرین ۳: گوش کنید و پاسخ دهید.

۱. کدام‌یک از اشیای باستانی زیر توصیف می‌شود؟ شماره (   )

(۱)

(۲)

(۳)

تمرین ۴: گوش کنید و پاسخ دهید.

۱. موضوع این گفته درباره‌ی کدام تمدن است؟ ....

۲. کدام‌یک از گزینه‌های زیر درست است؟

الف) تمدن «حَسَنلو» بسیار جدید است.

ب) تمدن «حسنلو» از «سی‌یَلک» جدیدتر است.

پ) تمدن «حسنلو» هشت هزار سال قدمت دارد.

ت) تمدن «حسنلو» در شمال شرقی ایران قرار داشته است.

اَرابه، گاری	chariot
زَرّین	طلایی
پیشرفته	advanced
تَمام‌عَیار	کامِل

۳. کدام‌یک از اشیای باستانی زیر جام «حسنلو» است؟ شماره (   )

(۱)

(۲)

(۳)

تمرین ۵: گوش کنید و پاسخ دهید.

۱. کدام‌یک از دوره‌های زیر، مربوط به تمدن «ایلام» جدید است؟

الف) ۲۴۰۰ تا ۱۶۰۰ ق.م　　پ) ۱۱۰۰ تا ۵۳۹ ق.م

ب) ۱۵۰۰ تا ۱۱۰۰ ق.م　　ت) ۸۰۰۰ سال ق.م

۲. دو شهر مهم «ایلامی‌ها» کدام‌هاست؟

الف) اَنشَن و استان فارس　　پ) شوش و انشن

ب) شوش و استان خوزستان　　ت) مارلیک و شوش

۳. پادشاه «ایلام» چه نام داشت؟

الف) خوزستان　　ب) اینشوشینک　　پ) سی‌یَلک　　ت) شوش

تمرین ۶: گوش کنید و پاسخ دهید.

چُغازَنبیل	سبد وارونه
قَلعه	castle
مَعبَد	temple
کاخ	palace
حَمله	attack
زیگورات	Ziggurat
نِفرین	curse
دُعا	praying
در اَمان بودن	to be safe from

۱. مهم‌ترین بنای باقیمانده از دوران تمدن ایلامی‌ها، **زیگوراتِ** «چُغازَنبیل» چه نوع بنایی بوده است؟

الف) بُرج　　ب) مَعبَد　　پ) کاخ　　ت) قَلعه

۲. چرا روی آجرهای بنای «چُغازَنبیل»، **نِفرین** نوشته شده است؟

الف) تا از دست پیداکردن بابِلیان و اکدی‌ها به آن **در امان** باشد.

ب) تا در آنجا خداهای «اینشوشینَک» و «ناپریشا» را بپرستند.

پ) تا برای خداهای شهر «اَنشان» **دُعا** بخوانند.

ت) تا از حمله شاهان «اَنشان» و «شوش» در امان باشد.

درس سی و یکم — هخامنشیان

خواندن ۱: متن زیر[1] را بخوانید و به پرسش‌ها پاسخ دهید.

حدود چهارهزار سال پیش، **قوم**هایی که آن‌ها را «آریایی» می‌نامیم، از شمال دریای خَزَر به جنوب آن آمدند. آن‌ها در دشت‌های سبز و **حاصِل‌خیز** کوهستانی **ساکِن** شدند. از آن پس، این سرزمین ایران نام گرفت. قوم‌های «آریایی» سه گروه بودند: «**مادها**، **پارس‌ها** و **پارت‌ها**». این گروه‌ها در مناطق مختلف ایران ساکن شدند. **عِده‌ای** نیز در **نَواحیِ** خوش آب‌وهوا و در دشت‌ها به **کِشاوَرزی** پرداختند. سرزمین «مادها» با سرزمین «**آشوری‌ها**» همسایه بود. «آشوری‌ها» جنگجو بودند و اغلب به «مادها» **حمله** می‌کردند. «مادها» نمی‌توانستند جلوی حمله‌ی آن‌ها را بگیرند، زیرا با هم **مُتَحِد** نبودند و سپاه **مُنَظَمی** هم نداشتند. اما سرانجام به **نُقطه‌ضَعف** خود **پِی‌بُردند** و **اِختِلافاتشان** را کنار گذاشتند و با هم متحد شدند و **حُکومَت** «ماد» را بوجود آوردند. سپس، سپاهی مُنَظم تشکیل دادند و توانستند «آشوری‌ها» را **شِکست** دهند.

«مادها» در دامَنه‌ی کوه «اَلوَند»، شهر «هِگمَتانه» را پایتخت خود کردند. این شهر امروز «هَمِدان» نامیده می‌شود. پادشاهان «ماد» پس از مدتی به مردم **ظُلم** و **سِتَم** کردند و به خوش‌گذرانی مشغول شدند. در نتیجه حکومت آن‌ها **ضَعیف** شد و مردم هم از آن‌ها دلسرد و نااُمید شدند.

در این هنگام، نوه‌ی دختریِ پادشاه «ماد» یعنی «کوروش» که فرماندهی از قوم «پارس» بود، با پدربزرگش جنگید و او را شکست داد و پادشاه ایران شد. «کوروش کبیر»، پس از آن، حکومت «**هَخامَنِشیان**» را تشکیل داد. «کوروش کبیر»، حکومت‌های بزرگ آن زمان، مانند حکومت «بابِل» را شکست داد و **یَهودیانی** را که در **بَندِ** آنان **اَسیر** بودند، آزاد کرد.

به **دَستور** «کوروش کبیر»، نخستین **مَنشورِ** آزادی و **حُقوقِ بَشَر** نوشته شد. هخامنشیان ۲۲۵ سال حکومت

اقوام، قوم‌ها	tribes
حاصِل‌خیز	مناسب برای گیاه
ساکِن شدن	زندگی کردن
مادها	Meds
پارس‌ها	Persians
پارت‌ها	Parthians
آشوری‌ها	Assyrians
عِده‌ای	چندین نَفَر
نَواحی، ناحیه‌ها	جاها
کِشاوَرزی	کاشتن گیاه
مُنَظَم	مُرَتَب، خوب
نُقطه‌ضَعف	weak point
پِی بُردَن	فَهمیدن
اِختِلاف، دَعوا	conflict
مُتَحِد	با هم بودن
ظُلم، سِتَم	oppression
یَهودیان	Jews
هَخامَنِشیان	Achaemenian
مَنشور	charter
حُقوقِ بَشَر	human rights
در بند ... اسیر	captured by

[1] مطالب این متن از منبع شماره ۵، ۶، ۳۴، ۳۵ و ۱۸ به دست آمده است.

درس سی و یکم — هخامنشیان

کردند. آن‌ها در اواخر حکومتشان، به دلیل اختلاف‌های داخلی، ضعیف شده بودند. در این زمان، «اسکندر مَقدونی»، پادشاه یونان که آرزو داشت همه‌ی جهان را تَصَرُف کند، به ایران حمله کرد. هخامنشیان از «اسکندر» شکست خوردند و او ایران را تصرف کرد. «اِسکندر»، تَخت جَمشید را به آتش کشید و مردم زیادی را به قَتل رساند، یعنی کُشت.

پرسش‌ها

۱. چرا آریایی‌ها به ایران و جنوب دریای «خَزَر» آمدند؟

۲. چرا مادها همیشه در جنگ از آشوری‌ها شکست می‌خوردند؟

۳. چه زمانی مادها بر آشوری‌ها پیروز شدند؟

۴. چرا مردم از پادشاهان ماد ناامید شدند؟

۵. چه زمانی کوروش به مادها حمله کرد؟

۶. چرا کوروش کبیر به «بابِل» حمله کرد؟

۷. دلیل شکست هَخامَنِشیان از اسکندر مَقدونی چه بود؟

تمرین ۷: گوش کنید و پاسخ دهید.

۱. اولین **قوم** ایرانی که موفق به تشکیل شاهنشاهی **مُقتَدِری** در ایران شد چه نام داشت؟

قُوم	tribe
مُقتَدِر	با قُدرَت، قوی

۲. نام پادشاهی که قوم مادها را متحد کرد چه بود؟

تمرین ۸: جاهای خالی را با کلمات زیر پر کنید.

قوم‌های، حقوقِ بشر، حاصل‌خیز، متحد، کشاورزی، منظم، اختلافات، پایتخت، اسیر

۱. شهر «تختِ جَمشید» در شیراز .... هَخامنشیان بود.

۲. **سرزمین**‌های جنوب دریای خزر برای کشاورزی .... هستند.

۳. .... **داخلی** بین شاهان هَخامنشی **باعث** ضعیف شدن حکومت آن‌ها شد.

۴. .... آریایی سه گروه بودند: مادها، پارس‌ها و پارت‌ها

۵. «کوروش» یَهودیانی را که در بند بابِلیان .... بودند، آزاد کرد.

۶. «کوروش» مادها و پارس‌ها را با هم .... کرد و حکومت هخامنشیان را تشکیل داد.

۷. در زمان «کوروش»، سپاه ایران بسیار مُرتَب و .... بود.

۸. **لوح** یا **مَنشور** .... به دستور «کوروش» به **خَطِ میخی** روی **استوانه**‌های گِلی نوشته می‌شد و برای **فَرمانداران** فرستاده می‌شد.

۹. مادها در زمین‌های حاصل‌خیز .... می‌کردند.

سَرزَمین	land
باعِث شد	caused
داخِلی	internal
مَنشور	charter
لوح	tablet
خَطِ میخی	cuneiform
فَرماندار	governor
اُستوانه	cylinder

تمرین ۹: تحقیق

درباره منشور حُقوق بَشَر یا لوح «کوروش کبیر» در اینترنت تحقیق و جستجو کنید و یافته‌های خود را در کلاس برای هم کلاسی‌هایتان گزارش کنید. سعی کنید برای پرسش‌های زیر پاسخی پیدا کنید:

۱. لوح کوروش به چه زبانی و بر روی چه چیزی نوشته شده است؟

۲. این لوح اکنون در کجا نگهداری می‌شود؟

تمرین ۱۰: گوش کنید و پاسخ دهید.

۱. نام پدر و مادر «کوروش کبیر» چه بود؟

الف) کمبوجیه و ماد　　　ب) آَشتیاگ و ماندانا　　　پ) کمبوجیه و ماندانا

۲. اولین پایتخت «هخامنشیان» چه نام داشت؟

الف) تخت جمشید　　　ب) پاسارگاد　　　پ) اَنشان　　　ت) هِگمَتانه

۳. اهمیت اصلی «منشور کوروش» در چیست؟

الف) این که او به «اِسیگلا» در بابِل رفته و منشور را در آنجا قرار داده است.

ب) این که او به شکلی صُلح‌جویانه با همه‌ی مردم بابل رفتار کرده است.

پ) این که او مَخارِج معبد بابِلیان را پرداخته و آنان را به شهرشان بازگردانده است.

گفتگوی ۱: سؤالات زیر را از یکدیگر بپرسید.

۱. به نظر شما، مهم‌ترین کار «کوروش کبیر» چه بود؟ چرا؟

۲. علت اصلی مشهور بودن «کوروش کبیر» چیست؟ چرا؟

۳. به نظر شما، پادشاهان باستانی چگونه باید حکمرانی می‌کردند؟

تمرین ۱۱: بر اساس آن چه که یاد گرفتید، دسته‌بندی کنید.

مادها، هخامنشیان، تمدن ایلامی‌ها و اکَدی‌ها، تمدن مارلیک، تمدن حَسَنلو، تمدن سی‌یَلک

۱) ۶۰۰۰ ق.م ....

۲) ۵۰۰۰ ق.م ....

۳) ۲۰۰۰ ق.م ....

۴) ۱۶۰۰ ق.م ....

۵) ۷۲۸ ق.م ....

۶) ۵۳۹ ق.م ....

درس سی و یکم — تمرین کلاسی

تمرین ۱۲: مستند کوتاهی ببینید و نکته‌های مهم آن را یادداشت کنید.

۱. با توجه به آن چه که خواندید و خواهید دید، خلاصه‌ای از سَرنوشت هخامنشیان در دو پاراگراف بنویسید (فیلم ۴۶ دقیقه):

https://www.youtube.com/watch?v=sUajwPZSRQI

	زِراعَت	کِشاوَرزی
	کوچ، مُهاجِرَت	migration
	مَزارِع، مَزرعه‌ها	farms
	مُقَنّی	well-digger
	قَنات	canal, qanat
	شیب	slope
	چاه حفر کردن	to dig a well
	بِلامُنازِع	uncontested
	بَردِگی	slavery
	فَتح کردن	آزاد کردن، گِرِفتن
	بَرده	slave
	بُختُ‌النَصر	Nebuchadnezzar
	هَرج و مَرج	anarchy, chaos
	مِعماری	architecture
	باستان	ancient
	تخت جمشید	Persepolis
	زینَت دادن	to decorate
	جاده، راه	way, road
	نِگهبان	guard
	کوروش	Cyrus
	داریوش	Darius
	خَشایار شاه	Xerxes
	اَردِشیر	Artakhshatra
	تَنگه	strait
	سَواره نِظام	cavalry
	مُدارا، تَحَمُل	toleration
	شکست دادن	to defeat
	غارَت، چپاوُل	looting
	قاتِل	murderer

درس سی و یکم اشکانیان

خواندن ۲: متن زیر را بخوانید و تمرین صفحه بعد را انجام دهید. (منابع مورد استفاده شماره ۶، ۲۷، ۳۴، ۳۵)

پس از این که، «هخامنشیان» از «اسکندر» شکست خوردند، ایران به دست **بیگانِگان** افتاد. پس از مرگ «اسکندر»، در ۳۲۰ ق.م.، **جانِشینان** او «**سُلوکیان**» شدند. آن‌ها ابتدا سعی می‌کردند **آداب و رُسوم** و زبان و فرهنگ یونانی را در ایران **رَواج** دهند. اما بعدها، برخی از پادشاهان «سُلوکی» با ایرانیان ازدواج کردند به طوری که برخی از «**ساتراپی‌ها**» را ایرانیان اداره می‌کردند. به این ترتیب، فرهنگ ایرانیان و «سُلوکیان» بر هم **تأثیر** گذاشت. در زمان حکومت «سُلوکیان»، رومی‌ها چندین بار با آنان جنگیدند و آنان را بسیار ضَعیف کردند. اما پس از مدتی، پارت‌ها که در شرق ایران قدرت را به دست گرفته بودند، به **فرماندهی** «اَشک» با «سُلوکیان» جنگیدند و آن‌ها را شکست دادند. پارت‌ها در حدود دویست سال قبل از **میلاد**، حکومت «**اَشکانیان**» را بوجود آوردند. «اَشکانیان» ابتدا شهر «صَددَروازه» را که در نزدیکی «دامغان» امروزی بود، به پایتختی انتخاب کردند اما بعدها، حدود ۱۴۰ ق.م، با پادشاهی «مِهرداد اول»، «**تیسفون**» را پایتخت خود کردند؛ زیرا می‌خواستند به غرب کشور نزدیک باشند تا در صورت حمله‌ی رومی‌ها بتوانند با آن‌ها مبارزه کنند.

بیگانِگان	خارِجی‌ها
جانِشینان	successors
سُلوکیان	Seleucids
رَواج دادن	to spread
آداب و رُسوم	traditions
ساتراپی	Satrapy
تأثیر گُذاشتن	to influence
فَرماندِهی	commander
میلاد	birth (Christ)
اَشکانیان	Arsacids
تیسفون	Ctesiphon
فَرمانرَوا	ruler
تاج‌گُذاری	coronation
ساسانیان	Sassanids
تأسیس کردن	شروع کردن
مُقَدَس	holy

با ضعیف شدن حکومت «اَشکانی»، جنگ میان **فَرمانرَوایان** محلی برای گرفتن سرزمین‌های یکدیگر شدت گرفت. یکی از فَرمانروایان محلی پارسیان، «اَردِشیر» نوه‌ی «ساسان» بود که در فارس حکومت می‌کرد. «اَردِشیر» در سال ۲۲۷ میلادی، در جنگ با آخرین پادشاه اشکانیان - اَردَوان - پیروز شد و به تدریج سراسر ایران را گرفت. آنگاه خود به عنوان شاه **تاج‌گُذاری** کرد و حکومت «**ساسانیان**» را **تَأسیس** کرد.

در زمان «اَشکانیان»، امپراتوری روم کشور قدرتمندی بود و رومی‌ها بارها با ایرانیان جنگیدند. یکی از علت‌های اصلی این جنگ‌ها، علاقه‌ی اِمپراتوران روم به گرفتن «اَرمَنستان» بود. شاهان اَشکانی نمی‌خواستند اَرمَنستان از ایران جدا شود و به دست رومیان بیفتد. اشکانیان نزدیک به ۴۰۰ سال بر ایران فرمانروایی کردند. در زمان حکومت ساسانیان، به دین زرتشت مجدداً اهمیت داده شده. دینی که سه پایه‌ی اصلی آن: پِندار نیک، گُفتار نیک و کِردار نیک بود و کتاب مُقَدَس آن «اَوِستا» نام داشت.

تمرین ۱۳: جملات و عبارات را در دوستون زیر با هم تطبیق دهید.

۱. پس از «اسکندر»، جانشین او در ایران شدند.
۲. به معنی «ساتراپی» است.
۳. با «سُلوکیان» جنگیدند و آنان را ضعیف کردند.
۴. دویست سال قبل از میلاد، پارت‌ها این حکومت را تشکیل دادند.
۵. پایتخت اشکانیان که به غرب نزدیک بود.
۶. مدّت حکومت اشکانیان بر ایران
۷. اَردِشیر در این سال بر اشکانیان پیروز شد.
۸. پادشاهی که حکومت ساسانیان را تأسیس کرد.
۹. علت اصلی جنگ رومیان با اشکانیان
۱۰. پیش از تیسفون، پایتخت اشکانیان بود.

( ) ۲۲۷ میلادی
( ) صددَروازه
( ) تَصاحُب ارمنستان
( ) اشکانیان
( ) تیسفون
( ) سُلوکیان
( ) اَردِشیر
( ) رومیان
( ) فرمانداری‌های محلی
( ) حدود ۴۰۰ سال

تمرین ۱۴: قلمرو اشکانیان را در نقشه زیر مشخص کنید و به پرسش‌ها بصورت شفاهی پاسخ دهید.

۱. کدام شهرها در زمان اشکانیان مهم بودند؟ اشکانیان با کدام اقوام در جنگ بودند؟ قلمرو آنان شبیه به قلمرو کدام امپراتوری بود؟

اشکانیان (پارت ها)

درس سی و یکم
تکلیف

تمرین ۱۵: جملات زیر را به انگلیسی ترجمه کنید.

۱. سلوکیان جانشین اسکندر در ایران شدند.

۲. ادشیر ساسانی، شاه اشکانی را شکست داد و پادشاهی ساسانیان را تأسیس کرد.

۳. اشکانیان شهر تیسفون را که نزدیک به غرب بود به پایتختی خود انتخاب کردند.

۴. اشکانیان حدود چهارصد سال بر سرزمین ایران حکومت کردند.

۵. مادها، پارس‌ها و پارت‌ها برای کشاورزی و دامداری به فَلات مرکزی ایران کوچ کردند.

۶. بیشتر ایرانیان تا قبل از دوره‌ی ساسانیان، زرتشتی بودند.

۷. کوروش کبیر، یهودیانی را که در اسارت بابلیان بودند، آزاد کرد و به سرزمین‌شان بازگرداند.

تمرین ۱۶: تحقیق

نام چند تن از شاهان اَشکانی را در اینترنت جستجو کنید و به ترتیب سال حکومت‌شان در جدول مقابل بنویسید.

پادِشاه	سال حکومت
اَشک اول	حدود ۲۵۰ ق.م

درس سی و یکم — ساسانیان

خواندن ۳: بخوانید و تمرین صفحه بعد را انجام دهید. (منابع مورد استفاده: شماره ۶، ۲۷، ۳۴، ۳۵ و ۱۸).

یکی دیگر از پادشاهان ساسانی، «خسرو اَنوشیرَوان» بود. او بر سر **مالِکیّت** شهرهای مرزی چند بار با رومیان جنگید و در همه‌ی جنگ‌ها آنان را شکست داد. در زمان «خُسرو اَنوشیرَوان»، شهرهای بزرگی در ایران ساخته شد. «تیسفون»، پایتخت ساسانیان، یکی از شهرهای مهم آن زمان بود. «اَنوشیرَوان» همچنین کاخ‌های باشکوهی برای خود ساخت که **خَرابه**‌های یکی از آن‌ها به‌نام «طاق کَسرا» هنوز **پابَرجاست**. به دستور او، دانشگاه بزرگی در «گُندی‌شاپور» ساخته شد. در این شهر، دانش پزشکی **رونَق** داشت و پزشکانی از ایران و دیگر کشورهای جهان در آنجا **گِرد آمده** بودند. در زمان ساسانیان، معماری و **سَنگ‌تَراشی** بسیار **رواج یافت**. در این دوره هم مانند گذشته، هنرمندان، آثار هنری مهمی را به **یادگار** بر روی سنگ‌های بزرگ کوه‌ها **نَقش کردند**. از جمله‌ی این آثار، «نَقشِ رُستَم»، بر بدنه کوهی در فارس است که **صَحنه‌ی تَسلیم** شدن امپراتور روم به‌دست «شاپور اول»، شاه ساسانی را نشان می‌دهد.

بر اثر کشمکش برخی از پادشاهان ساسانی با اشراف و موبدان برای حفظ اقتدارشان و به علت درگیر بودن ایران در جنگ با رومیان، کشور دچار هرج و مرج و آشفتگی شد و به تدریج مردم **ناراضی** شدند. این نارضایتی زمانی **افزایش** یافت که **خشکسالی** هم شد و برخی از مردم گرسنه ماندند. در این هنگام، موبدی به نام «مَزدَک» با طرفداری مردم **قیام** کرد. او از «قُباد» ـ پادشاه ساسانی ـ خواست تا آذوقه و غذا در اختیار مردم بگذارد. «قُباد» ابتدا از «مزدک» حمایت کرد و با خواسته‌ی او موافقت کرد. اما طولی نکشید که «مَزدَک» طرفداران زیادی پیدا کرد و در نهایت قباد هم با او دشمن شد و او را به قتل رساند.

پس از آن جنگ‌های بیشمار دیگری بین ایران و روم در گرفت و در ابتدا با پیروزی‌های پی در پی ایرانیان همراه بود. اما در نهایت به شکست انجامید و

possession	مالِکیّت
ruins	خَرابه
erected	پابَرجا
to prosper	رُونَق داشتن
to gather	گِرد آمدن
stonemason	سنگ‌تَراشی
to boom	رواج یافتن
monument	یادگار
imprint	نَقش کردن
scene	صَحنه
to give up	تَسلیم شدن
unsatisfied	ناراضی
to increase	افزایش یافتن
drought	خُشکسالی
uprising	قیام
situation	وَضع
spreading	گُسترش
to capture	تَصَرُف کردن
miller	آسیابان

حکومت‌های مقتدر ساسانیان ضعیف شدند. در این هنگام، مسلمانان که برای **گُستَرش** دین جدید اسلام مبارزه می‌کردند با استفاده از این ضعف و آشفتگی اجتماعی در ایران، با سپاهیان دولت ساسانی به جنگ پرداختند و توانستند شهر «مَداین» را **تَصَرُف** کنند. «یَزدگِرد سوم»، آخرین پادشاه ساسانی پس از این شکست به سمت «خُراسان» عقب‌نشینی کرد و درآنجا به دست **آسیابانی** کشته شد. پس از ساسانیان، در سال ۶۴۲ میلادی با پیروزی اعراب و تَسخیر بخش‌هایی از ایران، دوره‌ی اسلامی در تاریخ ایران آغاز شد.

تمرین ۱۷: جملات و عبارات را در دوستون زیر با هم تطبیق دهید.

۱. علت اصلی جنگ «اَنوشیرَوان» با رومیان بود.
۲. این شهر پایتخت ساسانیان بود.
۳. بنای باقیمانده از شهر تیسفون است.
۴. دانشکده‌ی پزشکی ساسانیان در این مکان بود.
۵. نَماد رواج سنگ‌تراشی و معماری در دوران ساسانیان است.
۶. یکی از علت‌های هرج و مرج و آشفتگی در ایران بود.
۷. یکی از کسانی که در زمان ساسانیان بر علیه آنان قیام کرد.
۸. پادشاهی که قیام مَزدَکیان را سَرکوب کرد.
۹. مسلمانان پس از شکست ساسانیان این شهر را تصرف کردند.
۱۰. آخرین پادشاه ساسانی است که به دست آسیابانی کشته شد.
۱۱. حکومت اعراب از این زمان بر بخش‌هایی از ایران آغاز شد.

( ) طاق کَسرا
( ) نَقشِ رُستَم در فارس
( ) کشمکش شاهان با اشراف و موبدان
( ) ۶۴۲ میلادی
( ) مَزدَک
( ) تیسفون
( ) قُباد
( ) مَداین
( ) اختلاف بر سر مالِکیّت شهرهای مرزی
( ) یَزدگِردِ سوم
( ) گُندی‌شاپور

تمرین ۱۸: به چند پرسش کوتاه پاسخ دهید.

۱. بر اساس نقشه‌ی زیر[۱]، قلمرو ساسانیان کدام تمدن‌ها را در بر می‌گرفته است؟ ....

....

۲. مسیرهای قرمز و بنفش مربوط به لشکرکشی کدام پادشاهان ساسانی است؟

۳. پایتخت ساسانیان را در نقشه مشخص کنید.

[۱] لینک نقشه: http://sassanids.com/مفهوم-ایرانشهر-به-روایت-تورج-دریایی

درس سی و یکم — تکلیف

تمرین ۱۹: جاهای خالی را با حروف ربط داده شده، پر کنید.

> از جمله، در واقع، عَلاوه بر، نخستین، به‌علت، مانند، دیگر، پس از، که

ایرانیان .... اسلام برای آموختن علوم گوناگون بسیار **تَلاش** کردند. در همسایگی کشورهای اسلامی، سرزمین‌ها و ملّت‌هایی با **میراث**‌های علمی و تمدن‌های گوناگون بودند. .... همسایگی با کشورهایی .... هند، یونان و روم، میزان **پیشرفت**‌های علمی در میان مسلمانان بسیار زیاد بود.

.................، مسلمانان با **کَسب دانش** و علوم تمدن‌های **مُجاوِر** خود و با **افزودن** بر آن‌ها، فرهنگ و علوم جدیدی را پایه‌گذاری کردند. ایرانیان در این دوره در جهان اسلام، **سَرآمد** بودند.

فراگیری خواندن و نوشتن و زبان‌های خارجی، .... **مَرحَله‌ی** ورود به دنیای عِلم و دانش بود. کسانی .... در خواندن و نوشتن و زبان‌های خارجی، **مَهارت** می‌یافتند به‌دنبال کَسب علوم گوناگون می‌رفتند. دانشمندان ایرانی در خُداشِناسی، فَلسَفه، تاریخ، جُغرافیا، ریاضیات، فیزیک، پزشکی، سِتاره‌شِناسی، **کِیهان**‌شناسی، زیست‌شناسی و بسیاری از علوم دیگر به مطالعه و **تألیف** کتاب مشغول بودند. سیبویه، فارابی، زکریای رازی، ابن‌سینا، ابوریحان بیرونی، و خواجه نَصیرالدین توسی .... این **نام‌آوران** ایرانی هستند.

.... رشته‌های علمی، ایرانیان در زمینه هنر و معماری نیز **فَعالیت**‌های **چشم‌گیری** داشتند. مساجد، مدارس، **کاروان‌سراها** و کاخ‌های بی‌نَظیری توسط معماران ایرانی ساخته شده است. از .... نمونه‌های هنر ایرانیان می‌توان از سُفال‌گری، کاشی‌کاری، نقّاشی، خُوش‌نویسی، قالی‌بافی، مُعَرّق‌کاری، خاتَم‌کاری، و شیشه‌گری نام بُرد.

مَرحَله	step	از جُمله	examples of	تَلاش	struggle	عِلم، دانِش	science
مَهارَت	skill	در واقع	in fact	میراث	heritage	مُجاوِر	نزدیک
کِیهان	cosmos	عَلاوه بر	in addition to	پیشرفت	advancement	افزودن	to add
تألیف	publication	مانندِ	such as	کَسب	acquisition	سَرآمد	elite
فَعالیّت	activity	چِشم‌گیر	significant	نام‌آور	famous	کاروان‌سَرا	caravansary

۱۶

متن فایل‌های صوتی

فایل صوتی ۱: باید گفت که تاریخ‌دان سعی می‌کنه آنچه (رو) که در گذشته برای مردمی پیش اومده دوباره بازگو کنه. تاریخ‌دان نباید باورهای خود و افکار خودش رو سعی کنه تحمیل کنه بر اونچه که می‌نویسه و می‌گه. این یکی از اصول مهم تاریخ‌نگاری و تاریخ‌نویسی است.

فایل صوتی ۲: تمدن «سی‌یَلک» یکی از قدیمی‌ترین تمدن‌هایی است که در فلات ایران وجود داره. تپه‌ی «سی‌یَلک» که در نزدیکی شهر کاشان امروزی است. آنچه که یافت شده برحسبِ (براساسِ) کاوش‌های مرحوم «گریشمَن»، «رومَن گریشمَن»، یک باستان‌شناس بسیار مهم در اوایل قرن بیستم، نشان داده که اقلاً قدمت این تمدن به هفت هزار سال پیش می‌رسیده.

فایل صوتی ۳: در کنار دریای خَزَر، به تمدن دیگری بر می‌خوریم که نام آن رو «مارلیک» گذاشته‌اند. در حقیقت، اون نیز تپه‌ای است که در آن حفاری شده و به نام تپه‌های «مارلیک» معروف هست. «مارلیک»، در حقیقت آرامگاه نَجیب‌زادگانی است که به هزاره‌ی دوم و اولِ قبل از میلاد می‌رسه. آنچه «مارلیک» رو معروف کرد، یافت جامی است زَرین یا طلا که بسیار زیباست و بر روی اون حیوان‌های بسیار جالبی نُقوش (نَقش) بسته‌اند و در کنار اون، نُقوش افرادی که در «مارلیک» می‌زیسته‌اند، نَقش بسته شده.

فایل صوتی ۴: در شمال غربی ایران، تمدن دیگری به نام «حَسَنلو» وجود داره. تمدن «حَسَنلو»، قدمت فرهنگی ایران و فَلات ایران رو به هشت هزار سال پیش می‌رسونه. توجه داشته باشید که تپه‌ی «سی‌یَلک» به پنج هزار سال قبل از میلاد مسیح، یعنی هفت هزار سال پیش می‌رسید. تپه‌ی «حَسَنلو» به شش هزار سال قبل از میلاد مسیح، یعنی هشت هزار سال پیش می‌رسه. مهم‌ترین یافت «حَسَنلو»، جامی است زَرین که توسط آقای «رابرت دایسون» کشف شد و اون را به نام جام «حَسَنلو» در تمام دنیا شناخته‌اند. این جام نشان دهنده‌ی تمدن پیشرفته‌ی «حَسَنلو» هست. و ما باید این رو مقایسه بکنیم با تمدن «سی‌یَلک» که در استان مرکزی است. بر روی جام و آنچه بازمانده از «حَسَنلو»، نشون دهنده‌ی این هست که اَرابه‌هایی وجود داشته و مردم در حال کشاورزی بودند و به هر حال یک تمدن تمام‌عَیار در اون منطقه وجود داشته و زنده بوده.

فایل صوتی ۵: تمدنی که در فَلات ایران وجود داشته و با تمام این تمدن‌هایی که من گوشزد کردم متفاوت هست، تمدن ایلامـه. ما می توانیم تاریخ ایلام را به سه دوره تقسیم کنیم. دوره‌ی باستانی ایلام، یعنی از ۲۴۰۰ سال قبل از میلاد مسیح تا ۱۶۰۰ سال قبل از میلاد مسیح. دوره‌ی میانی ایلام، یعنی از ۱۵۰۰ سال قبل از میلاد مسیح تا ۱۱۰۰ سال قبل از میلاد مسیح و دوره‌ی جدید ایلام، یعنی از ۱۱۰۰ سال قبل از میلاد مسیح تا سال ۵۳۹ (ق.م.) که کوروش کبیر آنجا رو فتح می‌کنه. دو شهر مهم و مرکز تمدن ایلام، شهر شوش و

انشَن هست. شوش در استان خوزستان امروزی و انشَن یا تپه‌ی مَلیان در استان فارس قرار داره. ما می‌دونیم که این تمدن ایلام در دوره‌ی قدیمی‌اش توسط شخصی به نام «پوزور اینشوشینک» برپاشده. و اوست که شهر اَنشَن و شوش را متحد کرده و در حقیقت پادشاهی ایلام رو برقرار می‌کنه.

فایل صوتی ۶: «چُغازَنبیل»، مهم‌ترین بنای بازمانده (باقیمانده) از دوران ایلامی‌هاست. در آنجا، خدای بزرگ ایلام، «اینشوشینک» پَرَستش می‌شد. البته «اینشوشینک» تنها خدای ایلامی‌ها نبود. آنچه که «چُغازَنبیل» را جالب می‌کند، این است که دور تا دورِ این بَنا، بر روی آجُرها، نِفرین‌هایی به زبان بابِلی نوشته شده. چرا؟ محققین بر این باورند که چون بابلی‌ها و اکدی‌ها به فلات ایران حمله می‌بردند (می‌کردند) و به خاطر همین دستیابی به منابع طبیعی، در حال جنگ با ایلامی‌ها بودند، ایلامیان این نفرین‌ها را بر دیوار «چُغازَنبیل» نوشتند که اکدی‌ها و بابِلیان هرگز به این بنا دست پیدا نکنند. در «چُغازَنبیل»، ما می‌بینیم که بر روی دیوار، همچنین دُعاهایی به (نام) «ناپریشا» ـ خدای بزرگ انشَن ـ و همچنین «اینشوشینک» ـ خدای بزرگ شوش ـ نوشته شده.

فایل صوتی ۷: اولین قوم ایرانی که توانست بر (در) فلات ایران پادشاهی برپا کند، قوم ماد می‌باشد (است). مادها از گروهی جنگجو، تبدیل به امپراتوری یا شاهنشاهی بسیار مقتدری شدند. پایتخت شاهنشاهی ماد «اکباتانا» است که امروزه در کنار شهر همدان می‌باشد (است). «دیاکو»، اقوام مادی را با یکدیگر متحد کرد و آنگاه پادشاهی مقتدری برپا کرد.

فایل صوتی ۸: «کمبوجیه» با دختر پادِشاه ماد، یعنی «ماندانا» ازدواج کرد. و از این ازدواج «کوروش» بزرگ به دنیا آمد. او پایتختی به نام «پاسارگاد» در جنوب غربی استان فارس به وجود می‌آورد و در سال ۵۵۳ قبل از میلاد، علیه پدربزرگ خود و پادشاه ماد، به پا می‌خیزد. در زمان ورود او به بابِل، یعنی مهم‌ترین شهر دنیای باستان، ما می‌دانیم که کوروش مستقیماً به «اِسیگلا» یعنی مرکز مذهبی بابلیان رفت. و در آنجا برای ما منشور یا کتیبه‌ای برجای گذاشته که معروف به منشور کوروش کبیر می‌باشد (است). اهمیت این منشور، از آن است (به این دلیل است) که نشان می‌دهد کوروش به صورت مُسالِمت‌آمیز با تمام بابلیان و اقوامی که در این شهر بودند، رفتار کرده است. برای مثال ما می‌دانیم که کلیمیان در آن زمان در شهر بابل به اسارت درآمده بودند و این کوروش بزرگ یا کبیر بود که گذاشت آن‌ها به سرزمین خود برگشته، برای بازساخته‌شدن معبد خود مخارج آن را پرداخته و در حقیقت دوست جدید بیابند. در پایان می‌توان گفت که کوروش کبیر توانست در طول عمر خود، بزرگ‌ترین پادشاهی دنیای باستان را بنا کند. اما این تسخیر این سرزمین‌ها نبود که او را زبانزد همه کرد بلکه آن گونه که با مردم رفتار کرد، زبانزد همه شد.

درس سی و دوم

ایران در عصر اسلامی

۱. درباره حمله مسلمانان به ایران چه می‌دانید؟
۲. جنگ‌های بین ایرانیان و مسلمانان در چه زمانی بوده است؟
۳. به نظر شما علت اصلی حمله مسلمانان به ایران چه بوده است؟
۴. چرا ایرانیان زبان خود را به عربی تغییر ندادند؟

تمرین ۱: گوش کنید[۱] و پاسخ دهید.

۱. مسلمانان کی به ایران حمله کردند؟
الف) بعد از مرگ پیامبر اسلام ب) در زمان هخامنشیان
پ)در زمان خلیفه‌ی چهارم ت) پس از مرگ خلیفه‌ی اول

۲. مسلمانان در زمان کدام **خَلیفه** دوباره به مَرزهای ایران حمله کردند؟
الف) خلیفه دوم ب) خلیفه اول پ) خلیفه سوم

۳. **نَبَرد** «قادِسیه» و «نَهاوند» در زمان کدام‌یک از «**خُلَفای راشِدین**» بود؟
الف) اَبوبَکر ب) عُمَر پ) عُثمان ت) علی

۴. **فَتح** ایران **تَوسط** مسلمانان و **سُقوط** شاهنشاهی ساسانیان بیش از چند سال طول کشیده است؟
الف) بیست سال ب) سی سال پ) صد سال

۵. آیا ایرانیان به یک‌باره مسلمان شدند؟ ....

۶. ایرانیان پیش از اسلام چه دینی داشتند؟ ....

اعراب	عرب‌ها
رِحلَت	فُوت، مَرگ
خَلیفه	رَهبَر مسلمانان
فَتح	گِرِفتن
سُقوط	شِکست خوردن
به تَدریج	کم‌کم
یِک‌باره	فُوری
خُلَفا	خَلیفه‌ها
راشِدین	چهار خَلیفه
رُشد	گُستَرِش
شایان	خیلی خوب
نَبَرد	جنگ
تَوَسُّط	به وَسیله‌ی

[۱] متن این تمرین از منبع شماره ۷، ۱۴ جلد اول و ۱۸ به دست آمده است. تصویر پشت صفحه اثر استاد رسام ارژنگی است.

درس سی و دوم — تمرین کلاسی

تمرین ۲: نقشه‌ی زیر را نگاه کنید و به پرسش‌های آن پاسخ دهید.

۱. با استفاده از راهنمای نقشه، میزان پیشرفت و گسترش اسلام را در سه دوره از آغاز آن (پیامبر، خلیفه اول، دوم و سوم)، روی نقشه مشخص کنید.

۲. نام جاهایی را که مسلمانان با ایرانیان جنگیدند از روی نقشه پیدا کنید و بنویسید:
....قادِسیه.... ....

۳. به نظر شما علت موفق شدن مسلمانان در این جنگ‌ها، چه بوده؟ در این باره تحقیق کنید و به کلاس گزارش کنید.

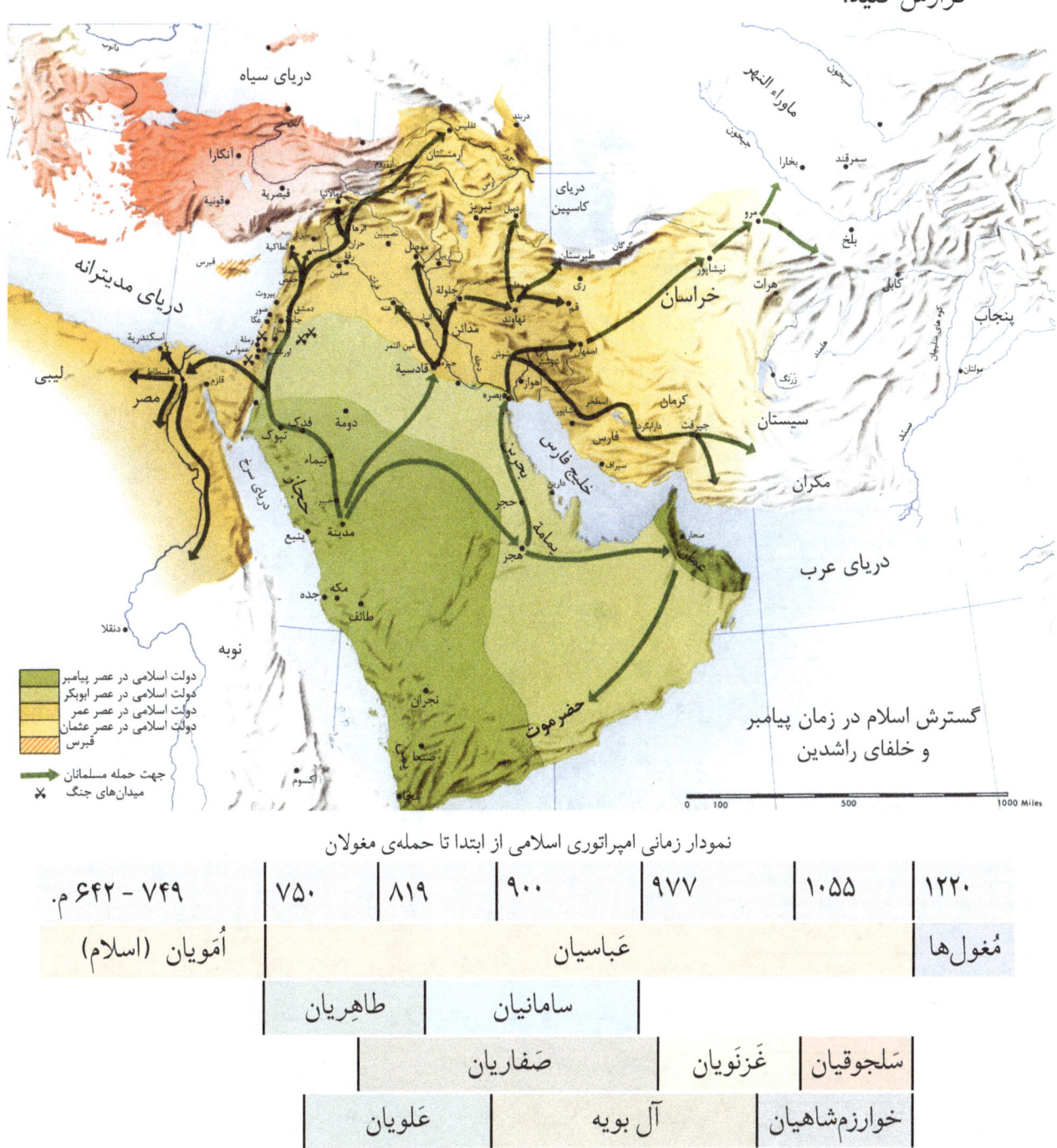

گسترش اسلام در زمان پیامبر و خلفای راشدین

نمودار زمانی امپراتوری اسلامی از ابتدا تا حمله‌ی مغولان

۶۴۲ - ۷۴۹ م.	۷۵۰	۸۱۹	۹۰۰	۹۷۷	۱۰۵۵	۱۲۲۰	
اُمَویان (اسلام)		عَباسیان					مُغول‌ها
		طاهِریان	سامانیان				
			صَفاریان	غَزنَویان	سَلجوقیان		
			عَلویان	آل بویه	خوارزم‌شاهیان		

۱. اصل نقشه در لینک مقابل موجود است:
https://ba.wordpress.com/tag/middle-eastern-history/page/5/

خواندن ۱: بندهای نوشته‌ی زیر را مرتب کنید (منبع شماره ۷ و جلد اول منبع شماره ۱۴).

(....) مسلمانان با مُطالعه این کتاب‌ها با علوم یونانی، هندی و ایرانی آشنا شدند و در پاره‌ای از آن‌ها، **اِصلاحات** و **اضافاتی** ایجاد کردند. مثلاً «**زکریای رازی**» و «**اِبن‌سینا**»، دو دانشمند ایرانی، با افزودن **مشاهدات بالینی** خود به برخی از آثار یونانی مانند کتاب «**جالینوس**»، دو کتاب «حاوی» و« قانون در طِب» را تألیف کردند. «**خوارزمی**» هم حساب هندی را ترجمه کرد و کتاب «جَبر و مُقابِله» را در شرح آن نوشت.

(....) یکی از این مترجمین ایرانی، «روزبه» یا «عَبدالله بن مُقَفَّع» نام داشت که برخی از کتاب‌های اَدَبی مانند «کِلیله و دِمنه» و تاریخی و فَلسَفی، مثل مَنطِق **اَرَسطو** را از زبان‌های پهلوی و یونانی به زبان عربی ترجمه کرد. مترجم و دانشمند دیگر ایرانی، «اَبوریحان بیرونی»، کتاب‌هایی در زمینه‌ی ریاضیات و ستاره‌شناسی از هندی به زبان عربی ترجمه و تألیف نمود مانند تقویم، و قانون مَسعودی.

(....) نخستین حکومت عربی پس از «خُلَفای راشِدین»، توسط **خاندان** «**بَنی‌اُمَیّه**» تأسیس شد و تا سال ۷۵۰ میلادی ادامه داشت. اُمَویان قوم‌گرا و نِژادپَرَست بودند و به ایرانیان مَقام و مَنصبی نمی‌دادند. به همین دلیل، در این زمان ایرانیانِ کمی مسلمان شدند و جُنبش‌هایی مانند «شُعوبیّه» بر عَلیه آنان به وجود آمد که بر برابری انسان‌ها، حِفظ هویّت ایرانی و زبان فارسی تأکید داشت. اما پس از اُمَویان، خُلَفای «**عَباسی**» که مُخالِف آنان بودند، بر روی کار آمدند و حدود ۵۰۰ سال حکومت کردند. در زمان «عَباسیان»، مَذهَب «**شیعه**»، که پیروان آن خلیفه چهارم و فرزندان او را امام و **جانشین** واقعی پیامبر اسلام می‌دانستند، گسترش یافت. در این زمان، ایرانیان بیشتری مسلمان شدند و برخی از دانشمندان ایرانی به دولت‌های عربی راه یافتند. ایرانیان در این سال‌ها تلاش کردند تا زبان و خط عربی را **فراگیرند**. برای همین دستورنویسی ایرانی به نام «**سیبویه**»، اولین دستور زبان عربی را به نام «الکتاب» نوشت.

(....) در زمان «عَباسیان»، مرکزی علمی به نام «**نِظامیه**» در بَغداد تأسیس شد و عِدّه‌ای از دانشمندان ایرانی و عرب در آنجا گِرد آمدند و به **تَعلیم** و تَربیّت و **تألیف** و **ترجمه‌ی** کتاب‌هایی از زبان‌های پهلوی، یونانی و هندی به زبان عربی پرداختند. مُتَرجِمان ایرانی و عرب، کتاب‌های زیادی را در زمینه‌ی **طِب** یا پزشکی، **نُجوم** یا ستاره‌شناسی، شیمی، فیزیک، کشاورزی، فَلسَفه و **مَنطِق** و ریاضیات به عربی ترجمه کردند.

سیبویه	Sibawayh
خاندان	خانواده
بَنی‌اُمَیّه	Umayyad
فَراگِرفتن	یاد گرفتن
عَباسیان	Abbasid
شیعه	Shiite
جانِشین	رهبر بعدی
نِظامیّه	دانِشگاه
تَعلیم	یاد دادن
تألیف	نوشتن کتاب
طِب	پِزِشکی
نُجوم	ستاره‌شِناس
مَنطِق	logic
اَرَسطو	Aristotle
اِصلاحات	reforms
اِضافاتی	additions
زکریای رازی	Razi
اِبنِ سینا	Avicenna
جالینوس	Galen
مُشاهِدات	observations
خوارَزمی	Khwarizmi

تمرین ۳: به پرسش‌های زیر پاسخ دهید.

۱. جُنبِش «شعوبیّه» به چه منظوری به وجود آمد؟

۲. علت این که ایرانیان اولین دستور یا گرامِر را برای زبان عربی نوشتند، چه بود؟

۳. «نِظامیه» چه جور مکانی بود؟

۴. مترجمان مسلمان آثار مختلف را از چه زبان‌هایی به عربی ترجمه کردند؟

۵. «کِلیله و دِمنه» چه جور کتابی است؟

۶. «رازی» و «ابن سینا» در چه زمینه‌ای تخصص داشتند؟

تمرین ۴: گوش کنید و پاسخ دهید.

۱. چه اقدامی در زمان شاهان «صفاری» و «سامانی» باعث رواج زبان فارسی شد؟

الف) دستور به شعرخوانی به زبان عربی در مراسم و عیدها

ب) دستور به حذف زبان عربی از کتاب‌ها و مراسم ایرانیان

پ) دستور به شعرخوانی به زبان فارسی در مراسم و عیدها

۲. به نظر شما، چرا در زمان حکومت‌های «صَفاریان»، «سامانیان» و «آلِ بویه»، به فارسی بیشتر اهمیت داده شد؟ ....

....

۳. چه چیزی موجب استقلال ادبی ایران شد؟ ....

....

تمرین ۵: جاهای خالی را با کلمات زیر پر کنید.

مُشاهِدات، شعرخوانی، **قوم گرا**، فرا گرفتند، شیعه، رَواج، تألیف، ترجمه، اِصلاح، جانِشین، مَنطِق

۱. پس از رِحلَت و مرگ پیامبر اسلام، ابوبکر .... ایشان شد.

۲. برخی از دانشمندان ایرانی، خط و زبان عربی را ....

۳. ابن‌سینا، کتاب «قانون در طِب» یا پزشکی را .... کرده است.

۴. «فارابی» یا معلمِ ثانی، یکی از دانشمندان **عصر** طلایی اسلام است که بیش از چهارده کتاب درباره علم فلسفه و .... نوشته است.

۵. این کتاب اشتباهات زیادی دارد که باید .... بشوند.

۶. در زمان خُلَفای «عَباسی» مَذهَب .... **گسترش** یافت.

۷. در زمان «صَفاریان»، «سامانیان» و «آل بویه»، نوعی حِس **ملّی گرایی** و علاقه به زبان فارسی در ایران .... یافت.

۸. به دستور شاهان «سامانی»، شاعران به زبان فارسی .... می‌کردند.

۹. مسلمانان، کتاب‌های زیادی را از زبان‌های پهلوی، یونانی، و هندی به عربی .... کردند.

۱۰. لطفاً پس از **مطالعه‌ی** این کتاب، **آزمایشات** آن را انجام دهید و سپس .... خود را بنویسید.

۱۱. خُلَفای اُمَوی، .... و **نژادپرست** بودند و شیعیان را آزار می‌دادند.

ثانی	دوم
عَصر	دوران، زمان
مُطالِعه	خواندن
آزمایِشات	امتحانات
مِلّی‌گرایی	nationalism
نِژادپَرَست	racist
قُوم‌گرا	طرفدار یک قوم
گُستَرِش	رُشد

تمرین ۶: تحقیق

یکی از دانشمندان یا شُعَرای ایرانیِ عصر طلایی اسلام را انتخاب کنید و زندگینامه‌ی او را در یک صفحه به فارسی تایپ کرده و برای استادتان ایمیل کنید. سپس تحقیق‌تان را به کلاس گزارش کنید. (ابن‌سینا، زکریای رازی، فردوسی، رودکی، طَبَری، سیبویه، ابوریحان بیرونی، خوارزمی، فارابی، شیخ طوسی)

تمرین ۷: ابتدا جاهای خالی را پر کنید و بعد بندها را با کتاب‌ها تطبیق دهید.

۱. «...........................»، داستانی در اصل هندی و به زبان سانسکریت بوده که به زبان پهلوی و عربی برگردانده شده است. در زمان «غزنَویان»، این اثر توسط «نَصرالله مُنشی»، به فارسی ترجمه شد.

۲. «........................» را محمد بن طبری، تاریخ‌نگار ایرانی در اوایل قرن نهم میلادی به زبان عربی نوشت. این کتاب، تاریخ دوران ساسانیان و اوایل اسلام را با جزئیات بیان کرده است. بعدها «بَلعَمی» این کتاب را به فارسی ترجمه کرد.

۳. کتاب «.....................»، دایِرةالمَعارفی علمی و فلسفی است که در اوایل قرن یازدهم میلادی توسط «.....................» پزشک و فیلسوف ایرانی نگاشته شده است.

۴. «.....................»، اثر بزرگ شاعر پارسی‌گوی ایرانی «.....................» است که در بیش از ۶۰۰۰۰ بِیت به بیان تاریخ حِماسی و اُسطوره‌ای ایران می‌پردازد.

۵. «...........................» و «حساب الهِند» کتاب‌هایی هستند که در نیمه اول قرن نهم میلادی توسط «.....................» ریاضیدان و فیلسوف ایرانی معروف به پدر جَبر، نوشته شده‌اند. وی در سال ۷۸۰ میلادی در خوارَزم (اُزبَکستانِ کُنونی) به دنیا آمد.

۶. «.....................»، علم لُغَت و دستور یا صَرف و نَحو عربی است که توسط «.....................» زبانشناس ایرانی در اواخر قرن هشتم میلادی نوشته شده است.

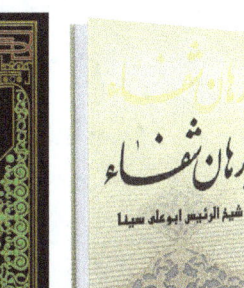

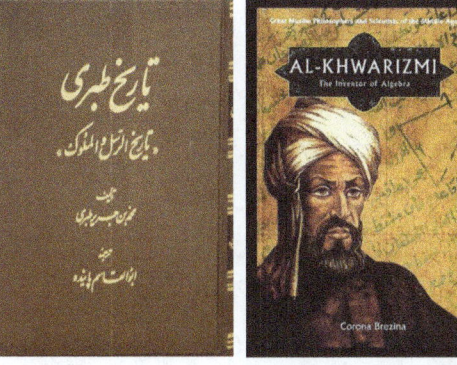

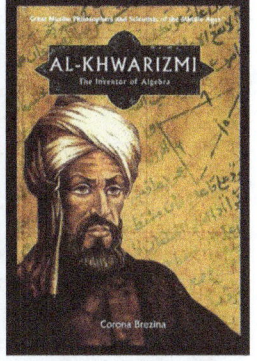

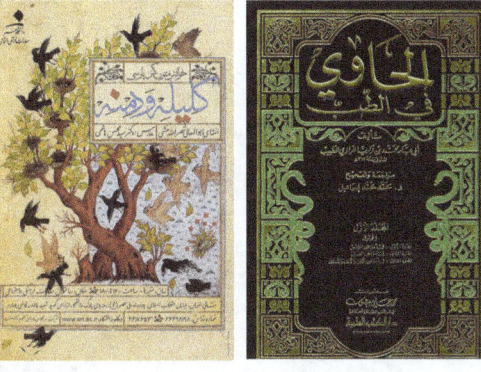

درس سی و دوم گسترش زبان فارسی

خواندن ۲: بخوانید و زیر گروه فعلی با حرف اضافه مانند مثال، خط بکشید (منبع ۷ و جلد اول منبع شماره ۱۴).

آشنایی شاعران و نویسندگان ایرانی با مُتون ادبی پَهلوی و **نَقل** آن‌ها به فارسیِ دَری، تا قرن چهاردهم میلادی ادامه داشت. برخی از آثار ادبی که در این دوران مورد اشاره قرار گرفته‌اند، عبارتند از: «شاهنامه‌ی ابومنصوری، بَلخی و دَقیقی، زَریران، کارنامه‌ی اَردِشیر بابَکان، داستان بَهرام گور، پَندنامه بُزرگمِهر، اَرداویراف‌نامه، خُدای‌نامه، کِلیله و دِمنه، و سَندبادنامه». آثاری هم در زمینه‌ی تاریخ، فلسفه و دین اسلام در دوران «سامانی» و «آلِ بویه»، تألیف شده که مهمترین آن‌ها عبارتند از: «تاریخ طَبَری، **رساله‌ی** فلسفه‌ی فارابی، تاریخ بَلعَمی، آثارُالباقیه اَبوریحان، **اُصول** کافی، **تَفسیر** طَبَری و تَفسیر شیخ طوسی». نخستین شاعرانی که در این دوره، شعر فارسی **سُرودند** و به گسترش بیشتر زبان و ادب فارسی کمک کردند عبارتند از: «سَگزی، بادغِیسی، رودکی، و فِردوسی».

در سه قرن نخست پس از **ظُهورِ** اسلام، **مَذاهِب** بیشماری با عَقاید و اَفکار گوناگون در ایران **پَدید آمد** که ادبیات فارسی را تَحتِ **تأثیر** قرار داد. ظهور این مذاهب به دلیل اختلاف مسلمانان بر سر سه موضوع زیر بود:

۱. جانِشینی پیامبر: که به شکل گرفتن مَذهَبِ «سُنّی، شیعه و خَوارج» **انجامید**.

۲. اُصول **عَقاید** (کلام): مثلاً **اِعتِقاد** به زندگی پس از مرگ یا «مَعاد»، اعتقاد به جَبر یا **اِختیار** که به شکل‌گیری گروه‌های مختلفی انجامید. مثلاً «مُعتَزِله» که عَقل‌گرا بودند و برای **اِثبات** عقایدشان به مَنطق و **حِکمَت** «مَشائی» یا یونانی روی آوردند (ابن‌سینا، زَمَخشَری). یا «حَنَفیّه، حَنبَلیّه و مالِکیّه» که بر **حَدیث** و **اِجماع**، تِکیه داشتند و «شافِعیّه» و «اَشعَریّه» که **حَدّ وسط** را میزان می‌دانستند و به جبر و قضا و قَدَر معتقد بودند (فخر رازی، خواجه نصیر، غزالی، مولوی) و در نهایت «جَعفَریّه» و «اسماعیلیّه» که شیعه بودند.

۳. **فُروع** دین یا اَعمال دینی: که مَذاهب مختلف با مَسائل **فِقهی** گوناگون را به وجود آورد (شیعه، سُنیّ، صوفیّه، زیدیّه، ...).

تمرین ۸: جاهای خالی را با عبارت مناسبی پر کنید.

فِرقه کلامی (sect)	اِعتِقاد (belief)
مُعتَزِله	....
حَنَفیّه، حَنبَلیّه، مالِکیّه	....
اَشعَریّه	....
جَعفریّه، اسماعیلیّه	....

نَقل	گفتن
رِساله	نوشته، مقاله
اُصول	principles
تَفسیر	interpretation
سُرودن	شِعر گفتن
ظُهور	پیدا شدن
مَذاهِب	دین‌ها
پَدید آمدن	بوجود آمدن
تأثیر	influence
اَنجامیدن	to end up
عَقایِد	عَقیده‌ها، نَظَرها
اِعتِقاد	ایمان
اِثبات	proof
حِکمَت	فَلسَفه
حَدیث	جمله مذهبی
اِجماع	consensus
تِکیه داشتن	to rely on
حَدّ وَسَط	میان
اِختیار	indeterminism
فُروع	details
فِقه	jurisprudence

تمرین ۹: ابتدا جاهای خالی را در جدول زیر پر کنید بعد ترجمه انگلیسی عبارات را زیر آن‌ها بنویسید.

مُوردِ .... قرار گرفته‌اند.
به .... کمک کردند.
تَحتِ .... قرار داد.
به .... انجامید.
به .... روی آوردند.
بَر .... تکیه داشتند.

جملهی فارسی از دو قسمت اصلی به نام {**گروه اسمی**} و {**گروه فعلی**} تشکیل می‌شود. گروه اسمی از یک یا چند **اسم**، **ضَمیر** و **صِفَت** درست می‌شود. گروه اسمی و اجزای آن در فارسی اختیاری هستند ولی جمله باید **گروه فِعلی** داشته باشد. به تَحلیل جمله فارسی زیر دقت کنید:

{شاعرانِ ایرانی} + {به گسترشِ زبانِ فارسی کمک کردند}
جمله ={{گروه اسمی} + {گروه فعلی} }
گروه اسمی = {اسم (شاعران) + اسم/ضمیر/صفت (ایرانی) + ...}
گروه فعلی = { {حرف اضافه (به)} + {گروه اسمی} + {گروه فعل مرکب} }
گروه فعل مرکب = {اسم/صفت/قید (کمک) + **فعل** (کردند)}

به کلماتی مانند: «مُوردِ، به، تَحتِ، بَر، در، از، برای، تا، با، و روی» در فارسی حرفِ اِضافه می‌گوییم.

بعضی از فعل‌های فارسی، مُرَکب هستند یعنی از چند کلمه درست شده‌اند. بعضی از فعل‌های مرکب، با حرف اضافه و یک اسم یا صفت درست می‌شوند مانند «به ... کمک کردن».

preposition	حَرفِ اِضافه
sentence	جُمله
noun phrase	گروه اِسمی
verb phrase	گروه فِعلی
verb	فِعل
noun	اسم
adjective	صِفَت
adverb	قِید
compound	مُرَکب
word	کَلَمه، واژه
pronoun	ضَمیر
optional	اِختیاری

تمرین ۱۰: جاهای خالی را با حرف اضافه‌ی مناسب پر کنید.

۱. اختِلاف بر سر جانِشینی پیامبرِ اسلام، ...... شکل گرفتن مذاهب شیعه و سُنّی انجامید.

۲. شاعِران ایرانیِ دوره اسلامی .... گسترش و رشد زبان فارسی کمک کردند.

۳. شکل‌گیری مَذاهِب گوناگون در ایران، ادبیات فارسی را .... تأثیر قرار داد.

۴. دانِشمندان اسلامی برای اثباتِ عَقایِدشان، .... مَنطِق و فلسفه یونانی روی آوردند.

۵. پِیروان مذهب حَنَفیّه بیشتر .... حدیث و گفته‌های پیامبر تکیّه داشتند.

۶. شاهنامه فردوسی در دوره اسلامی بیشتر از آثار ادبی دیگر .... اشاره قرار گرفته‌است.

۷. این کتاب .... یادگیری هرچه بهتر زبان فارسی خیلی کمک می‌کند.

۸. آثار علمی و ادبی دانشمندان اسلامی ...... رشد تمدن انسانی بسیار کمک کرده‌است.

۹. فرهنگ و زبان عربی، زبان فارسی را .... تأثیر قرار داده‌است.

۱۰. این بخش از کتاب بیشتر .... یادگیری دستور پایه‌ی زبان فارسی تکیه دارد.

تمرین ۱۱: قسمت دوم افعال مرکب را بنویسید.

۱. در اوایل دوره‌ی اسلامی، فرهنگ و زبان عربی، زبان و فرهنگ فارسی را تَحتِ تأثیر قرار .... (داشت/داد/کرد).

۲. ما همیشه به دوستانمان در ایران کمک .... (می‌دهیم/می‌کنیم/می‌بریم).

۳. دانشگاه بر یادگیری زبان‌های خارجی بسیار تکیه .... (می‌دهد/دارد/می‌شود).

۴. برای خواندن متن‌های جدید به کتاب‌های ادبی روی .... (می‌کنیم/می‌دهیم/می‌آوریم).

۵. در دوره اسلامی، آثار ادبی بیشتر مورد اشاره قرار .... (کرده/داده/گرفته).

۶. دانشجوی منظم باید همیشه تکلیف‌هایش را .... (بُکُند/انجام بِدَهَد/کار بِشَود).

۷. کار خوب او، ما را بسیار تَحتِ تأثیر .... (قرار کرد/قرار داد/قرار داشت).

۸. اختلاف سیاسی در اوایل قرن نوزدهم، به شکل‌گیری گروه‌ها و حزب‌های سیاسی جدیدی .... (ایجاد کرد/انجامید/قرار شد).

۹. کشورهای عربی تَحتِ نُفوذ آمریکا قرار .... (دارند/می‌کنند/می‌شوند).

تمرین ۱۲: مستندی از بی‌بی‌سی فارسی ببینید و به پرسش‌های زیر پاسخ دهید (۲۰ دقیقه).

https://www.youtube.com/watch?v=2URYLxYZHhw

۱. این فیلم در مورد کیست؟

الف) ابن عَرَبی　　ب) ابوبَکر

پ) ابن‌سینا　　ت) فِردوسی

۲. یکی از مهمترین کتاب‌های پزشکی در دنیای قدیم چه نام داشت؟

الف) قانون فلسفه　　ب) قانون در طِب

پ) قانون اسلامی　　ت) بُرهان شِفا

۳. مهارت او در پزشکی نظر کدام پادشاهان را به او جلب کرد؟

الف) آلِ بویه　　ب) سامانیان

پ) صفاریان　　ت) طاهریان

۴. طبق این مستند، یکی از دلایل شهرت ابن سینا چیست؟

الف) اینکه بیشتر دانش خود را از کتاب‌ها بدست آورده است.

ب) اینکه در زمان کوتاهی، بیشتر دانش پزشکی را فراگرفت.

پ) اینکه مردم را به طرز معجزه‌آسایی درمان می‌کرد.

۵. پاداش او در درمان شاه چه بود؟

الف) دریافت پول و طلای زیاد

ب) دسترسی به کتاب‌ها و آثار متفکران جهان

پ) دوستی با شاه و شاهزادگان دربار سامانی

طِب، پزشکی	medicine
علم	science
شَخصیّت	character
بَرجِسته	remarkable
به .. افتخار کردن	to be proud of ..
طبقه‌بندی	categorizing
اَفزودن	to add
دربار	king's court
مُتِفَکِر	elite
شاهکار	بهترین
دَستاورد	accomplishment
تَحَوُل	evolution
جامِعه	society
تَسَلُط	dominance
پَراکنده	scattering
عِرفان	mysticism
ترکیب	combination
مُنسَجِم	coherent
وَحدَتِ وجود	unity
حُقوق اسلامی	Islamic law
استِثنائی	exceptional
شالوده	basis
با اِستِعداد	talented
چشم از جهان فرو بست	s/he passed away

درس سی و دوم حکومت‌های ایرانی

خواندن ۳: بخوانید و هم‌معنی کلمات زیرخط دار در متن را با کلمات زیر مطابقت دهید (منبع ۷ و ۱۴ جلد اول).

دولت	قُدرَتمند	قَبول	باعِث	سَرزَمین	کلماتی	شاه	گِرفت	سُلطان‌های	رهبران	گُستَرِش
(۱)	(۲)	(۳)	(۴)	(۵)	(۶)	(۷)	(۸)	(۹)	(۱۰)	(۱۱)

هنگامی که حکومت «سامانیان» ضَعیف شد، «مَحمود غزنَوی» که حاکِم «غَزنه» بود، خُراسان را تَصَرُف کرد. خلیفهٔ عباسی نیز حکومت او را به **رَسمیّت** شناخت. سُلطان «مَحمود غزنَوی» **به پُشتوانه‌ی** سپاهِ نیرومندِ خود، در بیشتر جنگ‌ها پیروزی‌هایی به دست آوَرد و قَلمرو «غَزنَویان» را تا «رِی» در مرکز ایران گسترش داد. سلطان «مَحمود غَزنَوی» چندین بار به هندوستان **لَشکرکِشی** کرد که موجب رواج زبان فارسی در آن **دیار** شد. او ثِروَتِ **هِنگُفتی** از هندوستان به دست آورد و بخشی از آن را به خلیفه‌ی عباسی **پیشکِش** کرد. «غزنَویان» حدود ۱۵۰ سال بر بخش‌های شرقی ایران حکومت کردند. پس از آنان، «سَلجوقیان»، در نِیشابور بر تخت سَلطَنَت نشستند. سلطان «طُغرلِ سَلجوقی»، حکومت‌های شیعه‌ی «آلِ بویه» در بغداد و «فاطِمیون» در مِصر را که **رَقیب خُلَفای** عباسی بودند، شکست داد و به این ترتیب مورد تأیید خلیفه‌ی مسلمانان قرار گرفت. در زمان «سلجوقیان»، زبان فارسی در **آسیای صَغیر** و غرب ایران رواج یافت به طوری که نامه‌های اداری به فارسی نوشته می‌شد؛ البته واژگانی هم از زبان تُرکی وارد فارسی شد. قَلَمرو ایران در این دوران از «**ماوَراءُ النَهر**» تا «**میان‌رودان**» چنان گسترشی یافت که با قلمرو دوران «ساسانیان» برابری می‌کرد.

اما حکومت «سَلجوقیان» چندان دَوام نیافت و «خوارَزم‌شاهیان» که مردمی از ناحیه جنوب دریای «خوارَزم» (آرال) بودند، با آن‌ها جنگیدند و آن‌ها را شکست دادند و بر بخش‌هایی از ایران **مُسَلَط** شدند. حکومت «خوارَزم‌شاهیان» چندان قُدرَتمند نبود و خَلیفه‌ی عَباسی هم آنان را به رَسمیّت نمی‌شناخت. در چنین شرایطی بود که «**چَنگیزخان**» مُغول (سال ۱۲۲۰ م.) به ایران حمله کرد و روزگار **پُررَنجی** را برای ایرانیان آغاز نمود.

در زمان سَلاطین «غَزنوی و سَلجوقی»، وَزیران **مُدَبِری** مانند «خواجه نِظامُ‌المُلک» به دربار آنان راه یافتند که نقش مهمی در اداره‌ی حکومت داشتند و درنتیجه‌ی تَدبیر و مُدیریّت آنان، **اوضاع** اقتصادی و فرهنگی ایران بهتر شد. مثلاً «خواجه نِظامُ‌المُلک» مدارسی به نام «نِظامیّه» در شهرهای مختلف از جمله در نیشابور، اصفهان و بغداد راه‌اندازی کرد که در آن‌ها افرادی مانند «غَزالی و سَعدی»، استادی و شاگردی می‌کردند.

رَسمیّت	recognition
به پُشتوانه‌یِ	supported by
لَشکرکِشی	حمله، جَنگ
هِنگُفت	خِیلی زیاد
پیشکِش	کادو، هِدیه
دیار	سَرزمین
آسیای صَغیر	Asia Minor
ماوَراءُالنَهر	Transoxiana
میان‌رودان	Mesopotamia
مُسَلَط	dominated
رَقیب	rival
چَنگیزخان	Genghis Khan
پُررَنج	پُردَرد
مُدَبِر	مُدیر، با تَدبیر
اوضاع	conditions

تمرین ۱۳: جملات و عبارات را در دوستون زیر با هم تطبیق دهید.

۱. او حاکم شهر «غَزنه» بود.
۲. دلیل گسترش زبان فارسی به هند بود.
۳. هر دو مورد تأیید خلیفه عباسی بودند.
۴. شاهی که حکومت شیعه «آلِ بویه» را شکست داد.
۵. حدود ۱۵۰ سال بر شرق ایران حکومت کردند.
۶. در زمان او، روزگار پردردی برای ایرانیان شروع شد.
۷. وزیر باتَدبیر دربار شاهان سَلجوقی بود.
۸. نام دانشگاهی که در زمان سلجوقیان راه‌اندازی شد.
۹. امروزه «میان‌رودان» در این کشور است.
۱۰. قلمرو ساسانیان و سلجوقیان
۱۱. خلیفه عباسی آنان را به رَسمیّت نمی‌شناخت.
۱۲. شاعر ایرانی که در نِظامیه درس خوانده بود.

( ) طُغرل سَلجوقی
( ) چَنگیزخان مُغول
( ) لشکرکشی به هندوستان
( ) خواجه نِظامُ‌المُلک
( ) نِظامیّه
( ) عراق
( ) سعدی
( ) از ماوراءُالنَهر تا میان‌رودان
( ) خوارَزم‌شاهیان
( ) غَزنَویان
( ) سلطان مَحمود غَزنَوی
( ) غَزنَویان و سَلجوقیان

تمرین ۱۴: در نقشه مشخص کنید که چنگیزخان مغول از کدام جهت به ایران حمله کرد؟ مغول‌ها چند بار به ایران حمله کرده‌اند؟ کدام ناحیه‌ها از حملات مُغول‌ها در اَمان بودند؟

اصل نقشه به زبان فارسی در لینک زیر موجود است:

https://i0.wp.com/upload.wikimedia.org/wikipedia/commons/0/09/Iran-ilkhanids.jpg?ssl=1

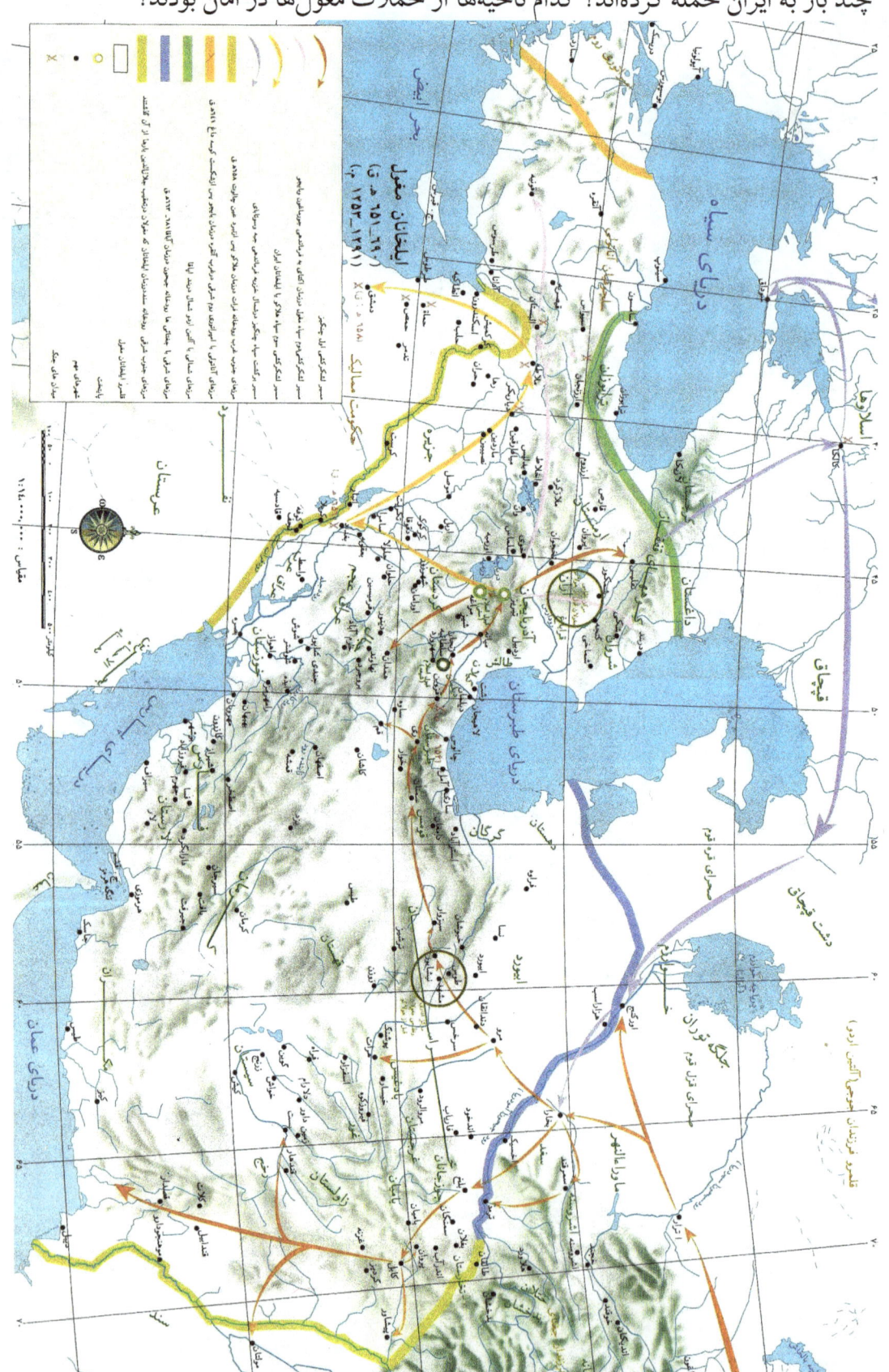

درس سی و دوم   تکلیف

● تمرین ۱۵: کلمات را در دوستون زیر با هم تطبیق دهید.

۱. مشاهدات	( ) بویه
۲. خلیفه	( ) اقتصادی
۳. میان	( ) منطق
۴. ماوراءُ	( ) شیعه
۵. آلِ	( ) اندازی
۶. اوضاع	( ) پرستی
۷. چنگیزخان	( ) راشِدین
۸. آسیای	( ) بالینی
۹. راه	( ) گرایی
۱۰. زبان‌های	( ) چهاردم میلادی
۱۱. خُلفای	( ) دِمنه
۱۲. شاهنشاهی	( ) عباسی
۱۳. لشکر	( ) ساسانیان
۱۴. ابنِ	( ) مُغول
۱۵. فلسفه و	( ) صَغیر
۱۶. مذهب	( ) خارجی
۱۷. نژاد	( ) النَهر
۱۸. قوم	( ) رودان
۱۹. کِلیله و	( ) کِشی
۲۰. قرن	( ) سینا

درس سی و دوم — تکلیف

تمرین ۱۶: با توجه به آن چه که تاکنون درباره تاریخ ایران در دوره‌ی اسلامی خواندید، انشای کوتاهی در حداقل سه بند بنویسید و در آن به پرسش‌های زیر پاسخ دهید.

۱. تاریخ دوره‌ی اسلامی در ایران چه شباهت‌ها و تفاوت‌هایی با دوره‌ی پیش از اسلام در ایران دارد؟

۲. به نظر شما، کدام دوره ایرانیان زندگی بهتری داشتند؟ چرا؟

۳. چرا دوره‌ی اسلامی باعث به وجود آمدن عصر طلایی و شکوفایی علم و دانش و رواج زبان فارسی در ایران گردید؟

۱. اقوام مُغول در کجا زندگی می‌کردند؟
۲. این اقوام چگونه زندگی‌شان را می‌گذراندند؟
۳. درباره حمله مغول‌ها به ایران چه می‌دانید؟
۴. علت هجوم مغولان به ایران چه بود؟
۵. فرمانده لشکر مغولان چه نام داشت؟

تمرین ۱۷: گوش کنید و پاسخ دهید (منبع شماره ۱۴ جلد دوم).

۱. **بهانه‌ی** مغولان برای حمله به ایران چه بود؟
الف) لشکرکشی به ایران   ب) **انتقام** کشته شدن **تاجران**
پ) کشورگشایی و **غارَت**   ت) تجارت با ایرانیان

۲. حمله‌ی مغولان به ایران را کدام شاعر به عنوان تِراژدی توصیف کرد؟
الف) عَطاملک جُوِینی   ب) کمال‌الدین اصفهانی
پ) حافظ شیرازی   ت) سعدی شیرازی

۳. کدام جمله درباره **یورش** و حمله‌ی مغولان به ایران درست است؟
الف) آن‌ها شهرها را آباد کردند ولی **مَزارِع** را سوزاندند.
ب) آن‌ها شهرها را **ویران** کردند و قنات‌ها را خراب کردند.
پ) آن‌ها افراد زیادی را به جُرم جاسوسی دستگیر کردند.
ت) آن‌ها مساجد و مدارس را سوزاندند ولی به **عمران** و آبادی پرداختند.

بَهانه	excuse
غارَت	دُزدی
تاجران	بازرگانان
اِنتِقام	revenge
یورِش	حَمله
مَزارِع	farms
ویران کردن	خراب کردن
قَتلِ‌عام	کُشتن
عُمران	آبادی، ساختن
به جُرم	for crime of
جاسوسی	espionage

نمودار زمانی امپراتوری مغول از ابتدا تا دوره‌ی صفویه

۱۵۰۲	۱۳۸۳	۱۲۵۰-۱۳۸۲	۱۲۲۰ م.
صَفَویان (ایرانی)	تیمورلنگ (تاتارها)	ایلخانان _ هُلاکوخان	چنگیزخان (مغول)

درس سی و دوم ایلخانان

خواندن ۴: عنوان مناسبی برای متن زیر بنویسید. مانند مثال، زیر عبارات ربطی خط بکشید (منبع ۱۴ جلد دوم).

عنوان: ....

«**چنگیزخان**»، هشت سال پس از حمله به ایران، از دنیا رفت ولی ۲۵ سال بعد از او، نوه‌اش «هُلاکوخان»، **فُتوحات** مغولان را ادامه داد. او اول «اِسماعیلیان» را از بین بُرد بعد بغداد را **تَسخیر** کرد و خلیفه عباسی را کُشت. او بعد از نابودیِ خِلافَت عباسی، حکومت «**ایلخانان**» را تشکیل داد که حدود ۱۳۰ سال برپا بود. در این دوره، برخی از دانشمندان و بزرگان ایرانی مانندِ «خواجه نَصیرالدین طوسی»، برادران «جُوِینی» و «خواجه رَشیدالدین هَمدانی»، به مغولان نزدیک شدند و موفق شدند تا **خوی خَشِن** آن‌ها را **مَهار** کنند و **مانعِ** خونریزی و ویرانی بیشتر ایران شوند.

بنابراین، ایران در زمان «ایلخانان» نِسبتاً آرام بود و نِظام سیاسیِ **یکپارچه‌ای** پیدا کرده بود. به تَشویق این بزرگان، در زمان «ایلخانان» مراکز علمی و **پَژوهشی** مانند **رَصدخانه‌ی** «مَراغه» و مدارس و کتابخانه‌هایی در برخی شهرهای ایران تأسیس شد. مغولان پس از مدتی مسلمان شدند و به تمدن و فرهنگ ایران بسیار علاقمند شدند و برای عمران و آبادانی ایران تلاش کردند. در این زمان، بناهای زیادی در ایران ساخته شد و تاریخ‌نگاری رواج یافت. گُلستان و بوستانِ «سَعدی»، مَثنَویِ «مُولَوی»، گُلشَن رازِ «شَبِستَری»، اَخلاقِ «ناصِری»، تاریخِ «جُوِینی» و جامِعُ‌التَواریخِ «رَشیدی»، برخی از آثار ادبی این دوره‌اند.

پس از مرگ آخرین ایلخان، ایران دوباره دُچار آشوب و **هَرج و مَرج** شد تا این که «**تاتارها**» به رهبری «تِیمور گورکانی» یا «**تِیمور لَنگ**» در سال **۱۳۸۳** میلادی به ایران حمله کردند و حکومت «تِیموریان» را برپا کردند. این سِلسِله که قَلمرو وسیعی از مرزهای چین تا سوریه داشت، حدود ۱۱۰ سال بر ایران حکومت کرد. در این دوره هم عالمان ایرانی تلاش کردند تا «تیموریان» را تشویق به عمران و آبادانی ایران کنند. در دوره‌ی «تیموریان»، نِگارگری، نقاشی مینیاتور، کِتاب‌آرایی و خوشنِویسی رواج یافت. دیوانِ «حافِظ شیرازی، ساوُجی، اِبنِ یَمین، خواجوی کِرمانی، عُبِید زاکانی» و مجموعه‌های لیلی و مَجنون و بَهارستانِ «جامی»، برخی از آثار ادبی این دوره‌اند.

چنگیزخان	Genghis Khan
هُلاکوخان	Hulago Khan
فُتوحات	پیروزی‌ها
تَسخیر	گرفتن
ایلخانان	Ilkhanids
خویِ خَشِن	بداخلاق
مَهار کردن	to tame
مانِع شدن	to prevent
یِکپارچه	homogeneous
پَژوهِش	تحقیق
رَصَدخانه	observatory
هَرج و مَرج	anarchy
تاتارها	Tartars
تِیمور لَنگ	Tamerlane

تمرین ۱۸: جاهای خالی را با عبارات مناسب پر کنید.

جنگ‌سالار	قُوم
چنگیزخان	....
هُلاکوخان	....
تِیمور لنگ	....

تمرین ۱۹: ابتدا جاهای خالی را در جدول زیر پر کنید بعد ترجمه انگلیسی عبارات را زیر آن‌ها بنویسید.

چنگیزخان ۸ سال .... حمله به ایران از دنیا رفت.

او .... نابودی خَلافَت عباسی، حکومت ایلخانان را تشکیل داد.

مغولان .... مدتی مسلمان شدند.

.... مرگ آخرین ایلخان، ایران دوباره دچار آشوب شد.

به جملات بالا دقت کنید.

۱. کلمات سبزرنگ (حمله، نابودی، مرگ)، چیستند؟ ....

۲. کلمه‌ی قهوه‌ای رنگ (مدتی) چیست؟ ....

عبارت‌هایی مانند «پس از حمله به ایران»، گروه قیدی است که زمان جمله را نشان می‌دهد. گروه قیدی جزئی اختیاری در گروه فعلی است.

پس از نابودی خَلافَت عباسی

گروه قیدی = {حرف اضافه (پس از، بعد از، قبل از) + گروه اسمی /قید زمان}

بعضی وقت‌ها، «اسم معنی»، در فارسی مستقیماً از فعل ساخته می‌شود.

نابود کردن >>> نابودی

حمله کردن >>> حمله

مُردن >>> مَرگ

عبارت	phrase
اختیاری	optional
مستقیماً	directly
اسم مَعنی	abstract noun

درس سی و دوم — تکلیف

تمرین ۲۰: جاهای خالی را با عبارات ربطی و حرف اضافه‌ی مناسب پر کنید.

۱. چنگیزخان ۸ سال .... حمله به ایران، از دنیا رفت.

۲. هُلاکوخان ۲۵ سال .... او، فُتوحات چنگیزخان را ادامه داد.

۳. چنگیزخان حدود ۲۵ سال .... از حکومت نوه‌اش مُرد.

۴. مغولان ...... از زمانی کوتاه، مسلمان شدند .... به فرهنگ ایران علاقه‌مند شدند.

۵. آن‌ها ...... عمران و آبادی ایران بسیار تلاش کردند.

۶. ...... از مُردَن آخرین ایلخان مغول، ایران دوباره آشفته شد.

۷. تاتارها حدود ۱۱۰ سال .... ایران حکومت کردند.

۸. ...... از تیموریان، ایران به دست قوم ایرانی‌ای به نام «صَفَویان» افتاد.

تمرین ۲۱: فعل‌ها را به اسم تبدیل کنید.

۱. او ۸ سال بعد از .... (حمله کردن) به ایران از دنیا رفت.

۲. پس از .... (مُردَن) چنگیزخان، نوه‌ی او بر ایران حکومت کرد.

۳. هلاکوخان بعد از .... (نابود کردن) خلافت عباسی، حکومت ایلخانان را تشکیل داد.

۴. شاه اسماعیل صَفَوی بعد از .... (شکست دادن) تیموریان، سلسله‌ی «صَفَویّه» را تأسیس کرد.

۵. حدود ۲۵ سال قبل از .... (مُردن) چنگیزخان، نوه‌ی او هلاکوخان سردار لشکر مغولان در ایران بود.

۶. هنر .... (نقاشی کردن) و نِگارگری در دوره‌ی تِیموریان رواج یافت.

۷. در زمان مغولان .... (نگاشتن تاریخ) بسیار رواج یافت.

۸. بزرگان و عالمان ایرانی مانع از .... (خون ریختن) و .... (ویران کردن) بیشتر ایران توسط مغولان شدند.

درس سی و دوم
صفویان

۱. درباره صفویان چه می‌دانید؟
۲. در عکس مقابل، «شاه عباس صفوی» را پیدا کنید.
۳. آیا صفوی‌ها مُتِعَصِب و مذهبی بوده‌اند؟
۴. نام دانشمند و معمار معروف دوره‌ی صفوی چیست؟

تمرین ۲۲: فیلم مستندی درباره عصر صفویان ببینید و به پرسش‌های زیر پاسخ دهید (منبع شماره ۱۴ جلد سوم).

۱. کدام حکومت‌ها پس از مرگ «تِیمور لَنگ» به ایران حمله کردند؟
الف) تاجیک‌ها و افغان‌ها ب) تاتارها و مغول‌ها
پ) صَفوی‌ها و عثمانی‌ها ت) عثمانی‌ها و اُزبَک‌ها

۲. مرکز قدرت صفویان کجا بود؟
الف) اردبیل ب) قلمروی عُثمانی پ) تاتارستان

۳. کدام مذهب در زمان صَفویان **مذهب رسمی** اعلام شد؟
الف) سُنیّ ب) صوفیه پ) شیعه

۴. در دوره کدام شاه صَفَوی، ایران حکومت عُثمانی را شکست داد؟
الف) شاه اسماعیل ب) شاه صَفی پ) شاه عَباس

۵. شاه عَباس چگونه «پُرتِغالی‌ها» را از خَلیج فارس بیرون کرد؟
الف) باکمک اُزبَک‌ها
ب) باکمک نیروی دریایی انگلیس
پ) باکمک نیروی دریایی عُثمانی‌ها

۶. کدام جهانگرد اروپایی در زمان صفویان به ایران سفر کرد؟
الف) شیخ بهایی ب) شاردن پ) ملاصدرا

قَبیله	tribe
مَذهَب	دین
رَسمی	official
اعلام کردن	to announce
غَلَبه کردن	شکست دادن
جَهانگرد	tourist
مَعارِف	علوم
شورِش کردن	to uprise
عُثمانی‌ها	Ottomans

نمودار زمانی حکومت صفوی از ابتدا تا پایان دوره‌ی زندیه

۱۷۵۰-۷۹	۱۷۳۶-۴۷	۱۷۲۲-۳۵	۱۵۰۲-۱۷۲۱ م.
کریم خان زَند	نادرشاه افشار	محمود افغان	سلسله‌ی صفویان

درس سی و دوم		افشاریه و زندیه

خواندن ۵: متن زیر را بخوانید و تمرین صفحه بعد را انجام دهید (منبع شماره ۱۴ جلد چهارم و شماره ۱۸).

پس از **تَسَلُط** افغان‌ها بر اصفهان و **قَتلِ** «شاه سلطان حسین صفوی»، ایران گرفتار **تَجزیه** شد. افغان‌ها توان حکومت بر سراسر ایران را نداشتند. دولت‌های روسیه و عُثمانی نیز با **سوءِ استِفاده** از آشُفتگی اوضاع، قسمت‌هایی از شمال و غرب ایران را **اِشغال** کردند. در چنین شرایطی، «نادر» که سرداری از ایل «اَفشار» بود، برای نِجات ایران به یکی از شاهزادگان صفوی پِیوَست. او و سپاهیانش، اول افغان‌ها را سرکوب کردند و بعد نیروهای روسیه و عثمانی را از ایران بیرون راندند. «نادر» پس از این پیروزی‌ها، در سال ۱۷۳۶ میلادی بر تخت پادشاهی نشست.

بیشتر دوره‌ی دوازده ساله‌ی پادشاهی «نادرشاه» به نَبَرد با بیگانگان و **فرو نِشاندن** شورش‌های داخلی گذشت. «نادرشاه» **کوشید** ایران را به کشوری یک‌پارچه و قدرتمند تبدیل کند؛ کشوری که بتواند از **اِستِقلال** و **تَمامیّت اَرضی** خود در برابر دشمنان دِفاع کند. شورش‌های پیاپی در سال‌های پایانی حکومت «نادرشاه»، **تأثیر روحی** بدی بر او گذاشت. او که نسبت به اطرافیان خود **بَدگُمان** شده بود، به رفتارهای **خُشونَت‌آمیز** و بی‌رَحمانه، روی آورد تا این که فرماندهان سپاهش او را به قتل رساندند. به دنبال قتل «نادرشاه افشار»، ایران بار دیگر به صحنه‌ی جنگ حاکمان محلی تبدیل شد و ناآرامی و آشوب سراسر کشور را فراگرفت.

سرانجام، «کریم‌خان زند»، با پیروزی بر دیگر **مُدَعیان** حکومت، از جمله رئیس ایلِ قاجار، برای مدتی به جنگ‌های داخلی پایان بخشید و در سال ۱۷۵۰ میلادی حاکم بخش‌هایی از ایران شد. «کریم‌خان» به صُلح، آسایش و آرامش عمومی اهمیّت می‌داد و می‌کوشید با استفاده از شیوه‌های **مُسالِمَت‌آمیز**، از بروز **نااَمنی** و شورش‌های داخلی **جلوگیری** کند. دوران حکومت «کریم‌خان» سی سال طول کشید. در این دوران، **ثُبات** و آرامش نِسبی در سراسر کشور به وجود آمد. در نتیجه، اوضاع اجتماعی و اقتصادی بهتر شد.

با مرگ «کریم‌خان»، «آقامحمدخان قاجار»، تلاش برای رسیدن به حکومت را آغاز کرد. او پس از مدتی جنگ، «لطفعلی‌خان»، آخرین فرمانروای «زندیه» را شکست داد و به قتل رساند. «آقامحمدخان» با لشکرکشی‌های پیاپی بر سراسر ایران مُسَلَط شد و حکومت قاجاریه را بُنیان گذاشت. در نتیجه‌ی تلاش‌های سیاسی و **نِظامی** او، ایران بار دیگر یک‌پارچگی خود را به دست آورد و صاحِب حکومت مرکزی نسبتاً نیرومندی شد.

تَسَلُط	کُنترل
قَتل	کُشتن
تَجزیه	جُدا شدن
سوءِ استِفاده	abuse
اِشغال کردن	گرفتن
فُرو نِشاندن	سَرکوب
کوشیدن	تلاش کردن
اِستِقلال	independence
تَمامیّت اَرضی	sovereignty
تأثیر روحی	impression
بَدگُمان شدن	to suspect
خُشونَت‌آمیز	violent
مُدَعیان	pretenders
مُسالِمَت‌آمیز	peaceful
نااَمنی	insecurity
جِلوگیری	prevention
ثُبات	stability
نِظامی	military

تمرین ۲۳: جملات و عبارات را در دوستون زیر با هم تطبیق دهید.

۱. دلیل سُقوط حکومت صَفَویان

۲. دلیل تَجزیه ایران پس از حمله افغان‌ها به ایران

۳. اِشغال شمال و غرب ایران توسط دولت‌های روسیه و عثمانی این گونه عَمَلی شد

۴. هَدَف «نادرشاه» این بود

۵. باعثِ تأثیر روحی بدی بر «نادرشاه» شد

۶. علت رفتارهای خشونت‌آمیز «نادرشاه» در سال‌های آخر حکومتش

۷. یکی از مُدَعیان حکومت پس از «نادرشاه» بود

۸. روش جلوگیری از بُروز ناامنی و شورش‌های داخلی توسط «کریمخان زند»

۹. نتیجه‌ی اقدامات مُسالِمت‌آمیز و برقراری ثُبات نسبی توسط «کریمخان زند»

۱۰. آخرین پادشاه سلسله‌ی «زندیه» بود که توسط آقامحمدخان قاجار به قتل رسید

۱۱. این اقدام «آقامحمدخان قاجار» باعث اِتِحاد و یک‌پارچگی کشور شد

۱۲. دوره‌ی پادشاهی «نادرشاه افشار»

( ) دوازده سال بود

( ) شورش‌های پشت سر هم در سال‌های آخر حکومت او

( ) تلاش‌های سیاسی و نِظامی و برپایی حکومت قدرتمند مرکزی

( ) «آقامحمدخان» رئیس ایل قاجار

( ) لُطفعلی‌خان زَند

( ) بهتر شدن اوضاع اجتماعی و اقتصادی مردم

( ) عَدَم توان افغان‌ها در حکومت کردن بر سراسر ایران

( ) با سوءاستفاده از اوضاع به هم ریخته در ایران

( ) قتل «شاه حسین صَفَوی» و تَسَلُط افغان‌ها بر شهر اصفهان

( ) استفاده از شیوه‌های مُسالِمت‌آمیز و برقراری صُلح و آرامش

( ) که ایران را کشوری قدرتمند، مستقل و مُتَحِد بکند

( ) بدبین شدن به دوستان و مُشاوران

درس سی و دوم ایران در عصر اسلامی

متن فایل‌های صوتی

فایل صوتی، تمرین ۱: پس از رحلت پیامبر اسلام و رهبری خلیفه‌ی اول مسلمونا، یعنی ابوبکر، مسلمونا شروع کردند به گسترش اسلام و به امپراطوری‌های ایران و روم شرقی حمله کردند. در زمان خلیفه‌ی دوم، یعنی «عُمربن خطاب» اونا دوباره به ایران حمله کردند و تو دو تا جنگ که به قادسیه و نهاوند معروفه، سپاهیان ساسانی رو شکست دادند و این بار تونستند بخش‌های وسیع‌تری از ایران رو فتح کنند. با این حال، بیشتر دانشمندان بر این باورند که فتح کامل ایران و سقوط کامل شاهنشاهی ساسانیان، بیش از سی سال طول کشیده. و البته بعد از آن هم، مردم ایران به تدریج مسلمون شدند و اونا بودند که به رشد و گسترش تمدن اسلامی کمک شایانی کردند.

فایل صوتی، تمرین ۴: در اواخر دوره‌ی عَباسیان و اوایل قرن نهم میلادی، چند گروه مختلف ایرانی به نام‌های «طاهریان»، «صَفاریان»، «سامانیان» و «آلِ بویه» کنترل بخش‌هایی از ایران رو بدست گرفتند. البته بعضی از این حکومت‌ها با تأیید خلفای عباسی بود که بر سر کار آمدَند و میشه گفت که حکومت‌های مستقلی بودند مثل حکومت «آل بویه و طاهریان». بعد از آن، تا اوایل قرن دوازدهم میلادی، سلسله‌های ترک‌تباری به نام‌های «غَزنویان، سلجوقیان و خوارزمشاهیان» بر بخش‌هایی از ایران حکومت کردند. در زمان «صفاریان»، «سامانیان» و «آل بویه»، به زبان فارسی اهمیت بیشتری داده شد. برای مثال، حاکمان «صفاری» و شاهان «سامانی» فرمان می‌دادند تا تو مراسم و عیدها، شاعران به جای عربی، به زبان فارسی شعر بخونند. خوب این کار باعث رواج زبان فارسی به صورت رسمی تو دربار شاهان ایرانی شد و به این ترتیب می‌تونیم بگیم که ادبیات فارسی شکل گرفت و جایگاه خوبی پیدا کرد. انتخاب زبان فارسی به عنوان زبان درباری یا دری، میشه گفت که تا حدود زیادی موجب استقلال ادبی ایران هم شد.

فایل صوتی، تمرین ۱۷: در زمان خوارزم‌شاهیان یعنی در حدود سال ۱۲۲۰ میلادی، اعضای کاروان تجاری مغولان که به یکی از شهرهای شرقی ایران اومده بودند، به جرم جاسوسی دستگیر و کشته شدند. این موضوع برای مغولا یه بهانه‌ای شد تا تحت فرماندهی «چنگیزخان» به ایران حمله کنند. اونا به سرعت شهرهای ایرانُ تسخیر کردند و افراد بسیاری رو بیرحمانه قتل‌عام کردند. شهرها، کتابخونه‌ها و مدارس رو سوزوندند و مزارع و قنات‌ها را ویران کردند. یه شاعری هست به نام کمال‌الدین اصفهانی که خودش به دست مغولان کشته شد و این شاعر حمله‌ی مغولا به ایرانُ به این شکل توصیف کرده بود:

دِی بَر سَر مُرده‌ای دو صَد شیوَن بود   امروز یکی نیست که بَر صَد گِریَد

که معنیش این است که قبلاً وقتی کسی می‌مُرد، صدها نفر برای اون گریه می‌کردند، ولی امروز اونقدر آدم مُرده که هیچ کسی نیست که برای اون‌ها گریه بکنه.

فایل صوتی، تمرین ۲۲: پس از مرگ تیمور دوباره در ایران هرج و مرج حاکم شد و حکومت های عثمانی در شمال غرب و ازبک در شمال شرق به مرزهای ایران حمله کردند. در نقاط مختلف ایران، حاکمان محلی با هم درگیر بودند تا این که در سال ۱۵۰۲، اسماعیل صفوی که از ایل ترک‌های قزلباش اردبیل بود، ایران را از چنگ مغولان آزاد کرد و به اوضاع سیاسی و امنیتی ایران سروسامان بخشید. او ازبک‌ها و سایر حکومت‌های محلی را شکست داد و بر سراسر ایران مسلط شد. سپس تاجگذاری کرد و شیعه را مذهب رسمی ایران اعلام نمود. در ایران زمان، ایران پس از ده قرن دوباره کشوری قدرتمند و یکپارچه شد و قلمرو آن به حدود قلمروی ساسانیان رسید. پس از او، نوه‌ی او «شاه عباس» در سال ۱۵۸۰ با کمک دانشمندانی مانند «شیخ بهایی»، اقتدار خود را گسترش داد و بر «عثمانی‌ها» غلبه کرد. در زمان شاه عباس صفوی، اصفهان پایتخت ایران شد و ایران با کشورهای اروپایی که دوره رنسانس را آغاز کرده بودند، رابطه برقرار کرد. شاه عباس با کمک نیروی دریایی انگلیسی‌ها، پرتغالی‌ها را از خلیج فارس بیرون راند. او توانست با ساخت کاروانسرا در راه‌های ایران و ارتباط با خارجیان به تجارت خارجی و داخلی رونق بخشد. در زمان صفویان جهانگردان اروپایی از جمله «شاردن» به ایران سفر کردند. صفویان به معارف دینی و فلسفی و هنر و معماری بیشتر اهمیت می‌دادند و با تشویق آنان آثار ارزشمندی در این زمینه توسط فیلسوفان ایرانی مانند شیخ بهایی و شاگردش ملاصدرا و میرداماد نوشته شد. ده شاه صفوی در بیش از دویست و بیست سال (۱۷۲۲) بر ایران حکومت کردند تا این که دوباره بین حاکمان محلی درگیری رخ داد و سلطان حسین آخرین شاه صفوی دیگر نتوانست به امور کشور سر و سامان بدهد. در این اوضاع نابه‌سامان، گروهی از افغان‌ها شورش کردند و به رهبری محمود افغان اصفهان را گرفتند.

درس سی و سوم

ادبیات کلاسیک فارسی

۱. کدام شاعران فارسی‌زبان را می‌شناسید؟
۲. ادبیات فارسی چند سال قِدمَت دارد؟
۳. فرق بیتِ شماره (۲) با جمله (ب) چیست؟
۴. نوشته زیر[۱] را بخوانید. چه ویژگی‌ای دارد؟

(۱) آن کس که بدانَد و بداند که بداند — اسب خِرَد از گُنبَد گردون بجهاند
(۲) آن کس که بدانَد و نَداند که بداند — آگاه نمایید که بَس خُفته نَمانَد*
(۳) آن کس که نَدانَد و بداند که نداند — لَنگان خَرَک خویش به مَنزل برساند
(۴) آن کس که نداند و نداند که نداند — در جَهل مُرَکَّب اَبَدُالدَّهر بماند

*(ب) آن کسی که همه چیز می‌داند ولی از آن آگاه نیست باید آگاه شود که بیشتر از این در خواب نماند.

1. Anyone who knows, and knows that he knows,
   Makes the steed of intelligence leap over the vault of heaven.
2. Anyone who knows, and does not know that he knows,
   Should be awaken from his deep sleep.
3. Anyone who does not know, but knows that he does not know,
   Can bring his lame little donkey to the destination nonetheless.
4. Anyone who does not know and does not know that he does not know,
   Is stuck for ever in double ignorance

rhythm		وَزن
metric		عَروض
imagery		خیال‌انگیز
	خیالی	تَخیُّل
	مُحَبَّت	عاطِفه
	وَزن‌دار	مُوزون
	آهَنگ‌دار	آهَنگین

تمرین ۱: گوش کنید و پاسخ دهید (منبع شماره ۱۰).

۱. این تعریف چیست؟ ....

۲. دو ویژگی اصلی **شعر** کلاسیک فارسی کدام است؟

الف) وزن و آهنگ — ب) وزن و عَروض
پ) وزن و خیال‌انگیزی — ت) وزن و شعر

۳. آیا نوشته‌ی زیر شعر است؟ چرا؟ ....

تَوانا بُوَد هر که دانا بُوَد — زِدانِش دِلِ پیر، بُرنا بُوَد

[۱] شعر منسوب به شاعر قرن هشتم هجری «ابن یمین».

ساختار هِجایی زبان فارسی   Persian Syllable Structure

زبان فارسی ۳۲ **حرف** الفبا دارد ولی فقط ۲۳ هَمخوان یا **صامِت** (C) آن تلفظ می‌شود که عبارتند از: «ا، ب، پ، ت، ج، چ، خ، د، ر، ز، ژ، س، ش، ف، ق، ک، گ، ل، م، ن، و، ه، ی» و ۹ صدای آن که عربی هستند تکراری است. این حروف تکراری عبارتند از: «ع، غ، ط، ظ، ص، ض، ث، ذ، ح». مثلاً فارسی برای صدای /z/، چهار حرف الفبا دارد که همه به یک شکل تلفظ می‌شوند.

letter	حَرف
consonant	هَمخوان، صامِت
vowel	واکه، مُصَوت
word	واژه، کلمه
glottal stop	انسدادی ـ حلقی

واکه‌ها یا **مُصَوِت**‌های زبان فارسی:

۱. سه واکه‌ی کوتاه v: ـَ (a)، ـِ (e)، ـُ (o)

۲. سه واکه‌ی بلند V: ا(â)، یـ (i)، و (u).

۳. دو واکه‌ی تَرکیبی: ـَو (ow) و ـَی (ey) بصورت vC

قوانین ساخت هجایی زبان فارسی: CV(C)(C)

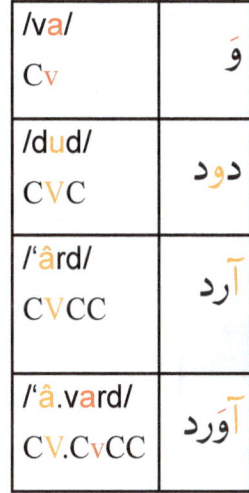

۱. هجای پایه از یک هَمخوان و یک واکه درست می‌شود.

۲. هیچ کلمه‌ای با دو همخوان شروع نمی‌شود.

۳. هیچ کلمه‌ای بیش از دو همخوانِ پایانی ندارد.

۴. همیشه قبل از واکه‌های کوتاه یا بلند در هجای ابتدایی کلمات (اَ، آ، اُ، او،اِ، ایـ)، همزه (ء) /'/ که همخوان است و صدایی **انسدای ـ حلقی** دارد، می‌آید. مثلاً، آ /'â/ به صورت CV هجانویسی می‌شود.

/va/ Cv	وَ
/dud/ CVC	دود
/'ârd/ CVCC	آرد
/'â.vard/ CV.CvCC	آوَرد

تمرین ۲: کلمات زیر را در جای خالی مناسب بنویسید.

وَ، بابا، داد، را، فارسی، جَنگ، بَد، زَبان

...وَ...	Cv	....	CvCC
....	CvC	....	CVC.CV
....	CV	....	CVC
....	Cv.CVC	....	CV.CV

درس سی و سوم　　　　عروض و قافیه

ساختار وزن‌های عَروضی و قافیه در شعر فارسی (منبع شماره ۱۷)

طول	length
مِصرَع	نیم‌بیت
قالِب	pattern
هِجا	syllable
کِشیده	long
بیت	جمله‌ی شعر
هم‌وَزن	یک وزن
ساکِن	silent

شعر کلاسیک فارسی با وَزن‌های موسیقایی به نام عَروض، خوانده می‌شود. ساختار وزن‌های عَروضی برپایه‌ی **طول** هِجاهاست. هر **بیتِ** شعر به **قالب**هایی تقسیم می‌شود که هجاها باید در آن قالب‌ها قرار گیرند. هجاها در شعر فارسی به سه دسته کوتاه، بلند و کِشیده تقسیم می‌شوند.

۱. **هجای کوتاه** از یک همخوان C و یک واکه‌ی کوتاه v تشکیل شده و در خط عروضی شعر فارسی آن را با علامت U نشان می‌دهند، مانند: که (Cv) ، تُو (Cv)

۲. **هجای بلند** از یک یا دو همخوان و یک واکه‌ی کوتاه v یا یک همخوان و یک واکه‌ی بلند V تشکیل شده و در خط عروضی شعر فارسی آن را با علامت __ نشان می‌دهند، مانند: مِس (CvC)، را (CV)، کی (CV)، کو (CV) و این (CVc). حرف «ن» **ساکِن** است و در نظر گرفته نمی‌شود مگر این که به حرف بعدی بچسبد و با آن خوانده شود، مثلا در «جانَم» به صورت «جا» + «نَم» در نظر گرفته می‌شود.

۳. **هجای کشیده**: کلمه‌ای است که دو یا سه همخوان (به جز «ن») و یک واکه بلند یا کوتاه داشته باشد. مانند: بید (CVC)، روز (CVC)، خاست (CVCC)، بُرد (CvCC). هجای کشیده را در خط عروضی شعر فارسی با علامت __ U نشان می‌دهند.

حال اگر در دو **مِصرَع** یک شعر، اولاً تعداد هجاها با هم برابر بوده و ثانیاً هجاهای آن‌ها در مقابل هم قرار داشته باشند، آن دو مِصرَع **هم‌وزن** نامیده می‌شوند. وزن‌های عروضی در زبان عربی **۳۳** عدد و در فارسی **۱۹** عدد هستند که بر پایه‌ی طول هجاهایی که در قالب‌ها و الگوهای زبانی قرار می‌گیرند، تعریف می‌شوند. مثلاً اُلگوی U__ __ فَعولَن نامیده می‌شود. البته می‌توان این نُت ساده‌ی موسیقی را «تَ تَن تَن» هم نامید.

شعر	۱. مَرَنجان دِلَم را که این مُرغِ وَحشی　۲. زِ بامی که بَرخاست، مُشکِل نِشینَد											هِجا
۱.	مَ	رَن	جان	دِ	لَم	را	که	این	مُر	غِ	وَح	شی	۱۲
وزن	U	__	__	U	__	__	U	__	__	U	__	__	فَعولَن (تَ تَن تَن)
۲.	زِ	با	می	که	بَر	خا	ست	مُش	کِل	نِ	شی	نَد	۱۲

تمرین ۳: وزن شعر زیر چیست؟ آیا دو مصرع این بیت هم‌وزن هستند؟ جاهای خالی را پر کنید.

مصرع ۱	ای سارِبان آهِسته ران کارامِ جانَم می‌رَوَد																هِجا
۱.	ای	سا	رِ	بان	آ	هِس	ته	ران	کا	را	مِ	جا	نَم	می	رَ	وَد	
وزن																	تَن تَن تَ تَن
مصرع ۲	وان دِل که با خُود داشتَم با دِل سِتانَم می‌رَوَد																هِجا
۲.	وان	دِل	که	با	خود	دا	شت	ـَ م	با	دِل	سِ	تا	نَم	می	رَ	وَد	
وزن																	

زِ دانِش دِلِ[1] پیر، بُرنا بُوَد	تَوانا بُوَد، هَر که دانا بُوَد
U __ __ U __ __ U __ __ U __	U __ __ U __ __ U __ __ U __

تمرین ۴: با توجه به راهنمای بالا، جملات و عبارات را در دوستون زیر با هم تطبیق دهید.

۱. از چند بِیت تشکیل شده که مُوزون، خیال‌انگیز، زیبا و احساسی باشد.	( ) هم‌قافیه یا مُصَرّع
۲. جمع کلمه شعر است.	( ) رَدیف keyword
۳. کسی است که شعر می‌گوید.	( ) مِصرَع half-verse
۴. عبارت است از یک جمله یا شِبه‌جمله که ساختاری آهنگین و مُوزون داشته باشد.	( ) وَزن rhythm
۵. به یک نیم بِیت گفته می‌شود.	( ) شِعر poem
۶. کلمه‌ای است که در انتهای دو مِصرَع شعر تکرار می‌شود.	( ) بِیت verse
۷. هجایی است که قبل از ردیف در دو مِصرَع شعر تکرار می‌شود.	( ) نَثر prose
۸. وقتی قافیه در هر دو مصرع یک بیت یک باشد.	( ) نَظم
۹. به طول مِصرَع‌ها و چیدمان هجاهای هر مِصرَع در یک شعر می‌گویند (تَ تَن تَن).	( ) شاعِر poet
۱۰. از چند بِیت تشکیل شده که مُوزون و زیباست ولی خیال‌انگیز نیست.	( ) اشعار
۱۱. هرگونه نوشته، داستان، رُمان، حِکایت، یا قصّه را می‌گویند.	( ) قافیه rhyme

[1] وزن «لِ» در مصرع دوم U است ولی شاعر می‌تواند استثناء قائل شود و این وزن را کشیده __ در نظر بگیرد. به این استثناء، اختیار شاعری می‌گویند.

درس سی و سوم — فارسی مدرن

خواندن ۱: متن زیر را بخوانید و عنوان مناسبی برای آن بنویسید. به ساختار افعال مرکب توجه کنید (منبع شماره ۱۴ جلد اول).

عنوان: ....

همان‌طور که در درس قبل خواندیم، در **آوایل** قرن دهم میلادی و در دوران «سامانیان و صفاریان»، زبان و ادب فارسی بسیار مورد توجه و **حِمایت** حاکمان ایرانی قرار گرفت. آن‌ها شاعران، نویسندگان و مُتَرجمین را به شعرگویی و نوشتن و ترجمه از عربی به زبان فارسی تَشویق می‌کردند. حمایت آنان باعث شد آثار قابلِ تَوجُهی هم در شعر و هم در نَثر به زبان فارسی ایجاد شود. این آثار مورد **استقبال** ایرانیان هم قرار گرفت زیرا که آنان تازه **طَعم** اِستِقلال سیاسی و ادبی را **می‌چِشیدند** و از **اِحیای** فرهنگ و زبان ایرانی بسیار خوشنود بودند و از طرفی هم تعداد ایرانیانی که به زبان عربی آشنایی داشتند کم بود. نوشته‌های فارسی ابتدا به زبان ساده گفتاری نزدیک‌تر بوده و به مرور در قرن یازدهم و دوازدهم ادبی‌تر شده است.

اوایِل	ابتدای
نَثر	prose
حِمایَت	support
اِستِقبال	received
طَعم	مَزه
چِشیدن	مزه کردن
خَلق	درست کردن
دیوانی	اداری
لیکِن	اما، وَلی
قَهقَرا	backward
درخُور تَوَجُه	مُهِم
فاخِر	زیبا، عالی

بعدها در دوره‌ی «غزنَویان، سَلجوقیان و خوارَزم‌شاهیان»، با این که آن‌ها حاکمانی تُرک‌زبان بودند، به زبان و ادب فارسی بسیار توجه شد و **خَلقِ** آثاری به زبان فارسی موردِ حمایت آنان قرار گرفت. در ابتدای دوره‌ی «سَلجوقی»، نامه‌ها و فَرمان‌های حکومتی و دفترهای **دیوانی**، از عربی به فارسی تغییر کرد. به دنبال آن، تعداد بیشتری از تاریخ‌نویسان و دانشمندان به نوشتن کتاب‌های خود به زبان فارسی علاقمند شدند.

پیشرفت و تکامل ادبی زبان فارسی تا قبل از حمله «مغول‌ها» بسیار چِشمگیر است، **لیکن** مدتی پس از حمله مغولان، از قُرون پانزدهم تا هجدهم میلادی، نوشته‌های فارسی رو به **قهقَرا** می‌گذارد و از ارزش ادبی و علمی آن‌ها کاسته می‌شود. از اواسط قرن هجدهم به بعد، برخی شاعران و نویسندگان ایرانی تصمیم به بازگشت به سَبکِ **فاخِر** و زیبای قرون قبلی، یعنی دهم تا دوازدهم، می‌گیرند و موفق می‌شوند مجدداً آثار **درخُورِ تَوجُهی** خلق بکنند.

نمودار زمانی از ابتدای دوران امپراتوری اسلامی تا پایان حکومت مغولان

۱۲۲۰	۱۰۵۵	۹۷۷	۹۰۰	۸۱۹	۷۵۰	۶۴۲ - ۷۴۹ م.
مغول‌ها	عَباسیان					اُمَویان (اسلام)
			سامانیان		طاهِریان	
سَلجوقیان	غزنَویان	صَفاریان				
خوارزمشاهیان	آل بویه		عَلویان			

تمرین ۵: جملات و عبارات را در دوستون زیر با هم تطبیق دهید.

۱. آنان نویسندگان را به شعرگویی به زبان فارسی تشویق می‌کردند.
۲. به نوشته‌هایی می‌گویند که شعر نیستند.
۳. به این دلیل مردم از آثار ادبی استقبال کردند.
۴. ویژگی نوشته‌های فارسی از قرن دهم تا دوازدهم.
۵. این حاکِمان فارسی‌دوست، تُرک‌زبان بودند.
۶. در این زمان، نوشته‌های اداری از زبان عربی به فارسی تغییر کرد.
۷. پیشرفت فارسی قبل از این دوره خیلی سریع بود.
۸. دوره‌ی بازگشت از این قَرن شُروع شد.
۹. ویژگی سَبک نوشته‌های فارسی قبل از قرن دهم.
۱۰. به این دلیل ایرانیان طَعم استقلال سیاسی را چشیدند.

( ) ابتدای دوره‌ی سلجوقی
( ) نزدیک بودن به زبان گفتاری
( ) از اواسِطِ قرن هجدهم
( ) دوره‌ی مغولان
( ) نَثـر
( ) زیبا و عالی
( ) چون حکومت ایرانی داشتند
( ) خوشحالی از احیای زبان فارسی
( ) سامانیان و صَفاریان
( ) غَزنویان و سَلجوقیان

تمرین ۶: جمله‌های زیر را با کلمات خودتان بازنویسی کنید.

۱. آثار ادبی بسیار مورد استقبال ایرانیان قرار گرفت.

....

۲. در دوران «سامانیان»، زبان فارسی بسیار مورد توجه و حمایت حاکمان ایرانی قرار گرفت.

....

۳. حِمایت آنان باعث شد آثار قابلِ تَوجُهی هم در شعر و هم در نَثـر به زبان فارسی ایجاد شود.

....

۴. در دوره‌ی «غَزنَویان» خَلقِ آثاری به زبان فارسی مورد حمایت آنان قرار گرفت.

....

۵. در دوره‌ی بازگشت، نویسندگان ایرانی موفق می‌شوند مجدداً آثار درخُورِ تَوجُهی خلق بکنند.

....

درس سی و سوم شعر کلاسیک فارسی

قالب‌های مهم شعر کلاسیک فارسی (منبع شماره ۱۷)

غَزَل: به معنی عشق‌ورزی است. غزل قالبی از شعر است که در آن مِصراع اول و مصراع‌های زوج هم‌قافیه‌اند و ۵ تا ۱۲ بیت است. غزل دارای معانی عاشقانه و عرفانی است. از شُعَرای غَزَل‌سُرا «شهید بلخی، سَنایی، خواجوی کرمانی، رودکی، دَقیقی، عَطار، مُولَوی، سَعدی و حافظ» را می‌توان نام بُرد.

حافِظِ خَلوَت‌نِشین، دوش به میخانه شُد — اَز سَر پیمان گُذَشت، بَر سَر پیمانه شُد

شاهد عَهد شَباب، آمَده بودَش به خواب — باز به پیـرانِ سَر، عاشق و دیوانه شُد

مُغبَچه‌ای می‌گذَشت، راهزَن دین و دل — دَر پِی آن آشنــا، از هَمه بیگانه شُد

...

«حافظ»

قَصیده: به معنی قصد و هدفی مشخص است. از نظر قالب شعری، قصیده مانند غزل است، با این تفاوت که قصیده معمولاًبیشتر از ۱۴ بیت دارد و موضوع آن **مَدح**، **سوگواری**، جشن، **وَصف** طبیعت و **مُوعِظه‌ی** دینی و اخلاقی است. از شُعَرای قصیده‌سُرا «فَرُخی، مَنوچِهری، عُنصُری، ناصِرخُسرو، خاقانی، انوَری، و سَعدی» را می‌توان نام بُرد.

مَثنَوی: قالبی از شعر فارسی است که در آن هر بیت دارای قافیه (و گاهاً ردیفی) جداگانه است و به همین دلیل به آن مثنوی (دو تا، دو تا) گفته می‌شود. مَثنَوی دارای ابیات زیادی بوده و برای **سُرودن** داستان‌های طولانی به کار رفته است. آثاری مانند شاهنامه‌ی فردوسی، کِلیله و دِمنه‌ی رودکی و مَثنَوی مولوی به این قالب سروده شده‌اند. جامی و نظامی از دیگر شاعران بزرگ مثنوی‌سُرا هستند.

چو ایران نباشد، تَنِ مَن مَباد — بِدین بوم و بَر زِنده یک تَن مَباد

بیا تا همه تَن به کُشتَن دهیم — مَبادا که کِشور به دشمَن دهیم «فردوسی»

رُباعی: به معنی چهار تایی، شعری است که دارای چهار مصراع است. **رعایت** قافیه در مصراع‌های اول، دوم و چهارم **اِلزامی** و در مصراع سوم **اختیاری** است. معروف‌ترین رباعی‌سُرای فارسی، «عُمَر خَیّام» است. رُباعیات «عَطار، مولوی، اوحدالدین کرمانی و بابا افضل کاشی» نیز شهرت دارند.

گویند بِهشت و حورِ عِین خواهد بود — آنجا مِیِ ناب و اَنگِبین خواهد بود

گر ما مِی و مَعشوق گُزیدیم، چه باک — چون عاقِبَتِ کار چِنین خواهد بود

«خیّام»

دیگر قالب‌های شعری در زبان فارسی عبارتند از: مُسَمَط (نوعی قصیده)، مُستَزاد (نوعی غزل)، ترکیب‌بَند و ترجیع‌بَند (نوعی غَزَل یا قَصیده)، قِطعه و دوبیتی.

زوج	even
عِرفانی	mystic
مَدح	praising
سوگواری	morning
وَصف	describing
مُوعِظه	preaching
اَبیات	بِیت‌ها
سُرودَن	to recite
اِلزامی	necessary
رِعایَت	observing
اِختیاری	optional

درس سی و سوم تکلیف

تمرین ۷: قافیه را در بیت‌های زیر مشخص کنید و بگویـید شعرها در چه قالبی هستند.

۱) خَیام اگر زِ باده مَستی خوش باش   با ماهرُخی اگر نِشَستی خوش باش
چون عاقِبَتِ کار جهان نیستی است   اِنگار که نیستی چو هستی خوش باش

۲) بَنی‌آدم اَعضای یک پیکَرَند   که در آفرینش زِ یک گوهَرَند
چو عُضوی به دَرد آوَرَد روزگار   دگر عُضوها را نَمانَد قرار
تو کز مِحنَت دیگران بی‌غَمی   نشاید که نامَت نَهَند آدَمی

۳) ساقی به نور باده بَرافروز جام ما   مُطرِب بگو که کار جَهان شد به کام ما
ما در پیاله عکس رُخِ یار دیده‌ایم   اِی بی‌خَبَر زِ لِذَت شُرب مُدام ما
هَرگِز نَمیرد آن که دِلَش زِنده شد به عِشق   ثَبت است بَر جَریده‌ی عالَم دَوام ما
...

۴) نِکوهِش مَکُن چَرخِ نیلوفری‌را   بُرون کن زِ سَر باد و خیره‌سری را
بَری دان از اَفعال چَرخ بَرین را   نَشاید زِ دانا نِکوهش بَری را
چو تو خُودکنی اَختر خویش را بَد   مَدار از فلک چِشم نیک‌اختری را
به چهره شدن چون پَری کی توانی   به اَفعال مانَنده شو مر پَری را
...

درس سی و سوم		آرایه‌های ادبی

آرایه‌های ادبی (Rhetorical Devices) (منبع شماره ۳ و ۱۷)

آرایه‌های ادبی به فُنون فِصاحت و بلاغَت در کلام گفته می‌شود. فِصاحت به معنی درستی و بِلاغَت به معنی روان بودن کلام در نظم و نثر فارسی است. علم بَدیع یا آرایش سخن، مانند کاربرد ادویه در غذاست (که به غذا طعم ومزه می‌دهد) و برای زیبا کردن کلام از صنایع مَعنَوی (معنایی) و صنایع لَفظی استفاده می‌کند.

صَنایع مَعنَوی (Tropes)

آرایه‌هایی برای زیباکردن معنی کلام است مانند: صُوَرِ خیال (تَشبیه، اِستِعاره، مَجاز، کِنایه) و حُسنِ تَعلیل.

مَجاز (Synecdoche): هرگاه واژه‌ای به جای واژه‌ی دیگری به کار برود به نحوی که آن واژه، رابطه‌ای معنایی با واژه‌ی اصلی داشته باشد، به آن مَجاز می‌گویند. مثلاً، در شعر زیر به جای «گفتن»، از واژه‌ی مجازی «زبان» و به جای «شنیدن»، از کلمه‌ی «گوش» که ابزار شنیدن است، استفاده شده است:

برآشُفت عابِد که خاموش باش		تو مرد زبان نیستی، گوش باش

کلاس سوم آمد ⬅ بچّه‌های کلاس سوم آمدند

تَشبیه (Simile): بیان شباهت دو چیز را گویند که شباهت ساختاری ندارند بلکه ویژگی‌هایشان به هم شبیه است. مثلاً، در جمله «او لبِ لعل یار را بوسید»، لب از نظر ویژگی قرمزی، به سنگ لَعل تشبیه شده است. در تشبیه ممکن است از قیدهایی مانند: «مثلِ، شبیه به، مانندِ، همسانِ، چو، چون، به رنگِ یا به شکلِ و غیره» استفاده شده باشد. مثلاً، «علم، مانندِ نور است.» در این مثال، به کلمه‌ی «علم»، مُشَبَه و به کلمه‌ی «نور»، مُشَبَهٌ‌بِه» گفته می‌شود.

اِستِعاره (Metaphor): همان تشبیه است که یک واژه‌ی آن یعنی «مُشَبَه» یا «مُشَبهٌ‌بِه»، حذف شده باشد. استعاره نوعی مَجاز است که در آن از رابطه‌ی شباهت معنایی از نوع حسی یا عقلی استفاده شده است. مثلاً، «لَعل» استعاره از لب و «نور»، استعاره از علم است.

طَعنه، گوشه یا **کِنایه** (Irony, Sarcasm): کلامی که دو معنی دور و نزدیک داشته باشد. مثلاً، «دست فِلانی کج است» کنایه از این است که فلانی، دزد است.

هنوز از دهان، بوی شیر آیَدش ⬅ هنوز در بی‌تجربگی مانند بچّه‌ی شیرخواره است.

ایهام (Pun): دو یا چندمعنا بودن برخی واژگان، ایهام بوجود می‌آورد. «مَردُم» در بیت زیر هم مَردُمَک چشم و هم مَردُم عاشق می‌تواند باشد.

ز گریه‌ی مردم چشمم نشسته در خون است		ببین که در طلبت حال مردمان چون است

«شیرین» در بیت زیر هم خواب شیرین و خوب است و هم نام مَعشوقه‌ی «فرهاد».

امشب صدای تیشه، از بیستون نیامد		شاید به خواب شیرین، فرهاد رفته باشد

تَشخیص (Personification): تشخیص یا انسان‌انگاری، نوعی استعاره است که «مُشَبهٌ به» آن دارای صفات انسانی است. مثلاً، «دیده‌ی عقل» یا جمله‌ی «شوق می‌آمد».

حس‌آمیزی (Pathetic Fallacy): ایجاد حس برای رویداد یا چیزی که موجود زنده نیست. حس‌آمیزی نوعی درهم ریختگیِ ابعاد حواس و نوعی تشخیص است. مثلاً، «خبر تلخی شنیدم» یا «بوی بهبود ز اوضاع جهان می‌شنوم.»

مراعاتُ النَظیر: وقتی واژگانی از یک نوع یا دسته با هم یا در پیِ هم بیایند، مراعات نظیر به وجود می‌آید. مثلاً،

ز شمشیر و گُرز و کلاه و کمر ز خود و ز دَرع و سِنان و سِپَر

حُسن تَعلیل (Good Reasoning): آوردن علتی غیرواقعی برای قانع کردن مخاطب است. مثلاً، «بِنالد جامه چون از هم بِدَری» یا «هنگام غروب، خورشید از بیم جدایی، زردروی است.»

بَدَل (Apposition): عبارتی است که کلمه‌ی پیش از خود را توضیح می‌دهد. مثلاً، سعدی ــ شاعر بزرگ ایران زمین ــ در سده‌ی هفتم هجری زندگی می‌کرد.

تَناقُض، ضد و نَقیض (Oxymoron): هم‌آییِ دو عبارت متضاد را گویند. مثلاً، لطفِ ظالمانه (cruel kindness)، حاضرِ غایِب، یا فریادِ بی‌صدا (voiceless cry)

تَمثیل یا **اسلوب معادله** (Allegory): داستانی که سمبلیک باشد و غیرمستقیم به مسائل دیگری اشاره کند. معمولاً در دو مصرع یک بیت، دو موضوع به ظاهر متفاوت وجود دارد در حالی که به نحوی سمبلیک معادل همند و با هم یکی هستند. مثلاً در بیت زیر، داستان «گل و بُلبُل» و «شَمع و پَروانه» دو داستان تمثیلی است که در دو مصرع معادله و برابری ایجاد کرده است.

آتش رُخسارِ گُل، خِرمنِ بُلبُل بسوخت چهره‌ی خندان شَمع، آفَتِ پَروانه شد

«حافظ»

تَلمیح (Allusion): اشاره است به داستان، اسطوره یا واقعه‌ای تاریخی. در بیت زیر، حافظ به داستان بر دار کردن منصور حلاج اشاره کرده است.

گفت آن **یار** کزو گشت سر دار بلند جرمش این بود که اسرار هویدا می‌کرد «حافظ»

تَضاد (Paradox): عبارتست از آوردن دو یا چند کلمه که معنی متضاد دارند. مثلاً: شادی ندارد آن که به دل دارد غمی.

درس سی و سوم — آرایه‌های ادبی

صَنایع لَفظی (Schemes, Forms)

آرایه‌هایی برای زیبا کردن لَفظ کلمات است. مانند: «سَجع، تَرصیع و جِناس».

سَجع مُتوازن (Rhyme): هم‌خوانی واژه‌های قرینه را گویند که در وزن اشتراک دارند. سَجع بیشتر در نثر است و مانند قافیه در شعر عمل می‌کند. مثلاً دو کلمه‌ی «کام» و «کار» یا دو کلمه‌ی «نَهال» و «بَهار».

سَجع مُتوازی (Internal Rhyme): سَجعی که هم در وزن و هم در واج‌های پایانی اشتراک دارد، متوازی است. مثلاً دو کلمه‌ی «خامه» و «نامه» یا دو کلمه‌ی «دست» و «شَست» سَجع متوازی هستند.

از شمع سه گونه کار می‌آموزَم   می‌گِریَم و می‌گُدازَم و می‌سوزَم

تَرصیع: موازنه‌ای که همه سجع‌های آن متوازی باشد، تَرصیع نام دارد:

برگ بی برگی بود ما را نوال   مرگ بی مرگی بود ما را حَلال
«مولوی»

واج‌آرایی (Alliteration): تکرار واج‌های همسان در کلام را گویند. مثلاً در شعر زیر:

شب است و شاهد و شمع و شراب و شیرینی   غنیمت است چنین شب که دوستان بینی
«سعدی»

لَفّ و نَشر (Schemes): به معنی پیچیدن و منتشر کردن است. مثلاً، من و او (لَفّ)، مادر و فرزندیم (نَشر).

قلب (Conversion): بر عکس کردن حروف کلمه‌ای برای ساختن کلمه‌ای جدید از آن. مثلاً، «راز» و «زار» یا «جنگ» و «گنج».

جِناس (Homographic Homophones): استفاده از واژه‌ای که چند معنای متفاوت و دور از هم دارد. مانند «باز» که هم به معنای پرنده‌ای شکاری است و هم باز کردن. یا کُشتی که هم معنی ورزش و هم کُشتَن را می‌دهد. یا مانند کلمه «روان» با دو معنی متفاوت در دو مصرع زیر.

خرامان بشد سوی آب روان (جاری)   چنان چون شده بازیابد روان (جان)

تَتابُع اضافات: آمدن واژه‌ها پشت سر هم و ربط آن‌ها با حرف اضافه را گویند. مثلاً، «به رنگِ جایِ سیلیِ رویِ صورتِ بچّه‌ها.»

تکرار (Repetition): تکرار یک واژه یا چند واژه که باعث غنای موسیقی درونی شعر می‌شود. مثلاً:

گفتی ز خاک بیشترند اهل عشق من   از خاک بیشتر نه که از خاک کمتریم

تمرین ۸: آرایه‌ها یا صنایع معنایی و لفظی را در اشعار زیر مشخص کنید.

۱) خَیام اگر زِ باده مَستی خوش باش / با ماهرُخی اگر نشَستی خوش باش
چون عاقِبَتِ کار جهان نیستی است / انگار که نیستی، چو هَستی خوش باش
«خیام»

۲) ایام گل چو عُمر به رفتن شتاب کرد / ساقی به دور باده‌ی گلگون شتاب کن
«حافظ»

۳) هزاران نرگس از چرخ جهان گرد / فُرو شد تا برآمد یک گل زرد
«نظامی»

۴) ساقی به نور باده بَرافروز جام ما / مُطرِب بگو که کار جَهان شد به کام ما
«حافظ»

۵) دیده‌ی عقل مَستِ تو، چرخه‌ی چرخ پَستِ تو / گوش طَرَب به دست تو، بی تو به سر نمی‌شود
«مولوی»

۶) از تو به که نالم که دگر داور نیست / و ز دست تو هیچ دست بالاتر نیست
«سعدی»

۷) حافظ از باد خَزان در چمن دَهر مَرَنج / فکر مَعقول بفرما گل بی‌خار کجاست
«حافظ»

۸) جان بی‌جَمال جانان، میل جهان ندارد / هر کس که این ندارد، حقّا که آن ندارد

۹) تَوانگری به هنر است نه به مال و بزرگی به عقل است نه به سال. «سعدی»

۱۰) ابر و باد و مَه و خورشید و فَلَک در کارند / تا تو نانی به کف آری و به غِفلَت نخوری
«سعدی»

۱۱) ز حَسرَت لب شیرین، هنوز می‌بینم / که لاله می‌دمد از خون فرهاد «حافظ»

خواندن ۲: بخوانید و نام شاعران را به ترتیب در جدول زمانی بنویسید (منبع شماره ۳ و ۸).

شعر کُهن فارسی - پیش از اسلام: مَنابع کمی درباره شعر کهن فارسی در دست است. در دوره‌ی اَشکانیان، **سُروده**های «زَرتُشت» در «گاهان» به اَوِستایی و در دوره‌ی ساسانیان آثاری مانند «درخت آسوریک» و برخی از اشعار مانَوی به پَهلوی سروده شده‌اند.

شعر کلاسیک پس از اسلام: با گسترش و رواج زبان فارسیِ دَری پس از اسلام، اشعاری به **تَقلید** از قصیده‌ها و شعرهای عربی ساخته شد. پس از این دوره، شاعران با سبکی یکسان شعر فارسی سُرودند.

سَبک: شیوه یا روش هر اثر ادبی است که ویژگی‌هایی دارد. مثلاً، روش بیان اندیشه یا نوشتن. سبک را می‌توان براساس منطقه‌ی جغرافیایی، موضوع اثر، نام نویسنده و زمان یا دوره‌ی آن دسته‌بندی کرد.

۱) سَبکِ خُراسانی (ترکستانی، سامانی): در اوایل قرن نهم میلادی، اولین اشعار فارسی را شاعرانی مانند «محمد سَگزی، بَسام کورد سیستانی و مُخَلِد سیستانی» در دربار صفاریان سُرودند. بعدها در اوایل قرن دهم میلادی، یعنی در دوره‌ی «سامانیان»، شاعرانی مانند «رودکی، شَهید بَلخی و فِردوسی»، شعر فارسی را به **تَکامل** رساندند. یک قرن بعد، یعنی در اَواخر قرن یازدهم میلادی و در زمان غَزنَویان و سَلجوقیان، شاعرانی مانند: «فَرُخی سیستانی، عُنصُری بَلخی، ناصِرخُسرو قُبادیانی، قَطران تَبریزی، فَخرالدین اَسعَد گُرگانی و اَسَدی طوسی» این سبک را به نهایتِ **اُستُواری** خود رساندند.

ویژگی‌ها: سادگی زبان، کم بودن کلماتِ بیگانه، قدیمی بودن بعضی از کلمات، بیشتر به شکل قصیده، شاد و **غِیرتَخَیُلی**، توصیف ساده با استفاده از **تَشبیهِ** حسی، عشق زمینی و **حِماسی**، تأکید بر عقل، و **پَندآموزی**. نثرها هم بیشتر علمی، دینی و بعضاً تاریخی است.

کُهَن	خیلی قَدیمی
مَنابع	جمع مَنبَع
سُرودَن	شِعر گفتن
سَبک	style, genre
تَـقلید	imitation
تَکامُل	کامل شدن
اُستُواری	stability
غِیرتَخَیُلی	واقِعی
تَشبیه	simile
حِماسی	epical
پَندآموزی	advice

....	....	....	....
....	....	....	....
....	....	....	....

۱۲۲۰	۱۰۵۵	۹۷۷	۹۰۰	۸۱۹	۷۵۰	۷۴۹ - ۶۴۲ م.
مُغول‌ها	عَباسیان					اُمَویان (اسلام)

	سامانیان	طاهِریان
سَلجوقیان	غَزنَویان	صَفاریان
خوارزم‌شاهیان	آل بویه	عَلویان

درس سی و سوم — سبک‌های ادبی

تمرین ۹: شعر زیر چه نوع شعری است؟ قافیه و ردیف آن را مشخص کنید.

- **رودکی (۸۵۸-۹۴۰ میلادی):** شاعری اهل «سَمَرقَند» است. او را پدر شعر فارسی می‌دانند. برخی از آثار او عبارتند از مَثنَوی سَندبادنامه و کِلیله و دِمنه. شعر زیر را رودکی در تَرغیب امیر سامانی به سفر از شهر هَرات به بُخارا سروده است:

تَرغیب	convincing
جوی	رودخانه
مولیان	جیحون
آید همی	دارد می‌آید
نِشاط	شادی
خِنگ	اسب
زی	زندگی بکن
میر	امیر، شاه
پَرنیان	پَر نَرم
نِکو	نیکو، خوب
کسا	کسانی
دار نِگاه	نِگهدار
کِرا	آن کسی که
بَند	گیر گردن

بوی جویِ مولیان آید هَمی   یادِ یارِ مهربان آید هَمی
ریگِ آموی و دُرُشتی‌های او   زیر پایم پَرنیان آید همی
آب جِیحون از نِشاط روی دوست   خِنگ ما را تا میان آید همی
ای بُخارا، شاد باش و دیر زی   میر زیِ تو شادمان آید همی
...

زَمانه، پَندی آزادوار داد مرا
زمانه را چو نِکو بِنگری، همه پند است
به روز نیک، کسان گفت تا که غَم نخوری
بَسا کسا که به روز تو آرزومند است
زمانه گفت مرا: خَشم خویش دار نِگاه
کِرا زبان نه به بَند است، پای در بَند است

- **شَهید بَلخی (۹۴۶ م):** شاعر و فیلسوف دربار سامانی بود.
- **دَقیقی توسی (۹۴۱ م):** شاعری اهل توس بود که شاهنامه‌ای به نثر نوشت.
- **ابوالقاسم فردوسی (۹۴۰-۱۰۲۲ م):** شاعر مشهور اهل توس بود. او در زمان سامانیان و غزنویان می‌زیست. فردوسی، شاهنامه‌ی داستانی «ابومنصوری» و «دقیقی توسی» را در سی‌هزار بیت، به نظم کشید، یعنی آن‌ها را به صورتِ شعر در آورد.

بر ایرانیان زار و گریان شدم   زِ ساسانیان نیز بِریان شدم
دَریغ این سَر و تاج و این داد و تخت   دریغ این بزرگی و این فَرّ و بَخت
کزین پس شکست آید از تازیان   ستاره نگردد مگر بر زیان
دریغ این سر و تاج و این مِهر و داد   که خواهد شد این تخت شاهی بِباد
نه تخت و نه دِیهیم بینی نه شهر   ز اختَر همه تازیان راست بَهر
ز پیمان بگردند وَز راستی   گرامی شود کژی و کاستی

- اَبوسَعید اَبوالخِیر (۱۰۴۹-۹۶۷ م): عارف و شاعر نیشابوری است. کتاب «اَسرارُالتوحید» را نوه‌اش «محمدبن مُنَوَر» درباره او و آثارش نوشت.

- فَرّخی سیستانی (۱۰۳۷-۹۸۰ م): شاعری اهلِ غَزنه بود.

- ناصرخُسرو قُبادیانی (۱۰۸۸-۱۰۰۴ م): اهل بَلخ بود. او تا دوره‌ی سلجوقیان، دبیرِ دربارِ غَزنَویان بود. به مدت هفت سال از آذربایجان تا مصر سفر کرد و سفرنامه‌اش را نوشت. ناصرخسرو پِیرو مذهب اِسماعیلیه شد. برخی از آثارش عبارتند از: «روشنایی‌نامه، سفرنامه، سعادت‌نامه، دیوان اشعار، جامع‌الحِکمَتین، زادُالمُسافرِین، خوان‌الاخوان و وَجه دین».

- عُمَر خَیّام (۱۱۳۱-۱۰۴۸ م): فیلسوف، شاعر و ریاضیدانِ دوره‌ی سلجوقی و اهل نیشابور بود. اثر معروف خیّام، دیوان رُباعیّات اوست که به زبان‌های مختلف دنیا از جمله انگلیسی ترجمه شده است.

- عُنصُری بَلخی (۱۰۵۲ م): مَلِکُ‌الشُعَرایِ دربار غَزنویان بوده است.

- مَنوچِهری دامغانی (۱۰۵۳ م) اهل دامغان بود و از شُعَرای عرب بسیار تأثیر گرفت.

- مَسعود سَعد سَلمان (۱۱۳۹-۱۰۵۹ م): در لاهور یا همدان به دنیا آمد و کتابدار دربار غزنویان بود. وی تحت تأثیر «عُنصُری، مَنوچِهری دامغانی، ناصرخسرو و فرّخی سیستانی» بود. «حَبسیات» او که در زندان نوشته، بسیار احساسی است.

- فَخرالدین اَسعَد گُرگانی (۱۰۶۵ م) اهل ملایر و مُعتَزِلی بود. مهمترین اثرش، «ویس و رامین» و «بهرام گور» است.

- قَطران تَبریزی (۱۰۷۲-۱۰۰۹ م): شاعری آذری زبان و اهل تبریز بود که به زبان فارسی هم شعر گفته است.

- اَسَدی طوسی (۱۰۷۲-۹۹۹ م): شاعری اهل توس بوده که مدتی در آذربایجان و تبریز زندگی می‌کرده. مهمترین اثر او «گرشاسب‌نامه» به سبک شاهنامه است. او همچنین اولین واژه‌نامه‌ی فارسی را به نام «لغت فُرسِ اسدی» نوشته است.

خواندن ۳: بخوانید و نام شاعران را در جدول زمانی زیر بنویسید (منبع شماره ۳ و ۸).

۲) سَبک عراقی: در اوایل قرن دوازدهم میلادی، زبان فارسیِ دَری گسترش زیادی یافته بود و لغات عربی، ترکی و کلمات جدیدی وارد زبان شده بود. در این زمان شعر فارسی پیچیده‌تر و **پُرمُحتَوا**تر شد. شاعرانی مانند: «سَنایی، اَنوری اَبیوَردی، نِظامیِ گنجَوی، عَطار نِیشابوری، خاقانی شِروانی، عَبدالرَزاق اِصفَهانی، ظَهیر فاریابی» این شیوه را آغاز کردند و در دو قرن بعد، این سبک توسط شاعرانی مثل: «سَعدی شیرازی، مولانا جَلال‌الدین بَلخی رومی، عُبید زاکانی، حافِظ شیرازی، و جامی» به اُوج خود رسید.

ویژگی‌ها: ورود کلمات عربی و ترکی به شعر، پیچیده شدن زبان، زیاد شدن **تَرکیبات** جدید، گسترش غَزَل و مَثنَوی، تأکید بر **عِرفان** و **تَصَوُف**، عشق آسمانی، رواج دین و استفاده از آیه‌های قرآنی در شعر، کاهش حس ملّی‌گرایی، **رَدّ** فَلسَفه یونانی، رواج **نَقد** اجتماعی، خوش‌آهنگ شدن اشعار، تأکید بر **آرایه**‌های ادبی و استفاده از **اِستِعاره**، **مَجاز**، **کِنایه** و **ایـهام**.

پُرمُحتَوا	پُرمَعنی
تَرکیبات	کلمات
عِرفان	mysticism
تَصَوّف	sufism
رَدّ	قَبول نکردن
نَقد	criticism
آرایه	figure of speech
اِستِعاره	metaphor
مَجاز	synecdoche
کِنایه	irony
ایهام	pun

....	....	....	....
....	....	....	....
....	....	....	....
۱۵۰۲	۱۳۸۳	۱۲۵۰-۱۳۸۲	۱۲۲۰
صَفویان (ایرانی)	تِیمورلَنگ (تاتارها)	ایلخانان _ هُلاکوخان	چَنگیزخان (مغول)

- سَنایی غَزنَوی (۱۱۶۶-۱۰۹۴ م): شاعر و عارف اهل غَزنه و دربار غَزنویان بود. دو اثر معروفش عبارتند از: «حَدیقَةُالحَقیقه و سِیرُالعِباد اِلی المَعاد». مولوی و حافظ از او بسیار الهام گرفتند و شعر ساده‌ی عرفانی او را غِنا بخشیدند.
- اَنوَری اَبیوَردی (۱۱۸۹-۱۱۲۶ م): شاعری اهل ابیورد در شمال خراسان کنونی بود. وی را استاد قصیده‌سُرایی می‌دانند.

- نِظامی گَنجَوی (۱۲۳۰-۱۱۵۶ م): شاعری فارسی زبان بود که در گنجه‌ی آذربایجان زندگی می‌کرد. مهمترین آثارش عبارتند از: «خَمسه» شامِل پنج اثرِ «مَخزَنُ‌الأسرار، خُسرو و شیرین، لِیلی و مَجنون، هَفت پِیکر، و اِسکَندَرنامه». نِظامی از آثار فردوسی و فخرالدین اَسعَد گُرگانی در آثارش الهام گرفته است.

- خاقانی شِروانی (۱۲۱۶-۱۱۴۱ م): اهل شِروان در تبریز بود. دو اثر مهم او عبارتند از: «تُحفَةُالعَراقِین و دیوان قَصاید و غَزَلیات». او هم‌عَصر و دوست نِظامی گنجوَی بوده است.

- عَطار نِیشابوری (۱۲۲۰-۱۱۴۵ م): شاعر و عارف اهل نِیشابور بود که در حمله‌ی مُغولان به نِیشابور به قتل رسید. برخی از آثار مهم او عبارتند از: «اِلهی‌نامه، اَسرارنامه، مَنطِقُ‌الطِیر مُصیبَت‌نامه، مُختارنامه، تَذکِرَةُالاولیاء و دیوان اشعار». بیشتر آثار عطار درباره‌ی عِرفان است.

مَکتب عِرفان: نوعی طَرز تـفکر و جهان‌بینی است که حالات و احساسات درونی انسانِ عارِف را بیان می‌کند. عارف سعی می‌کند با کشف و شُهود به حقیقت زندگی دست یابد و با احساسش با آن یکی شود. عارف به دنبال توجیه علمی پدیده‌های دنیا نیست و به حس مَعنَویِ زندگی علاقمند است. برخی نشانه‌های عرفان در دین‌های گوناگون مثل: «زَرتُشتی، بِرَهمایی، بودایی، مَسیحیّت، یَهودیّت، اسلام و سایر دین‌ها» دیده می‌شود. کشف و شُهود که سیر احساسات دورنی انسان است، مراحلی دارد که از خواستن و طَلَب کردن آغاز می‌شود و به شناخت درونی انسان از خودش و در نهایت یافتن حقیقت زندگی پایان می‌یابد. آخرین مرحله‌ی عرفان، پیوستن و فَنا شدن در حقیقت است. شیخ فَریدالدین عَطار نیشابوری، مراحلی هفت‌گانه برای کشف و شُهود عرفانی در نظر گرفته است که عبارتند از: ۱) طَلَب ، ۲) عِشق، ۳) مَعرِفَت، ۴) اِستِغناء، ۵) توحید، ۶) حِیرَت، ۷) فَقر و فَنا. عطار در قَصیده‌ای این هفت مرحله یا هفت وادی را توصیف کرده است (بخش پایانی درس صفحه ۷۱ را ببینید).

- سَعدی شیرازی (۱۲۹۱-۱۱۹۳ م): سَعدی به استاد سخن معروف است. آثار معروف او عبارتند از «گُلِستان» به نَثر، «بوستان» که مَثنوی است و «دیوان اشعار».

- مولانا جلال الدین رومی (۱۲۸۳-۱۲۷۰): شاعری فارسی زبان است که در بَلخ به دنیا آمد و در قونیه زندگی کرد. برخی از مهمترین آثار او عبارتند از: «دیوان شمس، مَثنوی مَعنوی، فیه ما فیه، مَجالِس سَبعه و رباعیات».
- عُبید زاکانی (۱۳۷۱-۱۳۰۰): شاعر و طَنزپردازی بود که در قزوین به دنیا آمد. مهمترین آثار او عبارتند از: «رساله‌ی دلگشا، موش و گربه، ریش‌نامه، صدپَند، رساله‌ی اخلاق الاشراف و رباعیات».

- حافِظ شیرازی (۱۳۹۲-۱۳۲۶): حافظ، غَزَل‌سُرای بزرگ شعر و ادب فارسی است. دیوان اشعار حافظ شامل «غَزَلیات، قَصاید، مَثنویات، قَطَعات و رُباعیات» است. وی در سن ۶۶ سالگی در شیراز درگُذَشت. آرامگاه او در حافظیه‌ی شیراز است.
- عبدالرحمان جامی (۱۴۹۲-۱۴۱۴): شاعری فارسی زبان است که در شهر هَرات زندگی می‌کرده. آثار مهم او عبارتند از: دیوان اشعار، هفت اورَنگ، و بَهارِستان. او پیرو صوفیه و طریقَتِ نَقشبَندیه بوده است.

خواندن ۴: خلاصه‌ی کوتاهی از داستان «خسرو و شیرین» سروده‌ی نظامی گنجوی را در زیر بخوانید و بگویید شعرهای آن چه نوعی هستند؟ زیر قافیه‌ها خط بکشید. در پایان به چند پرسش پاسخ دهید.

خُسرو و شیرین: خسرو پرویز، از آخرین پادشاهان ساسانی، عاشق شاهزاده‌ی ارمنی زیبایی به نام شیرین بود و از او خواستگاری کرد اما شیرین به او پاسخ رَدّ داد. بعدها، خسرو پرویز با شاهزاده‌ای رومی ازدواج کرد ولی وقتی ملکه‌ی اَرمَنستان مُرد و شیرین به جای او **مَلَکه** شد، **پِیکی** به نام شاپورِ نقاش را روانه‌ی ارمنستان کرد تا شیرین را به ازدواج با شاه راضی کند ولی شیرین باز نپذیرفت.

بعدها شیرین از شاپور تقاضا کرد تا در ساخت آبراهی در کاخ به او کمک کند. شاپور هم مِعماری به نام فرهاد را پیش او آورد. فرهاد، سنگ‌تراشی خوش‌اندام و قوی‌هِیکل بود که در ابتدا از عشق شاه به شیرین خبر نداشت. او به محض این که شیرین را دید، **مَحوِ** زیبایی و شیرین‌زبانی او شد و یک دل نه، بلکه صد دل عاشق او شد. فرهاد کار ساخت آبراه به کاخ او را به بهترین نحو انجام داد. خبر عشق فرهاد به گوش خسرو پرویز رسید و او را بسیار عصبانی کرد. خسرو تصمیم گرفت تا فرهاد را به کاخش دعوت کند و به او بفهماند که شیرین مَعشوقه‌ی اوست. بین شاه و فرهاد بَحث و جَدَل درگرفت اما فرهاد از عشقش دست بردار نبود. ...

بگفت از دل شدی عاشق بدین سان؟	بگفت از دل تو می‌گویی، من از جان
بگفتا عشق شیرین بر تو چونست	بگفت از جانِ شیرینم **فُزونست**
بگفتا دل ز مِهرش کِی کنی پاک	بگفت آنگه که باشم **خُفته** در خاک
بگفت از دل جدا کن عشق شیرین	بگفتا چون **زییَم** بی‌جان شیرین

...

خسرو از فرهاد خواست تا در کوه بیستون راهی برای **لَشکریانش** باز کند. فرهاد گفت انجام این کار سخت را به شَرطی قبول می‌کند که خسرو، شیرین را فراموش کند. شاه ابتدا خشمگین شد ولی با این فکر که این کار شدنی نیست و باعث می‌شود تا فرهاد عشق شیرین را فراموش کند، **شَرط** فرهاد را پذیرفت. فرهاد سال‌ها به عشق رسیدن به شیرین به کندن و تراشیدن کوه مشغول شد و حتی پیکر شیرین را بر کوه تراشید. تا این که روزی شیرین به دیدارش رفت و **عَزم** او بر ادامه کارش بیشتر شد. خسرو از این دیدار مُطَلِع و خشمگین شد. پیکی را پیش فرهاد فرستاد تا به او بگوید که شیرین مُرده است. فرهاد که پس از سال‌ها رنج کشیدن، **تَوَقُّع** شنیدن چنین خبری را نداشت، از فَرطِ ناراحتی از بالای کوه پَرت شد و در **دَم جان داد.**

به پرسش گفت با پیران هُشیار	چه باید ساختن **تدبیر** این کار
چنین گفتند پیران **خِرَدمند**	که گر خواهی که آسان گردد این مَجد
فرو کن **قاصِدی** را کز سر راه	بدو گوید که شیرین **مُرد** ناگاه
که ای نادانِ غافِل در چه کاری	چرا عُمری به **غِفلَت** می‌گذاری

مَلَکه	queen
پیک، قاصِد	نامه‌رسان
مَحو شدن	to be mesmerized
فُزون	زیاد
مِهر	عِشق
خُفته	خوابیده
لَشکر	اَرتش
شَرط	condition
پِیکر	body
عَزم	اِراده
تَوَقُّع	انتِظار
جان داد	مُرد
تَدبیر	سیاسَت
خِرَدمند	عاقِل

درس سی و سوم | تمرین کلاسی

غِفلَت	negligence
تُرش‌روی	بداخلاق
حَسرَت	yearning
آگه	آگاه، مُطَلِع
صلا	فَریاد
گِریستن	گریه کردن
داغ	غَم
نَزدِ	پیشِ
اِمتِناع	خودداری
تَصاحُب	گرفتن
دِشنه	چاقو

چو مَردِ تُرش‌رویِ تَلخ‌گفتار — دَم شیرین ز شیرین دید در کار
بر آورد از سر حَسرت یکی باد — که شیرین مُرد و آگه نیست فرهاد
چو افتاد این سخن در گوش فرهاد — ز طاق کوه چون کوهی در افتاد
صَلای درد شیرین در جهان داد — زمین بر یاد او بوسید و جان داد

شیرین که خبر مرگ فرهاد را شنید، بسیار غمگین شد و چندین بار با شاه نامه نگاری کرد و حسابی به او تاخت.

دل شیرین به درد آمد ز داغش — که مرغی نازنین گم شد ز باغش
بر آن آزاد سرو جویباری — بسی **بگریست** چون ابر بهاری

شاه در نامه‌ای از کارش اظهار پشیمانی کرد و گفت که قصد کشتن فرهاد را نداشته است. او با پای خودش برای عُذرخواهی به **نَزدِ** شیرین رفت اما شیرین از دیدن او **اِمتِناع** کرد. البته شیرین بعداً از این کارش پشیمان شد. در نهایت، شیرین دریافت که خسرو واقعاً عاشق اوست. بنابراین ازدواج با شاه را قبول کرد و به عقد او درآمد. در پایان، شیرویه برادرزاده‌ی خسرو، به قصد گرفتن پادشاهی، او را کشت و می‌خواست شیرین را **تَصاحُب** کند. اما شیرین که به همسرش بسیار وَفادار بود، با **دِشنه**‌ای خود را کشت تا به دست او نیفتد.

تمرین ۱۰: آرایه‌های لفظی و معنایی را در بیت‌های زیر مشخص کنید و به پرسش ۳ پاسخ دهید.

۱. بگفتا عشق شیرین بر تو چونست — بگفت از جانِ شیرینم فُزونست

آرایه‌های لفظی: ....

آرایه‌های معنایی: ....

۲. بگفت از دل جدا کن عشق شیرین — بگفتا چون زییم بی‌جان شیرین

آرایه‌های لفظی: ....

آرایه‌های معنایی: ....

۳. به نظر شما این داستان چه نکته‌ی جالبی دارد؟ ....

....

....

....

درس سی و سوم تکلیف

تمرین ۱۱: زیر قافیه و ردیف بیت‌های زیر خط بکشید و به چند پرسش پاسخ دهید.

حافِظ خَلوَت‌نشین، **دوش** به **مِیخانه شُد**
اَز سَر **پیمان** گذشت، بَر سر **پیمانه** شد

شاهد عَهد **شَباب**، آمده بودش به خواب
باز به پیرانِ سر، عاشـــق و **دیوانه** شد

مُغبَچهای می‌گذشت، راهزَن دین و دل
در پِی آن آشنا، از همه بیـــگانه شد

آتش رُخسارِ گُل، **خِرمَن** بُلبُل بسوخت
چهره‌ی خندان شَمع، آفَتِ پـروانه شد

صوفی **مَجنون** که دِی، جام **وقَدح** می‌شکست
دوش به یک **جُرعه** مِی، عاقل و فَرزانه شد

نَرگس ساقی بخواند، آیَتِ **اَفسونـگری**
حَلقه اورادِ ما، مجلـس اَفســـانه شد

منزل حافظ کُنون، **بارگه** کبریاست
دِلبَرِ دلدار رفت، **جان بَرِ** جانانه شد

«حافظ شیرازی»

قَدَح	لیوان	جُرعه	spirit shot	آیَت افسونگری	charming
دوش، دِی	دیشَب	حَلقه اوراد	عِبادَتگاه	مُغبَچه	teenager
شد	رفت	خِرمَن	harvest	بارگه کِبریا	court of dignity
پیمان	میانه‌رَوی	جان بر .. شد	مُرد	ساقی	bartender
پیمانه	اندازه	شَباب	جَوانی	میخانه	tavern
آفَت	مَرگ، فَنا	دِلبَر	beloved	مَجنون	دیوانه، عاشق
شَمع و پروانه: نشانه مرگِ عاشق و فنا شدن در نورِ عشق است.		نَرگس: نشانه‌ی چشم دلبر و افسونگری است.	Narcissus	بُلبُل: نشانه‌ی خود شاعر است.	

۱. آتش رُخسارِ گُل، خِرمَن بُلبُل بسوخت   چهره‌ی خندان شَمع، آفَتِ پـروانه شد

آرایه‌های معنایی: ....

....

۲. این شعر چه نوع شعری است؟ به نظر شما این شعر توصیف چه رویدادی است؟ ....

....

....

....

درس سی و سوم — سبک‌های ادبی

📝 خواندن ۵: متن زیر را بخوانید و نام شاعران را در جدول زمانی بنویسید (منبع شماره ۳ و ۸).

۳) **سَبک هِندی**: در اوایل قرن شانزدهم و هفدهم میلادی، برخی از شاعران فارسی‌زبان به هند رفتند و شیوه‌ای نو به وجود آوردند که به سبک هندی معروف شد. شاعرانی مانند «طالب آمُلی، وحید قزوینی، وَحشی بافقی، صائب تبریزی، بیدل دِهلَوی، کلیم کاشانی، حزین لاهیجی، عُرفی و فَغانی شیرازی»، به این سبک شعر گفتند. ویژگی‌ها: استفاده از زبان و فرهنگ عامیانه، بیان خُرافات و اِفراط در خیال‌پردازی، استفاده از تَرکیبات پیچیده و مُبهَم زبانی و اِستعاره‌های دور از ذهن، توصیف احوال شخصی مثلاً درباره خانواده و فرزندان، استفاده از تَمثیل‌ها و سَمبُل‌های داستانی (اسلوب معادله)، دقت به جزئیات، بیان ناامیدی و شکست‌های عشقی، انتقاد اجتماعی، تناقص فکری، گسترش مفاهیم و نوآوری.

....	....	....	....
....	....	....	....
۱۷۵۰-۱۷۹۴	۱۷۳۶-۱۷۴۷	۱۷۲۲-۱۷۳۵	۱۷۲۱-۱۵۰۲ م.
کریم خان زَند	نادرشاه افشار	محمود افغان	سلسله‌ی صفویان

- **وحشی بافقی** (۱۵۸۴-۱۵۳۶ م): وی در بافق از توابع یزد به دنیا آمد. در اواسط عمرش سفری به هندوستان کرد و به یزد بازگشت. وی بیشتر عمرش در تنگدستی، تنهایی و اندوه گذراند. دو منظومه‌ی عاشقانه به نام‌های «ناظر و منظور» و «شیرین و فرهاد» دارد.

- **صائب تبریزی** (۱۶۷۶-۱۵۹۲ م): غزل‌سُرای مشهور دوره‌ی صفوی است. وی در میانسالی به هندوستان سفر کرد و پس از هشت سال به ایران بازگشت.

- **بیدل دهلوی** (۱۷۲۰-۱۶۴۴ م): بیدل، شاعر فارسی‌زبانی است که در هندوستان زندگی می‌کرد. آثار وی را نمونه‌های خوبی از سبک هندی می‌دانند.

- **حزین لاهیجی** (۱۷۶۶-۱۶۹۲ م): وی در اصفهان می‌زیست و در چهل سالگی به هندوستان مهاجرت کرد و تا پایان عمر در همان جا زندگی کرد.

تمرین ۱۲: شعر زیر چه نوع شعری است؟ زیر قافیه و ردیف آن خط بکشید و به پرسش زیر پاسخ دهید.

آب **خِضر** و مِیِ شبانه یکی‌ست — مستی و عمر **جاودانه** یکی‌ست
بر دل ماست چشم خوبـان را — صد کمان‌دار را **نشانه** یکی‌ست
پیش آن چشم‌های خواب‌آلـود — نالهٔ عاشـق و **فِسـانه** یکی‌ست
پلهٔ دیـن و کُفـر چون **میـزان** — دو نماید، ولی **زبـانه** یکی‌ست
گر هزار است بلبل این بـاغ — همه را نَغمه و **تـرانه** یکی‌ست
پیش مرغ شکـسته‌پر صائب
قفس و باغ و آشیانه یکی‌ست «صائب تبریزی»

بی‌اسم و **صفت**، دلت به خود **مَحرَم** نیست — بی‌رنگ و بو، بهار جز **مُبـهَم** نیست
عالم به **وجـود** من و تو موجـود است — گر موج و **حُباب** نیست، دریا هم نیست

تا در **کف** نیستـی **عِنانم** دادند — از **کِشمَکِش** جهان امانم دادند
چون شمع، سُراغ **عافیّت** می‌جُستم — زیر **قدم** خویـش نشانم دادند «بیدل»

آب خِضر	آبِ حیات	نَغمه	آواز	عِنان	جایگاه
جاودانه	eternal	ترانه	آواز، جوان زیبا	کِشمَکِش	دعوا
نشانه	target	صفت	رفتار، معنی	اَمان دادن	نجات دادن
فسانه	افسانه	مَحرَم	آشنا، هم‌راز	عافیت	سلامتی
میزان	تَرازو	مُبهَم	نامشخص	قدم	گام
زبانه	زبانه‌ی ترازو	وجود	existence	کف	تَه
ترازو				حُباب	

۱. بی اسم و صفت، دلت به خود مَحرَم نیست — بی رنگ و بو، بهار جز مُبـهَم نیست
عالم به وجـود من و تو موجـود است — گر موج و حُباب نیست، دریا هم نیست

آرایه‌های لفظی و معنایی بیت‌های بالا عبارتند از: ....

....

....

۴) سبک اصفهانی (دوره‌ی بازگشت): در نیمه‌ی دوم قرن هجدهم میلادی، گروهی از شاعران ایرانی به سبک گذشته بازگشتند و آثاری به سبک‌های قدیمی پدید آوردند. شاعرانی مانند: «علی مشتاق، عاشق اصفهانی، سروش اصفهانی، هاتف اصفهانی، فروغی بسطامی، قاآنی و آذر بیگدلی» به سبک‌های قدیمی شعر سرودند.

ویژگی‌ها: غزل و مثنوی این دوره به سبک عراقی و قصیده‌ی آن به سبک خراسانی است. از لغات عامیانه در این سبک، کمتر استفاده شده است. مدح شاهان قاجاری و امامان دوباره رواج یافته اما شعرهایی هم به سبک زبان مردم کوچه و بازار در آن دیده می‌شود.

....	....	....	
....	....	....	
۱۷۹۴-۱۹۲۵	۱۷۵۰-۱۷۹۴	۱۷۳۶-۱۷۴۷	۱۷۲۲-۱۷۳۵
دوران قاجار	کریم خان زَند	نادرشاه افشار	محمود افغان

- میر سید علی (مشتاق) (۱۸۰۲-۱۷۲۳ م): مشتاق شاعری هم‌دوره با هاتف و بیگدلی در عصر نادر شاه و کریمخان زند است. وی از بنیانگذاران سبک بازگشت است.

- هاتف اصفهانی (۱۷۸۳-۱۷۲۰ م): شاعر ایرانیِ عصر اَفشاریه و زَندیه است. وی بیشتر از سبک شعرای قدیمی مانند سعدی و حافظ پِیروی کرده است. تَرجیع‌بند عرفانی او بسیار مشهور است.

- لطفعلی (آذر) بیگدلی (۱۷۸۱-۱۷۲۲ م):در زمان فتنه‌ی افغان‌ها از اصفهان به قم رفت. وی در زمان نادرشاه دبیر و دیواندار بود. مثنوی بلندی به نام «یوسف و زلیخا» دارد که به سبک جامی سروده است. دیگر اثرش، آتشکده‌ی آذر است که به نام «کریمخان زند» نوشته است.

- فروغی بسطامی (۱۸۵۷-۱۷۹۸ م): از غزل‌سُرایان دوره‌ی قاجار است. از او حدود پنج هزار بیت در قالب غزل بر جای مانده است.

- قائم مقام فراهانی (۱۸۳۵-۱۷۷۹ م): از سیاست‌مداران و ادیبان دوره‌ی قاجار است. وی صدر اعظم فتعلی شاه و محمد شاه قاجار بود. او را به دستور محمد شاه به قتل رساندند. از آثار معروفش در ادبیات «مُنشَآت» اوست که نثری بسیار زیبا و روان دارد.

۵) دوره‌ی مَشروطه و مُعاصر: ادبیات فارسی در دوران مشروطه با آزادی‌خواهی و مبارزه‌ی مردم ایران برای دموکراسی ترکیب شده است. موضوعاتی مانند قانون، آزادی، برابری زن و مرد، تَعلیم و تربیت، مبارزه با خُرافات مذهبی و اخلاقیات سنّتی، کاربرد واژگان عامیانه، طَنز سیاسی و اجتماعی، هَزل و هَجوهایی بعضاً رَکیک و استفاده از وام‌واژه‌های اروپایی از ویژگی‌های دیگر ادبیات این دوره است. مهمترین قالب‌های شعری این دوره مُستَزاد، مَثنوی و تَصنیف است. برخی از شاعران دوره‌ی مشروطه عبارتند از: «اَدیبُ المَمالِک، عارف قَزوینی، میرزاده عشقی، ایرج میرزا، فَرُخی یَزدی، سید اَشرف (نسیم شمال)، دِهخُدا، مَلِکُ‌الشُعَرا بهار، علی اسفَندیاری (نیما یوشیج)، و خانم پَروین اعتصامی».

....	....	....
....	....	....

۱۷۹۴-۱۹۲۵ م

دوران قاجار

- مَلِک‌الشُعَرا بهار (۱۹۵۱-۱۸۸۴ م): او یکی از مهمترین روشنفکران، و قصیده‌سُرایان دوران مشروطه بود.

- عارف قزوینی (۱۹۳۶-۱۸۸۲ م): شاعر و تَصنیف‌نویس دوره‌ی قاجار بود که صدای خوبی هم داشت. بسیاری از تصنیف‌های وی را که مایه‌های سیاسی و اجتماعی دارد، خوانندگان مشهور خوانده‌اند.

- میرزاده عشقی (۱۹۲۵-۱۸۹۴ م): شاعر، روزنامه‌نگار و نمایشنامه‌نویس دوره‌ی مشروطیت است. اغلب شعرهای او هَجو و طَنز سیاسی و اجتماعی است. وی در سن ۳۱ سالگی ترور شد.

- ایرج میرزا (۱۹۲۶-۱۸۷۴ م): او به دلیل آشنایی با ادبیات اروپایی، و روانی شعرش تاثیر زیادی بر ادبیات دوره‌ی مشروطه گذاشت. معروفترین اثرش، عارف‌نامه است که در هَجو عارف قزوینی نوشته. وی با خرافات و دین مخالف بود و روشنفکری تأثیر گذار بود.

- دِهخدا (۱۹۵۶-۱۸۷۹ م): شاعر، نویسنده و پژوهشگر دوران مشروطه است. نثر او آغازگر قصه‌نویسی فارسی است. دهخدا نویسنده‌ی بزرگ‌ترین فرهنگ فارسی در صد جلد است.

- پروین اعتِصامی (۱۹۴۱-۱۹۰۷ م): توجهی ویژه به محرومان و کارگران در آثار پروین دیده می‌شود. وی یکی از بانفوذترین نویسندگان پایان دوره مشروطه است.

- نیمایوشیج (۱۹۶۰-۱۸۹۵ م): شاعر پایان دوران مشروطه است. وی سبک شعر نوی فارسی را معرفی کرد. بعدها شاعران جوان این سبک را گسترش دادند و آن را استوارتر و غنی‌تر کردند.

۶) دوره‌ی معاصر (قبل از انقلاب اسلامی) (منبع شماره ۳ و ۸): پس از دوران قاجار و کودتای داخلی سال ۱۹۲۱ که منجر به روی کارآمدن رضا شاه پهلوی شد، مطبوعات دوران سختی را شروع کردند. در این دوره به جز اشعاری محدود که بیشتر در مدح شاه بود و نوشته‌هایی که بیشتر جنبه تبلیغاتی داشت، اثر عمده‌ای بوجود نیامد. در این دوره، علی اسفندیاری ـ متخلص به نیما یوشیج ـ ساختاری در شعر پدید آورد که بر وزن عروضی و سنّتی تکیه نداشت و قافیه را جزء لازم شعر نمی‌دانست. پس از روی کار آمدن محمدرضا شاه و آزادی نسبی مطبوعات، شاعران جوان از شیوه‌ی نوی نیما تـقلید کردند و شعرِ نوی فارسی را گسترش دادند. داستان‌نویسی هم که با نثرهای دهخدا آغاز شده بود به سبک جدیدی ادامه یافت و نویسندگان که با آثار غربی هم آشنا بودند، نوشته‌های خود را به زبان مردم عادی نزدیک‌تر کردند و آثاری در خور توجه پدید آوردند. این آزادی دیری نپائید تا کودتای ۱۹۵۳ که پدیده‌ی سانسور آغاز شد. پس از سپری شدن دوران کودتا و با بازگشت ثبات اجتماعی، آثار قابل‌توجهی در شعر و داستان پدید آمد. برخی از شاعران دوره‌ی معاصر عبارتند از: «سیمین بِهبَهانی، مِهرداد اَوِستا، ابراهیم صَهبا، مهدی اَخَوان ثالِث، سُهراب سِپِهری، احمد شاملو، فُروغ فَرُخزاد، و فِریدون مُشیری». داستان‌نویسان بارز این دوره هم عبارتند از: «صادق هِدایت، صادق چوبَک، جَمالزاده، جَلال آل احمد، سیمین دانِشوَر، احمد مَحمود، بزرگ عَلَوی، مَحمود دولت آبادی، و ...».

....	....	....	....	....	....
....	....	....	....	....	....
۱۹۴۱-۱۹۷۹ م			۱۹۲۵-۱۹۴۱ م		
دوران محمدرضا پهلوی			دوران رضا شاه پهلوی		

- جَمالزاده (۱۹۹۷-۱۸۹۲ م): نویسنده‌ی داستان‌های کوتاهی از جمله «یکی بود، یکی نبود، تلخ و شیرین، صحرای مَحشَر، دارُالمَجانین، سر و تَه یه کرباس» و غیره است. سبک او بسیار روان و شیواست و نوشته‌هایش به زبان مردم کوچه و بازار بسیار نزدیک است.

- صادق هِدایت (۱۹۵۱-۱۹۰۳ م): نویسنده‌ی داستان‌های بلند و کوتاهی مثل «بوف کور» و «سه قطره خون» است. او با زبان‌های اروپایی آشنایی داشت و آثار ادبی غرب را خوب می‌شناخت.

- جلال آل احمد (۱۹۶۹-۱۹۲۳ م): نویسنده و فعال سیاسی و یکی از مردمی‌ترین نویسندگان معاصر ایران بود. داستان‌های کوتاه و بلندی مانند «مدیر مدرسه و خَسی در مِیقات» دارد.

- سُهراب سِپِهری (۱۹۸۰-۱۹۲۸ م): شاعر و نقاشی است که شعرش پر از آرایه‌های حس‌آمیز و نقش و رنگ است و مضامینی عرفانی و انسانی دارد.

- مهدی اَخَوان ثالِث (۱۹۹۰-۱۹۲۹ م): شاعر و طنزنویس معاصر است که اشعاری اجتماعی دارد. شعر اخوان، همچنین لحنی حِماسی و خراسانی با ترکیباتی نو دارد.

- فُروغ فَرُخزاد (۱۹۶۷-۱۹۳۵ م): از شاعران معاصر ایران است که اشعاری به سبک نو در زمینه مسائل اجتماعی دارد.

تمرین ۱۳: عبارات و کلمات را در دوستون زیر با هم تطبیق دهید.

۱. شاعرانی که این سبک را بوجود آوردند مانند شاعران قدیمی شعر گفتند.

۲. ویژگی اصلی این سبک، سادگی زبانی و کم بودن کلمات خارجی و در نهایت تأکید بر عقل و پندآموزی است.

۳. سه شاعر برجسته که به سبک خراسانی شعر گفتند.

۴. مفاهیم عامیانه و خُرافات وارد این سبک شد و ترکیبات پیچیده و مبهم زبانی در آن زیاد شد.

۵. این نویسنده اولین فرهنگ لغت فارسی را نوشته است که به «لغت فُرس اسدی» مشهور است.

۶. کتاب «اسرار التوحید» درباره آثار این شاعر و عارف نیشابوری است.

۷. علت پرمحتواتر شدن و پیچیده‌تر شدن معانی اشعار فارسی در سبک عراقی شد.

۸. «سعدی و حافظ»، مَضامین این سبک را به اوج خود رساندند و با تأکید بر خوش‌آهنگی و آرایه‌های ادبی، آن را غنا بخشیدند.

۹. «خَمسه» مهمترین اثر این شاعر است که پنج بخش دارد.

۱۰. این سه شاعر در سبک عراقی شعر سرودند.

۱۱. سه نفر از شاعران سبک هندی هستند.

۱۲. این سه شاعر و نویسنده در دوران قاجار زندگی می‌کردند.

۱۳. سه نویسنده‌ی مشهور دوران معاصر.

( ) سبک هندی

( ) «صائب تبریزی، بیدل و حَزین»

( ) «صادق هدایت، جمالزاده و جلال آل احمد»

( ) «اَسَدی طوسی»

( ) سبک عراقی

( ) «اَبوسَعید ابوالخِیر»

( ) ورود کلمات جدیدی از زبان‌های عربی و ترکی به زبان فارسی

( ) «قائم مَقام فَراهانی، فروغی بَسطامی و ملک‌الشعرا بَهار»

( ) سبک خراسانی

( ) «نِظامی گنجَوی»

( ) «عطار، مولوی و جامی»

( ) سبک اصفهانی

( ) «رودکی، فِردوسی و شهید بَلخی»

درس سی و سوم — تکلیف

تمرین ۱۴: با توجه به آن چه که تاکنون درباره سبک‌های ادبی در طول تاریخ ادبیات فارسی خواندید، انشای کوتاهی در حداقل سه بند بنویسید و در آن به پرسش‌های زیر پاسخ دهید.

۱. سبک‌های ادبی از سبک خراسانی و عربی تا سبک هندی چه تغییراتی کردند؟

۲. چرا در دوره‌ی بازگشت، شاعران و نویسنده‌ها آثارشان را به سبک‌های قدیمی نوشتند؟

۳. تغییرات سیاسی و اجتماعی در طول تاریخ چه تأثیری در تکامل ادبیات فارسی داشته است؟

هفت وادی عرفان
درس سی و سوم

تمرین ۱۵: به بیان هفت وادی عرفان از «منطق الطیر» عطار نیشابوری گوش کنید و زیر کلمات آشنای آن خط بکشید.

۱. بیانِ وادی طَلَب

چون فرو آیی به وادیِ طَلَب
پیشَت آید هر زمانی صَد **تَعَب**

صد بَلا در هر نَفَس اینجا بُوَد
طوطی گردون، مَگس اینجا بُوَد

جِدّ و جَهد اینجات باید سال‌ها
زان که اینجا **قَلب** گردد کارها

مُلک اینجا بایَدَت انداختن
مِلک اینجا بایدت در باختن

در میان خونتْ باید آمدن
و ز همه بیرونتْ باید آمدن

چون نماند هیچ مَعلومت به دست
دل بباید پاک‌کرد از هرچه هست

چون دل تو پاک گردد از صفات
تافتن گیرد ز حضرت نور **ذات**

چون شود آن نور بر دل آشکار
در دل تو یک طلب گردد هزار

چون شود در راه او آتش پدید
ور شود صد وادی ناخوش پدید

خویش را از شوق او دیوانه‌وار
بر سر آتش زند پروانه‌وار

سِرّطلب گردد ز مُشتاقیِ خویش
جُرعهای مِی، خواهد از **ساقیِ** خویش

جُرعه‌ی زان **باده** چون نوشش شود
هر دو عالم کُل فراموشش شود

غَرقه‌ی دریا بماند خشک لب
سِرّ جانان می‌کند از جان طلب

ز آرزویِ آن که سِرّ بشناسد او
ز اژدهای جان‌سِتان **نَهْراسَد** او

کُفر و لَعنَت گر به هم پیش آیدش
در پَذیرد تا دری **بُگشاید**ش

چون درش بُگشاد، چه کُفر و چه دین
زانکِ نَبوَد زان‌سویِ در، آن و این

۲. بیان وادی عشق

بعد از این وادیِ عشق آید پَدید
غرق آتش شد کسی کانجا رسید

کَس در این وادی به جز آتش مباد
وان که آتش نیست **عِیشش**، خوش مباد

عاشق آن باشد که چون آتش بُوَد
گرم‌رو، سوزنده و **سَرکَش** بُوَد

عاقِبت‌اندیش نَبوَد یک زمان
در کِشَد خوش‌خوش بر آتش صد جهان

لحظه‌ای نه کافری داند نه دین
ذَرّه‌ی نه **شَک** شناسد نه **یَقین**

نیک و بد در راه او یکسان بُوَد
خود چو عشق آمد، نه این نه آن بود

هرچه دارد، پاک در بازد به **نَقد**
و ز **وِصال** دوست **می‌نازد** به نقد

دیگران را **وَعده**ی فردا بُوَد
لیک او را نقد هم اینجا بُوَد

تا نسوزد خویش را یک‌بارگی
کی تواند **رَست** از غَم‌خوارگی

تا **بِریشَم** در وجود خود نسوخت
در **مُفَرِح** کی تواند دل فُروخت

می‌تَپَد پیوسته در سوز و گداز
تا به جای خود رسد ناگاه باز

ماهی از دریا چو بر صحرا فِتَد
می‌تَپد تا بوک در دریا **فِتَد**

عشقِ اینجا آتشست و عقل دود
عشق کامد، **درگریزد** عقل زود

عقل در **سودای** عشق استاد نیست
عشق، کارِ عقل مادرزاد نیست

گر ز غیبت دیده‌ای بخشنده راست
اصل عشق اینجا ببینی کز کجاست

طَلَب	خواستن
وادی	سرزمین
تَعَب	سختی
جِدّ و جَهد	تَلاش
قَلب	وارونه
ذات	خُدا
جُرعه	sip
ساقی	bartender
باده	شَراب
سِرّ	راز
نَهراسَد	نتَرسد
کُفر	blasphemy
بُگشاید	باز شود
عِیش	خوشی
سَرکِش	rebel
شَکّ	doubt
یَقین	certainty
نیک	خوب
نَقد	یک جا و کامل
بِریشَم	ابریشم
وِصال	رسیدن به
می‌نازد	s/he brags
وَعده	قول
لیک	ولی
رَستن	to get rid of
مُفَرِح	شادی‌بخش
می‌تَپَد	it pulsates
فِتَد	بیُفتَد
درگُریزد	فَرار می‌کند

هست یک‌یک برگ از هستی عشق — سر بِبَر افکنده از مستیِ عشق
گر تُرا آن **چشم غِیبی** باز شد — با تو ذرات جهان هم‌راز شد
ور به چشم عقل بُگشایی نظر — عشق را هرگز نبینی پا و سر
مردِ کارافتاده باید عشق را — مردم آزاده باید عشق را
او نه کارافتاده‌ای نه عاشقی — مُرده‌ای تو، عشق را کِی **لایقی**
زنده‌دل باید درین ره صد هزار — تا کُنَد در هر نَفَس صد جان **نِثار**

۳. بیان وادی **مَعرِفَت**

بعد از آن بِنمایَدَت پیشِ نظر — مَعرِفَت را وادیی بی‌پا و سر
هیچ کس نَبوَد که او این جایگاه — مختلف گردد ز بسیاریِ راه
هیچ **رَه** در وی نه هم آن دیگرست — **سالِک** تَن، سالِک جان، دیگرست
باز جان و تن ز **نُقصان** و کَمال — هست دایم در **تَرَقی** و زَوال
لاجَرَم، بس ره که پیش آمد پدید — هر یکی بر **حَدّ** خویش آمد پدید
کِی تواند شد درین راه **خَلیل** — عَنکبوت مُبتَلا هم سیر **پیل**
سِیر هر کس تا کمالِ وی بود — **قُرب** هر کس حَسبِ حالِ وی بود
گر بپرد پشه چندانی که هست — کِی کمال **صَرصَر**ش آید بدست
لاجَرَم چون مختلف افتاد سِیر — هم روش هرگز نیفتد هیچ طِیر
معرفت زینجا تفاوت یافتست — این یکی **مِحراب** و آن **بُت** یافتست
چون بتابد آفتاب معرفت — از سپهر این رهِ عالی صفت
هر یکی بینا شود بر **قَدر** خویش — باز یابد در حقیقت **صَدر** خویش
سِرِّ ذراتش همه روشن شَوَد — گلخَن دنیا برو گُلشن شَوَد
مغز بیند از درونِ نُه پوست او — خود نبیند ذَرّه‌ای جُز دوست او
هرچه بیند روی او بیند مُدام — ذره ذره کوی او بیند مُدام
صدهزار اسرار از زیر **نِقاب** — روز می‌بنمایدت چون آفتاب
صدهزاران مرد گم گردد مدام — تا یکی اسراربین گردد تمام
کاملی باید درو جانی **شِگَرف** — تا کند غَواصّیِ این **بَحرِ ژرف**
گر ز اسرارت شود ذوقی پدید — هر زمانت نو شود شوقی پدید
تشنگی بر کمال اینجا بُوَد — صدهزاران خون حَلال اینجا بُوَد
گر بیاری دست تا **عَرشِ** مجید — دم مزن یک ساعت از **هَل مَن مَزید**
خویش را در بَحرِ عرفان غَرق کن — ور نه باری خاک ره بر **فَرق** کن
گر نِه‌ای، ای خُفته اهل **تَهنیّت** — پس چرا خود را نداری **تعزیّت**
گر نداری شادی‌ای از وصل یار — خیز باری ماتَم هِجران بِدار
گر نمی‌بینی **جمال** یار تو — خیز منشین، می‌طلب اسرار تو
گر نمی‌دانی طلب کن شَرم دار — چون خری تا چند باشی **بی‌فِسار**

سودا	خرید و فروش
چشم غِیبی	divine eye
وَر	و اگر
لایِق بودن	to be eligible
نِثار	sacrifice
مَعرِفَت	خودشِناسی
سالِک	راه رونده، عارف
رَه	راه
تَرَقّی	رُشد
زَوال	مرگ
نُقصان	کمبود
لاجَرَم	ناچار
حَدّ	limit
خَلیل	ابراهیم پیامبر
صَرصَر	تندباد، اسب تندرو
قُرب	نزدیکی به خدا
مِحراب	محل نماز
مُبتَلا	اسیر، گرفتار
پیل	فیل
صَدر	بزرگی، بالایی
قَدر	ارزِش
نِقاب	mask
شِگَرف	بزرگ
بَحر ژرف	دریای عَمیق
عَرش	جایگاه خدا
هَل مَن مَزید	auction
فَرق	سَر
تهنیّت	تبریک گفتن
تعزیّت	تسلیت گفتن

۴- بیان وادی استغنا

بعد از این وادیِ اِستِغنا بُوَد	نه درو دَعوی و نه معنی بود
می‌جَهَد از بی‌نیازی صَرصَری	می‌زند بر هم به یک **دَم** کشوری
هفت دریا یک **شَمَر** اینجا بود	هفت اَخگر یک **شَرَر** اینجا بود
هشت **جَنَت** نیز اینجا مرده‌ایست	هفت **دوزَخ** همچو یخ اَفسُرده‌ایست
هست **موری** را هم اینجا ای عَجَب	هر نَفَس صد **پیل** اَجری بی‌سَبَب
تا کلاغی را شود پُر، حوصله	کس نمانده زنده در صد قافله
صدهزاران **سبزپوش** از غم بسوخت	تا که آدم را چراغی **بَرفُروخت**
صدهزاران جسم خالی شد ز **روح**	تا درین حضرت **دِروگر** گشت نوح
صدهزاران پشه در لشکر فِتاد	تا براهیم از میان با سر فِتاد
صدهزاران طِفل سر بُبریده گشت	تا **کلیم‌الله** صاحب‌دیده گشت
صدهزاران **خَلق** در **زُنّار** شد	تا که عیسی مَحرَمِ اَسرار شد
صدهزاران جان و دل **تاراج** یافت	تا محمد یک شبی **مِعراج** یافت
قَدرِ نه، نو دارد اینجا نه کهن	خواه اینجا هیچ کن خواهی مکن
گر جهانی دل‌کبابی دیده‌ای	همچنان دانم که خوابی دیده‌ای
گر درین دریا هزاران جان فِتاد	**شبنَمی** در **بَحرِ** بی‌پایان فِتاد
گر فرو شد صدهزاران سر به خواب	ذرّه‌ای با سایه‌ای شد ز آفتاب
گر بریخت **اَفلاک** و **اَنجم** لَخت‌لَخت	در جهان کم گیر برگی از درخت
گر ز ماهی در **عَدَم** شد تا به ماه	پای موری لنگ شد در **قِعر** چاه
گر دو عالم شد همه یک بار نیست	در زمین ریگی همان انگار نیست
گر نماند از **دیو** و ز مردم اثر	از سر یک قطره باران درگذَر
گر بریخت این جملهِ‌ی تنها به‌خاک	موی حیوانی اگر نَبوَد چه باک
گر شد اینجا جزء و کُل، کُلی تَباه	کم شد از روی زمین یک برگِ کاه
گر به یک رِه گشت این نُه طَشت گُم	قطره‌ای در هشت دریا گشت گُم

۵. بیان وادی توحید

بعد از این وادیِ توحید آیَدَت	منزل تَـفرید و **تَجرید** آیدت
رویها چون زین بیابان در کنند	جمله سَر از یک گریبان برکنند
گر بسی بینی عدد، گر اندکی	آن یکی باشد درین ره در یکی
چون بسی باشد یک اندر یک مدام	آن یک اندر یک، یکی باشد تمام
نیست آن یک، کان اَحَد آید تو را	زان یکی کان در عدد آید تو را
چون برونست از اَحَد وین از عدد	از ازل قطع نظر کن وز ابد
چون ازل گم شد، ابد هم جاودان	هر دو را کِی هیچ ماند در میان
چون همه هیچی بُوَد، هیچ این همه	کِی بود دو اصل جُز هیچ این همه

بی فِسار	without halter
جَمال	صورت، زیبایی
اِستِغنا	بی‌نیازی
دَم	لَحظه
جَنّت	بهشت
شَمَر	حوض
شَرَر	پاره‌ای از آتش
دوزَخ	جَهَنَم hell
پیل	فیل
مور	مورچه
سبزپوش	فرشته
برفُروخت	روشن شد
روح	جان spirit
دِروگر	نجّار
کلیم الله	موسی
زُنّار	شال مسیحیان
خَلق	مَردُم
تاراج	غارَت، دزدیدن
مِعراج	به آسمان رفتن
بَحر	دریا
شَبنَم	قَطره
اَفلاک	کهکشان‌ها
اَنجَم	ستارگان
لَخت لَخت	کم کم
عَدَم	نابودی
قَعر	ته
دیو	شِیطان
توحید	یگانگی خدا
تجرید	گوشه‌گیری و تنهایی

درس سی و سوم — هفت وادی عرفان

۶. بیان وادی حیرت

بعد از این وادی **حِیرَت** آیدت   کار دایم درد و **حَسرَت** آیدت
هر نفس اینجا چو تیغی باشَدَت   هر دمی اینجا **دریغی** باشدت
آه باشد، درد باشد، سوز هم   روز و شب باشد، نه شب نه روز هم
از یِن هر موی این کس نه به تیغ   می‌چکد خون می‌نِگارد ای دَریغ
آتشی باشد **فِسُرده** مَرد این   یا یخی بس سوخته از درد این
مَرد **حیران** چون رسد این جایگاه   در **تَحَیُّر** مانده و گم کرده راه
هرچه زد توحید بر جانش رَقَم   جمله گُم گردد ازو گُم نیز هم
گر بدو گویند مستی یا نه‌ای   نیستی، گویی که هستی یا نه‌یی
در میانی یا برونی از میان   برکناری یا نَهانی یا **عَیان**
فانیی یا **باقیی** یا هر دویی   یا نه‌ای هر دو تویی یا نه تویی
گوید اصلاً می‌ندانم چیز من   وان ندانم هم ندانم نیز من
عاشقم اما ندانم بر کی‌ام   نه مسلمانم نه کافر، پس چی‌ام؟
لیکن از عشقم ندارم آگهی   هم دلی پر عشق دارم، هم **تُهی**

۷- بیان وادی فنا

بعد از این وادی **فَقر** است و **فَنا**   کِی بُوَد اینجا سخن گفتن رَوا
عین وادی فراموشی بُوَد   **گُنگی و کَری و بیهوشی بُود**
صدهزاران سایه‌ی **جاوید**، تو   گمشده بینی ز یک خورشید، تو
بَحر **کُلّی** چون به جُنبِش کرد رای   نقش‌ها بر بَحر کِی مانَد به جای
هر دو عالم نقش آن دریاست بس   هر که گوید نیست، این **سوداست** بس
هر که در دریای کُل، گُم‌بوده شد   دایماً گُم‌بوده‌ی آسوده شد
دل درین دریای پُر آسودگی   می‌نیابد هیچ جز گُم‌بودگی
گر ازین گُم‌بودگی بازش دهند   **صُنع‌بین** گردد، بسی رازش دهند
سالکان پُخته و مَردانِ مَرد   چون فرو رفتند در میدان درد
گُم شدن اول قدم، زین پس چه بود   لاجَرَم دیگر قَدَم را کس نبود
چون همه در گام اول گُم شدند   تو **جَمادی** گیر اگر مَردم شدند
عود و هیزم چون به آتش در شوند   هر دو بر یک جای خاکستر شوند
این به صورت هر دو یکسان باشدت   در صفت فرق فراوان باشدت
گر **پَلیدی** گُم شود در بَحر کُل   در صفات خود فرو مانَد به **ذُل**
لیک اگر پاکی درین دریا بُوَد   او چو نَبود در میان، زیبا بُوَد
نَبوَد او و اُو بُوَد چون باشد این   از خیال عقل بیرون باشد این

واژه	معنی
حِیرَت	شگفت‌زده شدن — awe
حَسرَت	sigh, yearning
دَریغ	alas
تَحَیُّر	حِیرَت کردن
حِیران	حِیرت‌زده، سرگشته
فِسُرده	یخ بسته، مُنجَمِد
عَیان	دیده شدن، آشکار
فانی	از بین رونده
باقی	ماندنی
تُهی	خالی
فَقر	نیازمندی به خدا و بی‌نیازی به مردم
فَنا	نابودی، با خدا یکی شدن
گُنگی	muteness
کَری	deafness
بیهوشی	unconsciousness
جاوید	اَبَدی، ماندگار، دائم
کُلّی	بزرگ، کامل
سُودا	اندیشه، خیال، فکر
صُنع	آفرینش، خِلقَت
سالِک	عارف و رَهرو
جَمادی گیر	تعجب کن
عود	aloe vera
هیزُم	چوب
ذُل	humiliation
پَلیدی	بدی، زشتی

پرسش: هفت مرحله یا وادی عرفان از نظر عطار کدامند؟ ....
....

درس سی و چهارم

تاریخ ایران معاصر

۱. درباره دوران قاجار چه می‌دانید؟

۲. شاهان قاجار چند نفر بودند؟

الف) دو نفر	ب) هفت نفر

پ) سی نفر	ت) ده نفر

۳. شاهان قاجار چند سال بر ایران حکومت کردند؟

الف) ۱۰۰ سال	ب) ۱۴۳ سال

پ) ۵۰ سال	ت) ۳۰۰ سال

تمرین ۱: ببینید و به پرسش‌ها پاسخ دهید (متن فیلم از منابع شماره ۳۴، ۱۵ و ۱۸ بدست آمده است).

رِقابت	مسابقه
اِستِعماری	colonial
توسعه نیافته	non developed
درصددِ	در فکرِ
عَهدنامه	agreement
خِسارَت	compensation
غِرامَت	خِسارَت
قُشون	ارتش
اِشغال	occupying
بنادِر	بَندرها
مُستَعمِره	colony
تَحریم	sanction
صدراعظم	وَزیر
اقتصادی	economic
تأسیس	ساختن
مَحروم	جَریمه شده
اِستِخراج	extraction
مَعادِن	مَعدن‌ها

۱. کدام شاه قاجار تهران را به پایتختی ایران انتخاب کرد؟

الف) فتعلی شاه	ب) ناصرالدین شاه	پ) آقامحمدخان

۲. علت **رِقابت**‌های **اِستعماری** برای تَسَلُط بر کشورهای **توسعه‌نیافته** چه بود؟

الف) نیاز به کارگر و مواد اولیه	ب) نیاز به بازار مَصرَفی و مَواد اولیه

پ) نیاز به پول و انقلاب صَنعَتی	ت) نیاز به انقلاب صنعتی

۳. چرا روسیه **درصددِ** حمله به ایران بود؟

الف) دسترسی به شهرهای ایران	ب) دسترسی به آب‌های آزاد

۴. **عهدنامه**‌های «گلِستان و تُرکمانچای»، چه **خِساراتی** به ایران وارد کرد؟

الف) شهرهای شمال غربی ایران از دست ایران خارج شد.

ب) شهرهای شمال شرقی ایران از حاکِمیّت ایران خارج شد.

پ) شهرهای جنوبی ایران آزاد و ایران از کشتیرانی در دریاها مَحروم شد.

۵. کدام یک از سرداران قاجار به آموزش **قُشون** نظامی ایران پرداخت؟

الف) ناصرالدین شاه	ب) عباس میرزا	پ) امیرکبیر

۶. انگلیسی‌ها چگونه قاجارها را مجبور به قبول جدایی افغانستان از ایران کردند؟

الف) با جنگ با ایران	ب) با **اشغال بنادر** جنوبی ایران

پ) با **تَحریم اقتصادی** ایران	ت) با حمله به **مُستَعمرات** انگلستان

۷. امیرکبیر ـ صدراعظم ناصرالدین شاه ـ مدرسه «دارُالفُنون» را تأسیس کرد.

الف) درست	ب) نادرست

۸. تأسیس بانک شاهی، **استخراج معادن** و نفت و ساخت خط تلگراف ...

الف) به انگلیسی‌ها واگذار شد.	ب) به روس‌ها واگذار شد.

تمرین ۲: نقشه‌ی زیر[۱] را نگاه کنید و به پرسش‌های زیر پاسخ دهید.

۱. با استفاده از راهنمای نقشه و خط زمانی حکومت شاهان قاجار، مشخص کنید هر سرزمین در زمان کدام شاه قاجاریه از ایران جدا شده است؟

۱۹۰۹-۱۹۲۵	۱۹۰۷-۱۹۰۹	۱۸۹۶-۱۹۰۷	۱۸۴۸-۱۸۹۶	۱۸۳۴-۱۸۴۸	۱۷۹۷-۱۸۳۴	۱۷۹۵-۱۷۹۷
احمدشاه	محمدعلی شاه	مظفرالدین شاه	ناصرالدین شاه	محمدشاه	فتعلی شاه	آقامحمدخان

۲. به نظر شما دلیل این همه تغییرات مرزی در زمان قاجار چه چیزی می‌توانسته باشد؟ ....

....

۳. امروزه این سرزمین‌ها به کدام کشورها متعلق است؟ ....

....

۴. به نظرتان وضعیت امروز ایران چگونه است؟ چرا؟ ....

....

[۱] اصل نقشه به انگلیسی در ویکی‌پدیا تحت کپی رایت آزاد گنو موجود است.

https://en.wikipedia.org/wiki/File:Map_of_Qajar_empire_territorial_loses.png

تمرین ۳: نام پادشاهان قاجار و برخی از وزیران معروف آن‌ها را در اینترنت جستجو کنید سپس تصاویر زیر را با این نام‌ها تطبیق دهید.

۱. آقامحمدخان قاجار
۲. فتعلی شاه
۳. محمد شاه
۴. ناصرالدین شاه
۵. مظفرالدین شاه
۶. محمدعلی شاه
۷. احمد شاه
۸. محمد تقی خان امیرکبیر
۹. عباس میرزا
۱۰. قائم مقام فراهانی

( )

( )

( )

( )

( )

( )

( )

( )

( )

( )

نمودار زمانی سلطنت شاهان قاجار

۱۹۰۹-۱۹۲۵	۱۹۰۷-۱۹۰۹	۱۸۹۶-۱۹۰۷	۱۸۴۸-۱۸۹۶	۱۸۳۴-۱۸۴۸	۱۷۹۷-۱۸۳۴	۱۷۹۵-۱۷۹۷
احمدشاه	محمدعلی شاه	مظفرالدین شاه	ناصرالدین شاه	محمدشاه	فتعلی شاه	آقامحمدخان

تمرین ۴: کلمات داده شده را جایگزینِ کلمات زیرخط‌دار مقاله‌ی زیر[۲] کنید.

گُسترش، حکومت، در یک زمان، دوران، کامِل، تَغییر، کشورداری، بیشتر، به وجود آمد، روحانیون

در دوران صدوسی ساله‌ی حکومت قاجاریه، روابط عُلَمای شیعه و شاهان فَراز و فُرودهای بسیاری داشت؛ با این همه، عصر قاجار را می توان دوران **احیای** جایگاه روحانیّت و **تَثبیت** مَرجَعیّت شیعه دانست. پس از **سرنگونی** «شاه سُلطان حسین» ـ آخرین پادشاه صَفَوی ـ عُلَمای شیعه، **نُفوذ** خود را در امور مَملِکت‌داری به سرعت از دست دادند. با روی کار آمدن «آقامحمدخان» و تأسیس سِلسِله‌ی قاجار در سال ۱۷۹۵، بار دیگر علمای شیعه به صحنه‌ی سیاست بازگشتند. به عنوان مثال، «فَتحعلی شاه» به هنگام **تاج گُذاری** نَزدِ «شیخ جَعفر کاشِفِ‌الغِطا» از علمای شیعه رفت و او نیز شاه قاجار را نایب یا نماینده خویش قرار داد.

دیگر تَحَول اساسی که در این دوران رُخ داد، رَواجِ **مکتَب** عَقل‌گرایی و **اجتِهاد** در **فِقه** شیعه بود. شاید بتوان گفت که تمام علمای دویست سال اخیر پیرو مکتب فِقهی‌ای هستند که «وَحید بِهبَهانی» همزمان با شروع سلسله‌ی قاجار **پی‌ریزی** کرده بود و «شِیخ مُرتضی انصاری» در دوران «ناصرالدین شاه» آن را تکمیل کرد. در دَهه‌های پایانی دوران قاجار، علمای **تَجَدُدطَلب** بسیاری پَدیدار شدند. حضور گسترده روحانیون در **جُنبِش مَشروطه**، **گواهی** بود بر نزدیکی بیش از پیش دین و سیاسَت در جامعه‌ی ایران.

فَراز	بالا، بلندی
فُرود	پایین، پَستی
تَثبیت	stabilized
احیا	revival
تاج‌گُذاری	coronation
سرنگونی	نابودی
مَکتَب	تَفَکُر
نُفوذ	influence
اجتِهاد، فِقه	jurisprudence
پی‌ریزی	ساختن
تَجَدُدطَلَب	اصلاح‌طَلَب
جُنبِش	movement
مَشروطه	constitutional
گُواه	evidence

تمرین ۵: در مورد روحانیون زیر و نقش مذهبی آن‌ها در نهضت مشروطه تحقیق کنید و گزارش بنویسید.

۱. آیت‌الله سِیدعلی بِهبَهانی
۲. آیت‌الله مُدَرِس
۳. سِیدجَمال‌الدین اسَدآبادی
۴. آیت‌الله میرزاحسن شیرازی
۵. میرزا رضای کِرمانی
۶. آیت‌الله سِیدمحمد طَباطَبائی
۷. شیخ فضل‌الله نوری
۸. آخوند مُلا محمد کاظِم خُراسانی

(۱)

( )

( )

(۴)

( )

( )

( )

(۸)

[۲] برگرفته از مقاله‌ی بی‌بی‌سی فارسی نوشته‌ی «مهرداد واعظی‌نژاد» ـ سال ۲۰۰۵

درس سی و چهارم　　جنبش مشروطه

خواندن ۱: بخوانید و نمودار صفحه‌ی بعد را تکمیل کنید (منبع شماره ۱۵، ۱۸، ۲۱ و ۲۲).

انقلاب **مَشروطیّت**، **جُنبشی** سیاسی ـ اجتماعی بود که در دوره‌ی حکومت «مُظفرالدین شاه» در سال ۱۹۰۶ در ایران رُخ داد و به دنبال آن، نِظام پادشاهی مَشروطه، جایگُزین نظام پادشاهی شد. در نتیجه‌ی این جُنبش، اختیارات شاه کاهش یافت و نَهاد مَجلس شورایِ ملّی تأسیس گردید. این جنبش از انقلاب کبیر فرانسه و **نِهضت**‌های آزادی‌خواهانه مردم اروپا تأثیر گرفت. روشنفکران و تحصیل‌کردگان ایرانی و برخی از روحانیون در آگاهی دادن به مردم و اعتِراض به حکومت پادشاهی نقش به سزایی داشتند. «مُظفرالدین شاه»، مدت کوتاهی پس از صُدور فرمان مَشروطه درگذشت.

«محمدعلی شاه»، جانِشین او با پشتیبانی دولت روسیه و حمایت برخی از طرفدارانش، تصمیم گرفت حکومت نوپای مَشروطه را نابود سازد و نظام پادشاهی را دوباره برقرار کند. پس از چند ماه اختلاف و درگیری، به دستور «محمدعلی شاه»، مجلس **به توپ بسته شد** و **مُنحَل** گردید. مَشروطه‌خواهان در تبریز با حمایت عُلمای نجف و به رهبری «سَتارخان» و «باقِرخان» در برابر حکومت استبدادی «محمدعلی شاه» به پا خاستند و یازده ماه در **محاصره** مقاومت کردند. مردم گیلان و اصفهان از ایستادگی تبریزی‌ها روحیه گرفتند و راهیِ تهران شدند. آن‌ها پس از **فَتحِ** تهران، «محمدعلی شاه» را برکنار و **تبعید** کردند و پسر خُردسالش، «احمدمیرزا»، را به جانشینی او برگُزیدند.

جنگ جهانی اول در سال ۱۹۱۴ آغاز شد. دولت ایران در ابتدای این جنگ، **بی‌طَرَفی** کامل خود را اعلام کرد. اما، برخی از نیروهای مُتَفِقین (انگلستان، روسیه و فرانسه) و مُتَحِدین (آلمان، ایتالیا و عُثمانی)، این بی‌طرفی را نادیده گرفتند و نیروهای خود را وارد ایران کردند. پس از آن، برخی مَناطِق ایران صَحنه‌ی نبرد نیروهای روسیه و انگلستان با قوای عُثمانی شد. جنگ جهانی اوّل، موجب **بی‌ثُباتی** و **آشُفتگی** بیشتر اوضاع ایران شد. به دلیل حُضور نیروهای اشغالگر و درگیری‌های نظامی، دولت مرکزی بسیار ضعیف شد و تَسلُط خود را بر امور کشور از دست داد. نافرمانی و سرپیچی از فرمان دولت مرکزی گسترش یافت و امنیّت و آسایش مردم از بین رفت. در آن سال‌ها، ایرانیان دچار **بَلایا** و مُصیبت‌های بزرگی مانند **قَحطی**، فقر، گرسنگی و شُیوع بیماری‌های واگیردار شدند و افراد زیادی جان خود را از دست دادند. در اواخر جنگ جهانی اوّل، حکومت روسیه بر اثر وقوع انقلابی عَظیم سرنگون شد. پس از آن، نام این کشور به «اِتحاد جَماهیر شوروی» تغییر یافت.

مَشروطیّت	constitutional
جُنبِش	movement
نِهضَت	جُنبِش
اِستِبدادی	despotism
مَجلِس	پارلِمان
مُنحَل شد	تعطیل شد
فَتح	گرفتن
بی‌طَرَفی	neurality
بی‌ثُباتی	instability
بَلایا، بلاها	بدبختی‌ها
قَحطی	خشکسالی
به توپ بستن	to shell
تَبعید	exile
مُحاصره	siege

درس سی و چهارم — تکلیف

تمرین ۶: جاهای خالی را طبق متن صفحه‌ی قبل، پرکنید.

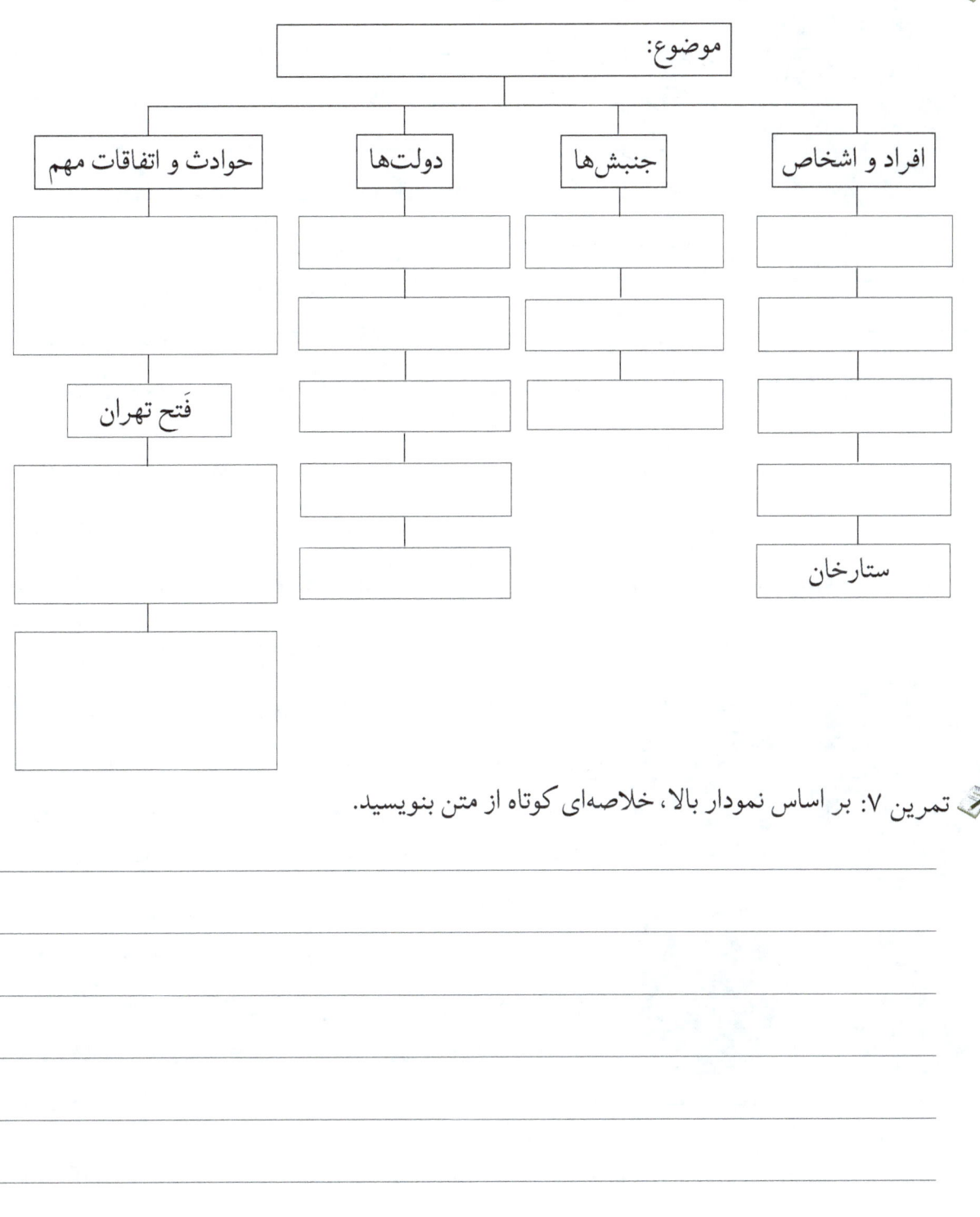

تمرین ۷: بر اساس نمودار بالا، خلاصه‌ای کوتاه از متن بنویسید.

_____
_____
_____
_____
_____
_____
_____
_____

درس سی و چهارم حکومت رضا شاه

خواندن ۲: بخوانید و نکات مهم هر بند را بنویسید (منبع ۱۲، ۱۸، ۲۱، ۳۴).

در اواخر جنگ جهانی اوّل، دولت جدید شوروی، نیروهایش را از ایران **فراخواند** و سرگرم مسائل داخلی خود شد. انگلستان با استفاده از این موقعیّت، کوشید تا **نفوذ** و سلطهٔ خود را در ایران **تَـثبیت** کند. از این رو، با «وثوق‌الدوله»، نُخست وزیرِ وقت، قراردادی بست که به **قرارداد ۱۹۱۹** معروف شد. بر اساس این قرارداد، ادارهٔ امور نِظامی و مالی ایران در اختیار کارشناسان یا **مُستشاران** نظامی و مالی انگلستان قرار می‌گرفت. این قرارداد در ایران با مخالفت گسترده‌ای روبه رو شد و «احمد شاه» قاجار نیز از تأیید آن خودداری کرد. در این زمان اغلب شهرهای ایران دچار آشوب و بی‌ثباتی بود.

فراخواندن	to recall
نُفوذ	influence
تَـثبیت	internalized
مُستَشار	attache

نکته ۱: ....

نکته ۲: ....

نکته ۳: ....

نکته ۴: ....

دولت انگلستان پس از **ناکامی** در اجرای قرارداد **۱۹۱۹** و برای جلوگیری از گسترش انقلاب کمونیستی به ایران و قبل از خروج نیروهایش، درصَدَد برآمد تا با کودتایی نظامی، دولتی قدرتمند در ایران بوجود بیاورد. از این رو، ژنرال «آیرون‌ساید»، مستشار نظامی انگلیس، در سال **۱۹۲۱** با برخی از افسران قَزاق دیدار کرد و با سفارش «اردشیر ریـپورتر»، مشاور ایرانی - زَرتشتی دولت انگلستان، «رضاخان میرپنج» را به عنوان فرمانده‌ی نظامی و «سیدضیاءالدین طباطبایی» را به عنوان دستیار سیاسی وی بَرگُزید.

اردشیر ریـپورتر

سید ضیا

قرارداد	agreement
ناکامی	موفق نشدن
برگُزید	انتخاب کرد

نکته ۵: ....

....

نکته ۶: ....

نکته ۷: ....

در سوم اسفند سال ۱۹۲۱، نیروهای تحت فرمان «رضاخان» مراکز مهم پایتخت را اشغال کردند و «احمدشاه» مجبور شد «سیدضیاء» را به نخست وزیری و «رضاخان» را به فرماندهیِ کُلِ قُوا **مَنصوب** کند. این کودتای نظامی، مقدمه‌ای برای تغییر حکومت در ایران از قاجار به پهلوی شد. «رضاخان» پس از کودتا با سرسختی برای گسترش و تثبیت قدرت خود به **تکاپو** افتاد. او با جِدّیت تمام به نوسازی تشکیلات نظامی پرداخت و ارتش نوینی را پایه‌گذاری کرد و با استفاده از آن، نافرمانی و آشوب‌های داخلی را فرونشاند و نظم و امنیت را با قدرت برقرار کرد.

مَنصوب	انتخاب
تکاپو	کوشش
کل قُوا	همه‌یِ نیروها

نکته ۸: ....

نکته ۹: ....

نکته ۱۰: ....

در سال ۱۹۲۵، مجلس شورای ملی با وجود مخالفت برخی از نمایندگان، مانند «مُدَرِس» و «مُصَدِق»، احمدشاه قاجار را از قدرت برکنار کرد و حکومت موقت ایران را به «رضاخان» که فرمانده‌ی ارتش و وزیر جنگ بود، **سِپُرد**. پس از آن، مَجلس مؤسِسان به طور رسمی حکومت را به «رضاخان» و خانواده‌ی او واگُذار کرد. در دوره‌ی حکومت «رضا شاه»، تلاش گسترده‌ای برای نوسازی ایران به **تَقلید** از اروپا صورت گرفت. نوسازی تشکیلات نظامی با **قُوّت** ادامه یافت. مدارس و مراکز آموزشی جدید در شهرهای مختلف گسترش پیدا کردند و نخستین دانشگاه ایران، دانشگاه تهران، بُنیان نهاده شد. علاوه بر آن، راه‌های **شوسه**، توسعه یافتند و **راه‌آهن** سراسری که خلیج فارس را به دریای مازندران مُتَصِل می‌کرد، احداث شد. همچنین مؤسسات و مراکز صنعتی مُتعَددی در ایران به وجود آمدند. «کشفِ

سِپُرد	he relegated
تقلید	کپی کردن
قوت	قدرت
شوسه	خاکی
راه‌آهن	rail way
مُتعَدِدی	زیادی

درس سی و چهارم — تمرین کلاسی

حجاب» یا برداشتن حجاب یکی از اقدامات «رضا شاه» بود که با مخالفت روحانیون مواجه شد.

نکته ۱۱: ....
نکته ۱۲: ....
نکته ۱۳: ....
نکته ۱۴: ....
نکته ۱۵: ....

تمرین ۸: بر اساس نکات ۱ تا ۱۵ خلاصه‌ای کوتاه بنویسید.

_____
_____
_____
_____
_____
_____
_____
_____
_____
_____

تمرین ۹: گوش کنید و زیر کلماتی که فعل یا مصدر فعلی هستند، مانند مثال، خط بکشید (منبع ۲۱، ۳۴، ۱۸).

طرح «کشف حجاب» یا برداشتن حجاب توسط «رضا شاه» اجرا شد. «رضا شاه» در سفری به کشور ترکیه با «آتاتُرک» دیدار کرد و تحت تأثیرِ حضور پُررنگ زنان در اجتماع قرار گرفت و تصمیم گرفت تا طرح‌هایی را برای ورود بیشتر زنان به اجتماع سُنَتی و مذهبی ایران آن زمان **به اجرا بگذارد**. به عنوان مثال، وی با دستوری خواستار آن شد که زنان در **مَجامع عُمومی**، مثلاً در مدارس، دانشگاه‌ها و ادارت دولتی، بدون حجاب ظاهر شوند. وی همچنین به وزیر **مَعارفش** دستور داد تا کانونی برای بانُوان روشنفکر و فعالان اجتماعی تأسیس کند تا زنان را به کنار گذاشتن حجاب تشویق نمایند. **به مُرور**، زنان بی‌حجاب در **اَنظار** عمومی مشاهده شدند و مردان و زنان، لباس‌هایی به سبک مردم اروپا بر تن کردند. تا این که در روز ۱۷ دیماه سال ۱۹۳۶ دستور رسمی به «کشف حجاب» داده شد و مأمورین پلیس با زنان باحجاب در **مَعابر** عمومی برخورد کردند.

به اجرا گذاشتن	اجرا کردن
مَعارِف	فرهَنگ
به مرور	کم کم
مَجامِع	مکان‌ها
عُمومی	public
اَنظار	جلوی چشم
مَعابِر	جای عُبور
اِجبار	زور
به حاشیه راندن	to marginalize
تَبعیض	discrimination
مُتِجَدِد	مُدِرن

این شیوه‌ی **اجبار** به برداشتن حجاب با مخالفت برخی زنان و روحانیون مُواجه شد و برخی از زنانی که در خانواده‌های بسیار مذهبی و سُنَتی زندگی می‌کردند، از بیرون رفتن از خانه‌هایشان دوری می‌کردند و مدتی خانه‌نشین شدند. تا این که «رضا شاه» در سال ۱۹۴۱ از سلطنت کناره‌گیری کرد و پسرش «محمدرضا» جانشین وی شد. در زمان «محمدرضا شاه»، در مورد حجاب زنان سخت‌گیری نشد و زنان در مورد حجاب حقِ انتخاب یافتند. لیکن زنان باحجاب که بیشتر از خانواده‌های سنّتی و بعضاً فقیر جامعه بودند، **به حاشیه رانده می‌شدند** و به خاطر پوشش چادر خود در اجتماع مورد **تَبعیض** قرار می‌گرفتند.

تمرین ۱۰: مستند کوتاهی از بی بی سی فارسی ببینید و با پاسخ به پرسش زیر در کلاس گفتگو کنید.

۱. آیا این فیلم به متن بالا شبیه است؟

۲. چه شباهت یا تفاوتی در بیان داستان «کشف حجاب» با متن بالا دارد؟

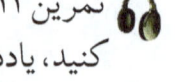

تمرین ۱۱: به اظهار نظر دو بانوی ایرانی که شاهد اجرای طرح «کشف حجاب» در سال **۱۹۳۶** بوده‌اند گوش کنید، یادداشت بردارید و سپس به پرسش‌های زیر به طور شفاهی در کلاس پاسخ دهید.

۱. آیا نظر خانم «شیرازی»[۳] راجع به «کشف‌حجاب» مثبت بود یا منفی؟ ....

۲. آیا «کشف‌حجاب» از نظر ایشان اجباری بود؟ ....

۳. به نظر ایشان، آیا برداشتن حجاب بهتر است یا پوشیدن آن؟ چرا؟ ......

۴. آیا خانم شیرازی با نظر امام جمعه در مورد «لکه‌ی ننگ بودن روز کشف‌حجاب» موافق بود؟ ....

۵. آیا نظر خانم «سلطانی» راجع به «کشف حجاب» مثبت بود یا منفی؟ ......

۶. آیا همه‌اش جشن بوده یا این‌که مردم از پلیس کتک هم خورده بودند؟ ....

۷. به نظر ایشان، آیا «کشف‌حجاب» اجباری بود؟ ....

۸. به نظر ایشان، برداشتن حجاب بهتر است یا پوشیدن حجاب؟ ....

- کدام نظرات خانم شیرازی و سلطانی باهم مشابه است؟ ....
- کدام نظرات خانم شیرازی و سلطانی با هم متفاوت است؟ ....
- آیا نظر امام‌جمعه و خانم شیرازی در مورد طرح «کشف حجاب» مشابه است یا متفاوت؟ ....
- با توجه به دو مصاحبه‌ای که گوش کردید، در مورد طرح «کشف حجاب» نظر شخصی خود را بنویسید؟ ....
....
- نظر شما مشابه یا متفاوت با کدام نظر در بالا است؟ ....

رِژه	marching
نِجابَت	پاکی
قِید و بَند	مَحدودیّت
مَخمَل	velvet
پاسِبان	پلیس
وکلا	وکیل‌ها
مُصیبَت	بدبَختی
رئیس الوزراء	نخست وزیر
دارالوکاله	دفتر وکالَت

[۳] عکس‌ها آرشیوی است و مربوط به مصاحبه‌شوندگان نیست. مصاحبه‌ها از بی بی سی فارسی است.

درس سی و چهارم　　　　محمدرضا پهلوی

خواندن ۳: بخوانید و به پرسش‌های زیر پاسخ دهید (منبع ۱۸، ۲۱، ۳۴، ۱۰).

بعد از وقوع جنگ دوم جهانی در سال **۱۹۳۹**، مُتَفِقین حضور شماری از آلمان‌ها را در ایران **بهانه** قرار دادند و ایران را به **اشغال** خود در آوردند. آن‌ها «رضا شاه» را مجبور کردند که **به نفعِ** پسرش «محمدرضا»، از قدرت کناره‌گیری کند و سپس او را از کشور **تَبعید** کردند. سپس با ارسال **آذوقه** و اسلحه برای روس‌ها از طریق راه‌آهن تازه تأسیس شده‌ی ایران، از شکست روس‌ها در برابر آلمان‌ها جلوگیری کردند. جنگ جهانی دوم مانند جنگ جهانی اوّل، به اقتصاد و جامعه‌ی ایران خِسارت‌ها و آسیب‌های زیادی وارد کرد. مردم ایران طی آن سال‌ها با کمبود و گرانی شدید مواد غذایی، مخصوصاً نان، روبه رو شدند و عده‌ی زیادی بر اثر گرسنگی **جان سپردند**. در سال‌های نخستِ سلطنت «محمدرضا شاه» جوان و پس از **رَفع** آثار جنگ جهانی دوم، برای نمایندگان مجلس شورای ملی، وزیران و روشنفکران فرصتی به وجود آمد که در اداره‌ی امور کشور نقش مؤثرتری داشته باشند. **احزاب** سیاسی، **مطبوعات** و نویسندگان دوباره فعّالیت خود را آغاز کردند. شاعران این دوره از جمله «سیمین بهبهانی، مهرداد اَوستا، ابراهیم صهبا، مهدی اخوان ثالث، سهراب سپهری، احمد شاملو، فروغ فرخزاد، و فریدون مشیری» با بهره‌گیری از سبک شعر نوی فارسی، **مضامین** تازه‌ی اجتماعی و سیاسی را در اشعار خود به کار بردند. داستان‌نویسان این دوره مانند «صادق هدایت، صادق چوبک، جمالزاده، جلال آل احمد، سیمین دانشوَر، احمد محمود، بزرگ عَلَوی، محمود دولت آبادی» نیز به **اشاعه**‌ی روشنفکری و خلق آثار بی‌نظیری در ادبیات داستانی فارسی پرداختند.

بهانه	excuse
اِشغال	گرفتن
به نَفعِ	برایِ
تَبعید کردن	to exile
جان سِپُردن	مُردن
رَفع	از بین بردن
احزاب، حزب‌ها	parties
مَطبوعات	روزنامه‌ها
مَضامین	معنی‌ها
اشاعه	گسترش
خَلق	ایجاد کردن

۱. علت اشغال ایران در زمان جنگ جهانی دوم چه بود؟ ....

۲. چه چیزی به پیروزی متفقین در جنگ جهانی دوم کمک کرد؟ ....

۳. چرا در اوایل سلطنت شاه، احزاب سیاسی و مطبوعات توانستند دوباره فعالیت کنند؟ ....
....

۴. علت بی‌نظیر بودن داستان‌های ادبی این دوره چیست؟ ....
....

درس سی و چهارم — ملی شدن نفت و دکتر مصدق

خواندن ۴: بخوانید و نمودار صفحه بعد را پر کنید (منبع ۱۸، ۲۱، ۳۴).

یکی از رویدادهای مهم تاریخ مُعاصر ایران، **ملّی** شدنِ صَنعت نفت است. **امتیازِ** بهره‌برداری از منابعِ نفت ایران در زمان «مُظفرالدین شاه» به انگلیسی‌ها واگُذار شده بود. «رضا شاه»، این امتیاز را ابتدا **لغو** کرد اما خیلی زود تحت قرارداد دیگری، بهره‌برداری از منابع نفت ایران را دوباره به انگلستان واگذار کرد. در سال‌های بعد از جنگ جهانی دوم، مردم ایران خواهان لغو آن قرارداد و ملی شدن نفت بودند.

«دکتر محمد مُصَدِق»، رهبری نِهضَت ملّی شدن صنعت نفت را به عُهده گرفت و روحانیونی مانند «آیت‌الله کاشانی»، اعضای جبهه‌ی ملّی و حزب توده از او حمایت کردند. مجلس شورای ملی نیز با مشاهده‌ی اتحاد و یک‌دلی مردم، قانون ملی شدن نفت را **تَصویب** کرد. پس از آن، دکتر «مصدق»، نخست وزیر شد و خود از پرونده‌ی شکایت انگلیس از ایران در دادگاه بین‌المللی «**لاهه**»، دفاع کرد و به این ترتیب، با وجود مخالفت دولت انگلیس، نفت ایران ملّی شد.

دولت انگلیس که از این مسأله خشمگین بود، خرید نفت ایران را در بازارهای بین‌المللی **تَحریم** کرد. دولت «مصدق»، به دلیل فِشار اقتصادی حاصل از این تحریم، **اختلاف** با اسلامگرایان به رهبری «آیت‌الله کاشانی»، و درگیری **توده‌ای**‌ها با حامیان شاه، با بحرانی اقتصادی و اجتماعی مواجه شد. آمریکا و انگلیس با سوءاستفاده از این موقعیت و جلبِ حمایت شاه، طرح کودتای ۲۸ مرداد ۱۹۵۲ را به رهبری سازمان «**سیا**» و با نام عملیاتی «اِی جَکس» برای **سَرنگونی** دولت «مصدق» اجرا نمودند.

شاه «مصدق» را **عَزل** و ژنرال «زاهدی» را نخست وزیر کرد. «زاهدی» هم به «محمدرضا شاه»، **اختیارات** بیشتری داد. «مصدق» به جرم خیانت و حمایت از نظام کمونیستی، زندانی شد و شاه که از ایران به ایتالیا رفته بود، به ایران بازگشت.

پس از این واقعه، شاه با حمایت آمریکا، نفت ایران را به کُنسِرسیومی **چندمِلیَتی** سِپُرد و به تحریم اقتصادی انگلیس پایان داد. سپس سازمان اطلاعات و امنیت کشور یا «ساواک» را برای تَثبیت قدرت خود تأسیس کرد. این کار وی، باعث بسته شدن دوباره‌ی فضای سیاسی ایران و امنیتی شدن آن شد.

امتیاز	concession
لَغو	کَنسِل
تَصویب کردن	to approve
لاهه	The Hague
مِلّی شدن	to nationalize
تَحریم	sanction
اختِلاف	مخالفت
توده‌ای	کمونیست
سیا	CIA
عَزل کردن	to dismiss
سرنگونی	از بین بردن
اختیارات	قدرت
چندمِلیّتی	چند کشور
سِپُردن	دادن

درس سی و چهارم — تکلیف

تمرین ۱۲: جاهای خالی را طبق متن صفحه‌ی قبل، پرکنید.

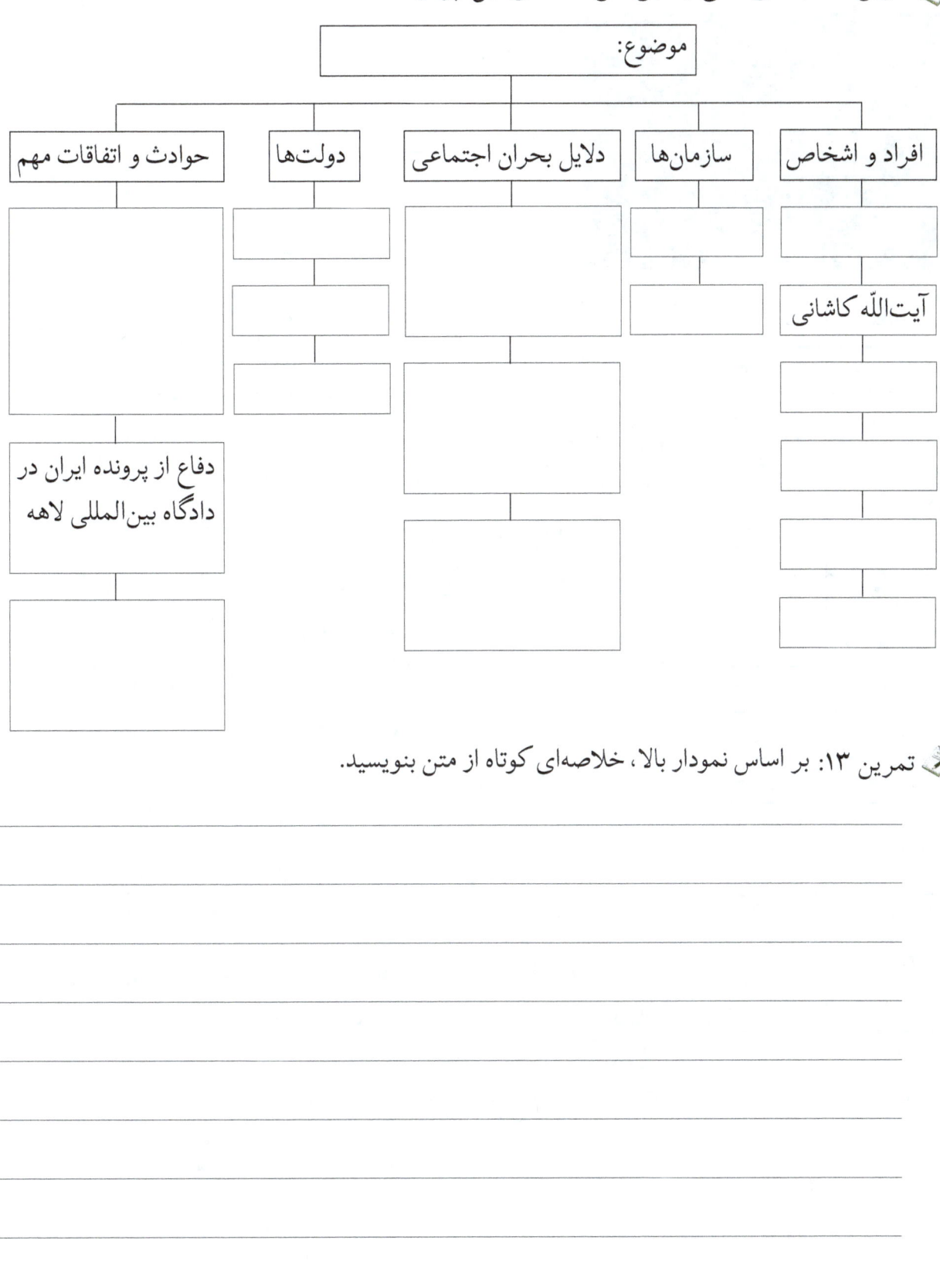

تمرین ۱۳: بر اساس نمودار بالا، خلاصه‌ای کوتاه از متن بنویسید.

_____
_____
_____
_____
_____
_____
_____
_____

تمرین ۱۴: مستند کوتاهی ببینید و به پرسش‌های زیر پاسخ دهید (منبع ۱۸، ۲۱، ۳۴).

اصلاحات	reforms
ارضی	زمینی
مالِک	زمین‌دار
تَرویج	گُسترِش
تَبعید	exile
اِعتِصاب	strike
رُشد	زیاد شدن
شورِش	اِعتِراض
تَظاهُرات	protest
خُنثی کردن	neutralize
کَسری	کم شدن
مُهاجِرت	به خارج رفتن
سَرنِگونی	شکست
خَلاء	vacuum
فِساد	corruption
وابسته	dependent
غارت	looting
مَطبوعات	media

۱. پس از کودتای ۲۸ مرداد، ثُبات سیاسی به ایران بازگشت.

الف) درست　　　ب) نادرست

۲. انقلاب سفید شاه، در ابتدا چند اصل داشت؟

الف) ۶　　　ب) ۸　　　پ) ۱۹

۳. اصل اول در مورد اصلاحات ارضی چه بود؟

الف) دادن زمین به کشاورزان

ب) دادن زمین به مالِکان

۴. پول انجام اصل اول اصلاحات ارضی از کجا تأمین می‌شد؟

الف) از درآمد صادرات نفت　　　ب) از فروش کارخانه‌های دولتی

پ) از مالیات‌ها بر درآمد　　　ت) از ملّی کردن آب‌های کشور

۵. علت اصلی مخالفت روحانیون با اصلاحات شاه چه بود؟

الف) فروش زمین‌های کشاورزی مالکان بزرگ به زنان

ب) خارج شدن کنترل زمین‌های وقفی و حق رأی به زنان

پ) حق رأی به زنان و وقف زمین به مالکان

۶. کدام یک از اصول زیر جز اصلاحات شاه نیست؟

الف) دادن حق رأی به زنان　　　ب) ایجاد سپاه دانش

پ) ایجاد سپاه تَرویج و آبادانی　　　ت) ایجاد سپاه و ارتش نظامی

۷. آیت‌الله خمینی در چه تاریخی دستگیر شد؟

الف) ۱۵ خرداد ۱۹۶۳　　　ب) ۲۸ مرداد ۱۹۵۲

۸. چند دلیلِ شکست برخی از اصول اصلاحات شاه کدام بود؟

الف) مهاجرت به شهرهای بزرگ، نافرمانی مدنی، اعتصاب و فساد اداری

ب) نافرمانی مدنی، اعتصاب، مخالفت روحانیون، رشد بالای اقتصادی

پ) اعتصاب و نافرمانی، مخالفت مردم، فساد اداری و رشد بالای اقتصادی

۹. دو حادثه‌ی مهمی که به انقلاب اسلامی سرعت بخشید، کدام‌ها بود؟

الف) سینما رِکس آبادان و جمعه‌ی سیاه

ب) سینما رِکس آبادان و کودتای ۲۸ مرداد

پ) جمعه‌ی سیاه و انقلاب در ۲۲ بهمن ۱۹۷۹

درس سی و چهارم   انقلاب اسلامی

خواندن ۵: ابتدا متن زیر را بخوانید و به چند پرسش کوتاه پاسخ دهید (منبع ۱۸، ۲۱، ۳۴).

۱۲ بهمن‌ماه ۱۳۵۷، آیت‌الله خمینی پس از سال‌ها تبعید، از فرانسه به ایران بازگشت. «محمدرضا شاه پهلوی»، دو هفته پیش از بازگشت آیت‌الله خمینی، ایران را تَرک کرده بود. آیت‌الله خمینی پس از ورود به ایران در «بهشت‌زهرا»، سخنرانی کرد و حکومت پهلوی و دولت و مجلس آن را غیرقانونی اعلام کرد. وی ادعا کرد که اقتصاد ایران به غرب **وابسته** شده است و نفت ایران توسط آمریکا و اسرائیل **غارت** می‌شود. آیت‌الله خمینی **مَطبوعات**، رادیو تلویزیون و رسانه‌ها را غیر اسلامی خواند و وعده داد که همه اداره‌های دولتی را اسلامی کند.

در پایان، وی به ارتش توصیه کرد که با مردم و انقلاب متحد شود و از دولت اطاعت نکند. ده روز پس از ورود وِی، ارتش از مداخله در مناقشات سیاسی کناره‌گیری کرد و دولت منحل شد و انقلاب به پیروزی رسید. سپس اولین دولت موقت جمهوری اسلامی ایران به نخست وزیری مهندس «بازرگان» که از اعضای نهضت آزادی ایران بود، تشکیل شد. دولت موقت شش ماه پس از تشکیل به دلیل واقعه گروگانگیری دیپلمات‌های آمریکایی در تهران، استعفا داد.

تمرین ۱۵: حال به پرسش‌های زیر پاسخ دهید.

۱. آیت‌الله خمینی در کدام کشور در تبعید بود؟ ....

۲. استدلال آیت‌الله خمینی درباره غیر قانونی بودن حکومت پهلوی چه بود؟ ....

....

۳. چرا وی به ارتش توصیه کرد از دولت وقت، اطاعت نکند؟ ....

....

۴. چه زمانی انقلاب اسلامی به پیروزی رسید؟ ....

....

۵. چرا دولت موقت به نخست وزیری مهندس بازرگان استعفا داد؟ ....

....

تمرین ۱۷: دو فیلم مستند کوتاه درباره حادثه‌ی گروگانگیری دیپلمات‌های آمریکایی در ایران ببینید و نکات مهم آن‌ها را یادداشت کنید. در پایان، گزارشی مختصر از دو فیلم بنویسید. در گزارش خود، دو روایت از واقعه گروگانگیری را با هم مقایسه کنید.

۱. روایت اول مستند بی‌بی‌سی فارسی از آقای «جان لیمبرت»، کارمند سابق سفارت آمریکا در ایران است که طی اشغال سفارت آمریکا توسط دانشجویان خط امام در چهارم نوامبر سال ۱۹۷۹ به گروگان گرفته شد و مدت ۴۴۴ روز در ایران بود.

۲. روایت دوم از سایت «آیت‌الله خامنه‌ای» است که در هنگام گروگان‌گیری، امام جمعه تهران و رابط بین آیت‌الله خمینی و دانشجویان انقلابی بود.

https://www.youtube.com/watch?v=kM_SUkAlv9U

درس سی و چهارم جنگ ایران و عراق

خواندن ۶: مقاله‌ی زیر را بخوانید و زیر نکات مهم آن خط بکشید. سپس تمرین بعد را انجام دهید (متن این مقاله اقتباس و خلاصه‌ای از مقالات منابع شماره ۳۸، ۳۹ و کتاب شماره ۲۱ است).

تابستان سوزان سپتامبر ۱۹۸۰ در حال پایان بود که به ناگاه میگ‌های عراقی به فرودگاه‌ها و **حَریم هوایی** جمهوری اسلامی ایران **تَجاوز** کردند. ده‌ها شهر ایران هدف حملات عراقی‌ها قرار گرفت. پس از این تجاوز، خلبانان **وَرزیده‌ی** ایرانی با استفاده از **تَجهیزات** پیشرفته‌ی آمریکایی که از زمان شاه برای ایران باقیمانده بود، به برخی اهداف استراتژیک عراق حمله کردند. جنگی که این چنین آغاز شد، برخَلافِ **ارزیابی** عراقی‌ها که انتظار جنگی کوتاه و سریع داشتند، ۸ سال به طول انجامید و به جنگی **فَرسایشی** تبدیل شد، تا جایی که تمام نیروهای دو طرف را به تحلیل برد.

مهمترین **مُحَرِک** عراق برای حمله به ایران، **ریشه** در اختلافات مرزی دو کشور از زمان پیش از انقلاب داشت. بعد از پیروزی انقلاب، درگیری‌های مَرزی به تدریج گُسترده‌تر شده بود. **لَغو** یک‌جانبه‌ی قرارداد ۱۹۷۵ اَلجَزایر توسط صدام حسین و اعلام بازگشت شَطُ‌العَرَب (اروند رود) به **حاکِمیّت** عراق، نشان از بروز جنگی **تمام‌عَیار** داشت.

دولت عراق وضعیت ایران انقلابی را به اشتباه، کشوری **مُتِشَنِج** و بی‌ثُبات با ارتشی **بی‌روحیه**، پراکنده و بی‌انگیزه ارزیابی کرد. عراقی‌ها **تَصفیه‌ی** فرماندهان کارآزموده‌ی ارتش ایران و **هَرج و مَرج** دوران انقلاب را از جمله دلایلی می‌دیدند که در صورت حمله‌ی ارتش عراق به شکست سریع ایران منجر می‌شود. از دید بغداد، بُحران گِروگان‌گیری کارکُنان سفارت آمریکا در تهران که **عَواقِب وَخیم** سیاسی و **تَحریم**‌های تَسلیحاتی شدیدی را به دنبال داشت، ایران را **مُنزَوی** و در برابر حمله‌ای نظامی شِکننده کرده بود.

رهبران عراق از تاریخ درس نگرفته بودند که نباید به کشوری انقلابی حمله کرد، زیرا انقلاب نتیجه حُضور گسترده مردم در صَحنه‌ی سیاسی است. گرچه برتری توان نظامی عراق بر نیروهای ایرانی در ابتدا پیروزی‌هایی را نَصیب عراق کرد اما این موفقیت‌ها کوتاه‌مَدت بود و به سرعت به جنگی فَرساینده تبدیل شد. پیروزی فَرضی به **کابوسی** برای دولت عراق تبدیل شد که زیرساخت‌های دو کشور را کاملاً نابود کرد. کمبود استراتژیست‌های نظامی در ایران را ازجان‌گُذشتگی و دفاع از میهَن، به همراهی عشق و دفاع از اسلام و وجود رهبری کاریزماتیک تا حدودی جبران کرد.

ولی ایران در برابر حمایت کشورهای غربی، عربی و کشور شوروی از عراق،

حَریمِ هوایی	airspace
تَجاوُز	invasion
وَرزیده	باتجربه
تَجهیزات	equipment
اَرزیابی	assessment
فَرسایِشی	erosive
مُحَرِک	motive
ریشه	root
لَغو	cancellation
حاکِمیّت	sovereignty
تمام‌عَیار	کامل
مُتِشَنِج	shaky
بی‌روحیه	low morale
تَصفیه	purge
هَرج و مَرج	anarchy
عَواقِب وَخیم	bad consequences
تَحریم	sanction
مُنزَوی	isolated
کابوس	nightmare

تنها بود. در این میان، **شورای امنیت** سازمان مِلَل، در خلال سال‌های جنگ چند **قَطعنامه** به **تَصویب** رساند و در آن‌ها با اظهار نگرانی از ادامه برخورد دو کشور، خواستار **آتش‌بَس** و **عَقب‌نِشینی** نیروها به مرزهای **بینُ‌المِلَلی** و تلاش در جهت دستیابی به راه‌حلی جامِع بر اساس اصول منشور مِلَل مُتَحِد شد. در ابتدا، دولت ایران این قطعنامه‌ها را نَپَذیرفت و اعلام کرد ایران تا **تَحَقُق** خواست‌های خود به دفاع **مَشروع** خود ادامه خواهد داد.

با شروع جنگ **نَفتکِش‌ها** و انهدام چند سکوی نفتی ایران در خلیج فارس و ورود مستقیم آمریکا و برخی کشورهای غربی به این منطقه‌ی حَساس و **مُتِعاقِب** آن، استفاده‌ی گسترده‌ی صدام از سِلاح‌های **شیمیایی**، جامعه‌ی جهانی برای تَوَقُف جنگ به دو کشور فشار بیشتری وارد کرد تا این که در روز ۱۲ تیر ۱۹۸۸، ناو آمریکایی **مُستَقَر** در خلیج‌فارس، به نام «وینسِنس»، هواپیمای مسافربری ایرباس ایران را با موشک خود هدف قرار داد. در این حادثه، همه ۲۹۰ سَرنشین هواپیما کشته شدند.

آمریکا از این اقدام ابراز تأسف کرد اما این حادثه در ایران به این حس دامن زد که آمریکا ممکن است به طور مستقیم وارد این منازعه شود. دو هفته بعد، جمهوری اسلامی ایران قطعنامه ۵۹۸ سازمان ملل را پذیرفت و مدتی بعد آتش‌بس برقرار شد و دو کشور به مبادله‌ی **اسیران** خود پرداختند. این جنگ میلیاردها دلار خِسارت و میلیون‌ها کشته، **جانباز** و **مَفقودُالاَثَر** بر جای گذاشت.

شورای امنیّت	Security Council
قَطعنامه	resolution
تَصویب	approval
آتش‌بَس	cease-fire
عَقب‌نِشینی	withdrawal
بینُ‌المِلَلی	international
تَحَقُق	fulfillment
مَشروع	legitimate
نَفتکِش	oil tanker
مُتِعاقِب	following
شیمیایی	chemical
مُستَقَر	deployed
اسیر	prisoner of war
جانباز	veteran
مَفقودالاَثَر	missing (in action)

گفتگو: در گروه‌های دو یا سه نفره راجع به جنگ بین ایران و عراق بیشتر تحقیق کنید و با مطرح کردن پرسش‌های زیر بحث و گفتگو کنید. با راهنمایی استادتان می‌توانید این بحث را به شکل مُناظِره انجام دهید.

۱. به نظر شما، آیا دلایل ذکر شده در متن بالا درباره‌ی حمله‌ی عراق به ایران قابل توجیه بوده است؟ آیا منابع دیگری در ارتباط با انگیزه‌ی اصلی «صدام حسین» برای حمله به ایران یافتید؟ این منابع چه ادعاهایی را مطرح می‌کنند؟ آیا می‌توان درستی این ادعاها را ثابت کرد؟

۲. چرا این جنگ پیروزی نداشت؟ برخی بر این باورند که اگر غرب و برخی کشورهای عربی از عراق حمایت نمی‌کردند، ایران پیروز این منازعه بود. شما در این رابطه چه نظری دارید؟

۳. برای جلوگیری از جنگ‌های فرساینده‌ای که نتیجه‌ای جز خسارات جانی و مالی و نابودی زیرساخت‌های کشورهای درگیر در برندارد، چه اقداماتی می‌توان کرد؟ نقش سازمان ملل و جامعه‌ی بین‌المللی چه باید باشد؟

درس سی و چهارم — تکلیف

تمرین ۱۸: با توجه به آن چه که تاکنون درباره تاریخ معاصر ایران خواندید، انشای کوتاهی در سه بند بنویسید و در آن به پرسش‌های زیر پاسخ دهید.

۱. پایه و بنای انقلاب اسلامی از چه زمانی گذاشته شد؟ چرا؟

۲. به نظر شما، محمدرضا شاه چگونه باید با مخالفانش رفتار می‌کرد؟

۳. مردم برای دستیابی به آزادی‌های مدنی بیشتر چه کارهایی باید بکنند؟ چرا؟

درس سی و چهارم	متن فایل‌های صوتی

فایل صوتی، متن مصاحبه خانم شیرازی:

هفدهم دی سال ۱۳۱۴ بود. من به خاطر دارم که اول پس از اینکه ادارات و جاهای دولتی هر شب جشن داشتند و خانم ها با کلاه‌های شیک، لباس‌های شیک می‌رفتند به آنجا و بسیار واقعاً دیدنی بود. بچه‌های دانشجو و دبستان و دبیرستانی، تمام با لباس‌های اونیفرم یک رنگ و کلاه‌های خیلی قشنگ دستبافت، همه در خیابان زَند رِژه رفتند و روز شادی‌آفرینی بود برای مردم شیراز و همه خوشحال بودند به‌خصوص خانم‌ها که از این گرفتاری نجات پیدا کردند.

ـ خانم شیرازی، ببینید بعضی ها می گویند که این کشف حجاب باعث شد که خیلی از خانم‌ها اصلاً از خانه‌شان نیایند بیرون. در این مورد چی فکر می کنید شما؟

خوب، بعداً خانم یه عده خانم‌های مُسِن بودند که از نظر دین و مذهب مثلاً، سخت‌شان بود بیایند، ولی بعداً همه‌ی این‌ها یواش‌یواش آمدند بیرون؛ از جمله مادران ما، مادربزرگان ما. اول با کلاه می‌آمدند؛ با روسری می آمدند؛ بعد وقتی دیدند عُمومی شد، می‌آمدند بیرون و قیدوبَند و بگیروببَندی هم برایشان نبود. هرکس هرچه دلش می‌خواست ـ کما اینکه این آخر شاید شما خودتان هم دیدید که یکی با چادر می‌آمد یکی با روسری می‌آمد؛ یک عده باحجاب. هیچ مشکلی نبود.

ـ درمورد اینکه مثلاً مجبور کردن خانم‌ها اصولاً، چه به پوشیدن حجاب و چه به برداشتن حجاب، اگر این دو تا را باهم مقایسه کنید چه فکر می‌کنید؟

والا من فکر می‌کنم که برداشتنش بهتر بود. برای اینکه خانم‌ها توانستند در تمام ادارات راه پیدا کنند؛ از نظر تحصیلات پیشروی کنند؛ به وکالت، به وزارت، به جاهای بالا در تمام ادارات رسیدند و زندگی کردند. تمام این دانشگاه‌ها، استادهای دانشگاه، ... بسیار خوب بود.

ـ خوب حالا یک امام جمعه‌ای امروز گفته‌اند که کشف حجاب یک لکه‌ی ننگی بوده بر دامن جامعه که با انقلاب اسلامی این لکه‌ی ننگ پاک شده است. شما چی می‌خواهید جواب بدهید؟

والا من نمی‌توانم این را تأیید کنم برای اینکه برداشتن حجاب، هیچ کاری به دین و مذهب و نجابَت و انسانیّت ندارد. در صورتی که، اگر آدم بی‌حجاب بود، بهتر همه می‌شناسندش و به خیلی کارها می‌تواند اعتراض کند.

فایل صوتی، متن مصاحبه خانم سلطانی:

یادم است که پدرم را دعوتش کردند به کانون وکلا. باید تمام وزراء و این‌ها، اول خانم‌هایشان را بردارند ببرند در آن جای رئیسُ الوُزَرا و فلان که مهمانی داده بود یا در کانون وکلا که مثلاً پدرم بود که ما با پدرمان بودیم. آن وقت مادرم این‌ها را ـ زمستان هم بود که می‌دانید ۱۷ دی ـ پالتوی مَخمَل پوشیده بودم با کلاه مخمل. ما هم که همراهشان بودیم که ـ بچه سال بودیم و حالا ۱۶ یا ۱۷ سال بیشتر نداشتیم ـ کلاه حصیری بزرگ با گلی بغلش. بعد هم در خیابان‌ها هرکس که چادرش را برنمی داشت، با باتوم، پاسبان‌ها می‌زدند توی سرشان و چادرهایشان را از سرشان می‌کشیدند و نمی‌گذاشتند دیگر. فقط همین کلاه می‌گذاشتند همه وقتی سرشان بود و این‌ها ...

ـ خوب، شما خودتان یک صحنه‌ی این جوری را دیدید؟

بله. صحنه‌ها را می‌دیدیم در خیابان.

ـ خوب، یک عده‌ی زیادی به همین دلیل، به خاطر این که مجبور بودند حجاب را بردارند، احتمالاً هیچ وقت از خانه‌هایشان بیرون نیامدند. درست است این حرف؟

خوب خیلی پیرزن‌هایشان البته. والا، مثلاً ببینید مادر من با پدرم مجبور بود برود کانون وکلا. اگر نمی‌رفتند خوب برایشان مُصیبَت بود دیگر. باید حتماً می‌رفتند. و خوب، ممکن بود ذاتاً هم میل نداشته باشند که این کار را بکنند ولی انجام می‌دادند.

ـ شما ۱۷ یا ۱۸ سالتان بود. روز هفدهم دی ماه تا قبل از آن روز باحجاب بودید و از فردای آن روز بی‌حجاب شدید؟

ما که پدرم روشنفکر بود و می‌دانم دوست نداشت ماها چادر سر کنیم. به همین دلیل هم، از قبل از این که حجاب‌بردای بشود، ما را برد به خیابان ارگ. آنجا، دارالوکاله‌اش هم آنجا بود و ما را هم برد آنجا و خانه‌ی رکن‌المُلک را اجاره کرد و ما را برد آ نجا که بی‌حجاب باشیم اصلاً.

درس سی و پنجم

ادبیات فارسی معاصر

درس سی و پنجم — ادبیات فارسی معاصر

۱. کدام یک از شاعران یا نویسندگان **مُعاصِر** فارسی‌زبان را می‌شناسید؟

۲. دوره‌ی جدید ادبیات فارسی از چه زمانی آغاز می‌شود؟

۳. درباره‌ی شعر نوی فارسی چه می‌دانید؟

۴. کدام داستان کوتاه یا رُمان فارسی را خوانده‌اید؟

خواندن ۱: متن زیر را بخوانید و برای آن عنوانی مناسبی پیشنهاد کنید.

عنوان: ....

نیما یوشیج - پدرِ شعر نو

دِهخُدا - طنزنویس

جَمالزاده - نویسنده

تَغییرات پُرشتابِ سیاسی، اجتماعی، فرهنگی و آشنایی با ادبیات غرب، **تَحولاتی** بزرگ در جامعه سنّتی ایران به وجود آورد. این تَحولات در ادبیات داستانی، **طَنز** و **نَشریات** فارسی با ظُهور و آمدن چهره‌هایی مانند «مَراغه‌ای، طالبوف، دِهخُدا و جَمالزاده» شکل گرفت و توسط نویسندگانی مانند: «صادق هدایت، سیمین دانشور، محمود دولت آبادی، صَمد بِهرنگی، جلال آل احمد و صادق چوبک» به اوج خود رسید. شعر فارسی نیز با ظهور شاعرانی مانند: «نیما یوشیج»، صاحبِ سَبکی جدید به نام «شعر نو» شد که در کنار شعر **پُرتَوانِ** سنّتی، به ادبیات فارسی جانِ تازه‌ای بخشید. «شعر نو»، قالبی جدید و نزدیک به زبان زنده داشت و بیشتر به مسایل اجتماعی و فرهنگیِ روزِ جامعه می‌پَرداخت و به‌تَدریج از **مَضامینِ** انقلابی، فلسفی، دینی، آزادی‌خواهانه، عشقی و عِرفانی نیز استفاده کرد. شاعرانی مانند «شاملو، اَخوان ثالِث، فُروغ فَرُخزاد، مُشیری و سُهراب سِپهری»، شعر نو را به اوج خود رساندند.

مُعاصِر	contemporary
پُرشتاب	تُند، سَریع
سَبک	style
تَحول	تغییر
طَنز	خنده‌دار
نَشریات	روزنامه‌ها، مَجلات
پُرتَوان	قوی
مَضامین	معنی‌ها، مَفاهیم
انقِلابی	revolutionary

درس سی و پنجم		تمرین کلاسی

تمرین ۱: ابتدا گوش کنید و جاهای خالی را پر کنید. سپس به چند پرسش پاسخ دهید.

آب را گِل نکنیم:
در **فُرودست** اِنگار، **کفتَری** می‌خورد آب.
یا که در **بیشه‌ی** دور، **سیره**‌ای پَر می‌شوید.
یا در آبادی، **کوزه**‌ای پُر می‌گردد.
آب را گِل نکنیم:
شاید این .... روان، می‌رود پای **سِپیداری**، تا فرو شوید **اندوهِ** دلی.
دستِ دَرویشی شاید، .... خُشکیده فرو بُرده در آب.
زن زیبایی آمد لبِ رود،
آب را گِل نکنیم:
روی زیبا .... شده است.
چه **گُوارا** این آب!
چه **زُلال** این ....!
مردم بالادست، چه **صَفایی** دارند!
چِشمه‌هاشان جوشان، گاوهاشان شیرافشان **باد**!
من ندیدم دِهِشان،
بی گُمان پای **چَپَر**هاشان، جا پای خُداست.
ماهتاب آنجا، می‌کند روشن پَهنای کلام.
بی‌گمان در **دِه** بالادست، **چینه**‌ها .... است.
مَردُمش می‌دانند، که **شَقایق** چه گُلی است.
بی‌گمان آن جا «آبی»، .... است.
غُنچه‌ای **می‌شِکُفَد**، اهل دِه باخَبرند.
چه دِهی باید باشد!
کوچه‌باغش پُرِ .... **باد**!
مردمانِ سَرِ رود، آب را می‌فهمند.
گِل نکردندش، ما نیز
آب را گِل نکنیم.		«سُهراب سِپهری»

گِل	mud
فُرودست	پایین
کفتَر	pigeon
بیشه	pond
اندوه	غَم، ناراحتی
گُوارا	خوش طَعم
زُلال	شَفّاف، تمیز
صَفا	truehearted
چِشمه	spring water
بی‌گُمان	no doubt
دِه، آبادی	village
غُنچه	sprout
می‌شِکُفد	it blooms
باد، باشد	may it be

چَپَر، کَپَر

چینه، دیوار

کوزه

سیره، سِهره

شَقایِق

تمرین ۲: به پرسش‌های زیر پاسخ دهید.

۱. از چه **عُنصری** در این شعر بیشتر استفاده شده است؟

الف) طبیعت ب) زندگی پ) خوراک ت) لباس

۲. از چه مَضامین یا مفاهیمی در این شعر بیشتر استفاده شده است؟

الف) عشقی ب) عِرفانی پ)انقلابی ت) آزادی‌خواهانه

۳. از کدام «آرایه‌های معنایی» در این شعر بیشتر استفاده شده است؟(صفحه ۵۲ در درس ۳۳ را ببینید)

الف) تَناقُض ب) حِس‌آمیزی پ) تَضاد ت) تَشخیص

۴. جمله‌ی «شاید این آب روان، می‌رود پای سِپیداری، تا فرو شوید اندوهِ دلی» را به صورت جمله‌ای معمولی بنویسید: ....

۵. در عبارت «تا فرو شوید اندوهِ دلی»، آیا غَم و ناراحتی را با آب می‌توان شُست؟ این چه **ترکیبی** است؟

....

۶. چرا باید «آب را گِل نکنیم»؟ منظور از این عبارت چیست؟ ....

....

۷. به نظر شما، **مَنظور** از دِه «فرودست» و «بالادست» کجاست؟ ....

....

۸. چه شباهت‌ها و تفاوت‌هایی بین شعر نو و شعر سنّتی فارسی می‌بینید؟ (از نظر قافیه، مِصرَع‌ها، وزن و مفاهیم)

....

....

....

نکته‌ی دستوری: جمله‌ی دُعایی

نوعی جمله است که در آن از فعل «باد» از مصدر «بودن» و به معنی «باشد» استفاده می‌شود. این جمله نوعی **دُعا** و خواست انسانی است که به شکل آرزو بیان می‌شود. مثال:

گاوهاشان شیرافشان باد!

May their cows have abundance of milk!

این جمله‌ی دُعایی، **نمادی** از آرزوی زیاد شدن **برکت** زندگی است.

عُنصُر	element
طَبیعَت	nature
دُعا	prayer
مَنظور، هَدَف	purpose
نَماد، سَمبُل	symbol
بَرَکت	blessing

تمرین ۳: انیمیشن کوتاه «سه **قطره** خون»[1]، ساخته‌ی زنده‌یاد وحید نصیریان را از سایت آپارات یا یوتیوب ببینید و به چند پرسش زیر پاسخ دهید. این انیمیشن، **اقتباسی** از داستان کوتاه «سه قطره خون» نوشته‌ی صادق هدایت است. در تمرین صفحه‌ی بعد، این داستان را به طور کامل خواهید خواند.

۱. مکان یا زمینه‌ی داستان کجاست؟

الف) زیر درخت کاج ب) خانه پ) تیمارستان

۲. بعضی از آدم‌ها یا شخصیّت‌های فیلم، دیوانه و رَوان‌پَریش هستند.

الف) درست ب) نادرست

۳. چه حیواناتی در اَنیمیشِن دیده می‌شوند؟

الف) مرغ حَق، سگ، گُربه ب) گُرگ، گربه، سگ

پ) مرغ حقّ، کلاغ، گربه ت) بوف، کلاغ، سگ

۴. شخصیّت اصلی داستان با تفنگ یا شِشلول خود به طرف چه کسی شِلّیک می‌کند؟

الف) گربه‌ی نَر ب) مرغ حقّ پ) یک مرد

۵. گربه‌ی نَر و ماده با هم چه کار می‌کردند؟

الف) بازی ب) جُفت‌گیری پ) فرار

۶. در فیلم، چشم شخصیّت اصلی، چشم گربه‌ی نَر و کسی که دختر را می‌بوسید یک رنگ و یک شکل بود.

الف) درست ب) نادرست

drop	قَطره
blood	خون
adaptation	اِقتِباس
setting	زمینه
mental hospital	تیمارستان
pine tree	درخت کاج
character	شَخصیّت
psychosis	رَوان‌پَریش
male animal	نَر
female animal	ماده
mating	جُفت‌گیری
owl جُغد، بوف	مُرغ حَقّ

https://www.aparat.com/v/kIFjz/سه_قطره_خون

[1] «سه قطره خون»، داستان کوتاهی نوشته‌ی «صادق هدایت» است. «صادق هدایت» یکی از معروف‌ترین نویسنده‌های فارسیِ مُعاصِر است که در سال ۱۹۰۳ در شهر تهران به دنیا آمد و در سال ۱۹۵۱ در شهر پاریس در آپارتمان کوچکش با گاز خودکشی کرد. شاهکار ادبی صادق هدایت، رُمان «بوف کور» است. این رمان اولین بار در سال ۱۹۳۷ به صورت دست‌نوشته در کشور هند مُنتَشِر شد. «بوف کور» به لحاظ فُرم، بسیار شبیه به داستان کوتاه «سه قطره خون» است. صادق هدایت، نویسنده‌ای پُرکار بود و عَلاوه بر داستان‌های بسیاری که نوشت، چند داستان بزرگ را از زبان‌های دیگر به فارسی ترجمه کرد. صادق هدایت فردی ملّی‌گرا و ایران‌دوست بود و با خُرافه‌پَرستی و اِستِبداد مبارزه می‌کرد. روشَنفکران و نویسندگان بسیاری از او اِلهام گرفته‌اند.

خواندن ۲: متن داستان کوتاه «سه قطره خون» را بخوانید و زیر عبارت‌هایی که در طول داستان تکرار شده‌اند، خط بکشید. برای مثال، عنوان داستان «سه قطره خون»، در چند جای متن تکرار شده است. پس از خواندن داستان، به پرسش‌های مطرح شده پاسخ دهید.

طرح از بهمن عبدی

دیروز بود که اتاقم را جدا کردند، آیا همان طوری که ناظم **وَعده** داد من حالا به کلی **مُعالِجه** شده‌ام وهفته‌ی دیگر آزاد خواهم شد؟ آیا **ناخوش** بوده‌ام؟ یک سال است در تمام این مدت هرچه **اِلتماس** می‌کردم، کاغَذ و قَلم می‌خواستم به من نمی‌دادند. همیشه پیش خودم **گُمان** می‌کردم هر ساعتی که قلم و کاغذ به دستم بیُفتد چقدر چیزها که خواهم نوشت ... ولی دیروز بدون اینکه خواسته باشم، کاغذ و قلم را برایم آوردند. چیزی که آنقدر آرزو می‌کردم، آنقدر انتظارش را داشتم..! اما چه فایده ـ از دیروز تا حالا هر چه فکرمی‌کنم چیزی ندارم که بنویسم. مثل این است که کسی دست مرا می‌گیرد یا بازویم **بی‌حِس** می‌شود. حالا که دِقّت می‌کنم مابینِ خط‌های **دَرهَم و بَرهَمی** که روی کاغذ کشیده‌ام، تنها چیزی که خوانده می‌شود این است: «سه قطره خون.»

....

آسمان **لاجِوَردی**، باغچه‌ی سبز و گُل‌های روی تَپّه باز شده، **نَسیم** آرامی بوی گُل‌ها را تا اینجا می‌آورد. ولی چه فایده؟ من دیگر از چیزی نمی‌توانم **کِیف** بکنم، همه‌ی این‌ها برای شاعرها و بچّه‌ها و کسانی که تا آخرِ **عُمر**شان بچّه می‌مانند خوبست ـ یک سال است که اینجا هستم، شب‌ها تا صبح از صدای گربه بیدارم، این **ناله**‌های تَرسناک، این **حَنجِره**ی **خَراشیده** که جانم را به لب رسانیده، صبح هم هنوز چشم‌مان باز نشده که **آنژِکسیون بی‌کِردار**..! چه روزهای دراز و ساعت‌های ترسناکی که اینجا گُذرانیده‌ام، با پیراهن و شلوار زرد، روزهای تابستان در زیرزمین دور هم جمع می‌شویم و در زمستان کنار باغچه جلو آفتاب می‌نشینیم، یک سال است که میان این مَردُمان عَجیب و غَریب زندگی می‌کنم. هیچ **وَجهِ اشتراکی** بین ما نیست؛ من از زمین تا آسمان با آن‌ها فَرق دارم ـ ولی ناله‌ها، سکوت‌ها، **فُحش**‌ها، گریه‌ها و خنده‌های این آدم‌ها همیشه خواب مرا پُر از کابوس خواهد کرد.

....

وَعده، قُول	promise
مُعالِجه، دَرمان	cure
ناخوش	بیمار
اِلتِماس کردن	to beg
گُمان، حَدس	guess
بی‌حِس	numb
دَرهَم و بَرهَم	disordered
لاجِوَردی	آبی
نَسیم	باد
کِیف کردن	لِذّت بردن
عُمر، سِن	life, age
ناله	moan
حَنجِره	throat
خَراشیده	scratched
بی‌کِردار	damn!
وَجهِ اِشتِراک	شِباهَت
فُحش	curse
آنژِکسیون	injection

هنوز یک ساعت دیگر مانده تا شام‌مان را بخوریم، از همان خوراک‌های چاپی: آشِ ماست، شیربرنج، چلو، نان و پنیر، آن هم به قدرِ **بُخور و نَمیر** ـ حَسَن، همه‌ی آرزویش این است یک **دیگ** اِشکِنه را با چهار تا نان سنگک بخورد، وقت **مُرخصی** او که برسد، عَوضِ کاغذ و قلم باید برایش دیگ اِشکِنه بیاورند. او هم یکی از آدم‌های خوشبخت اینجاست، با آن قد کوتاه، خنده‌ی **احمقانه**، گردنِ **کُلُفت**، سَرِ **طاس** و دست‌های **کُمُخته‌بَسته** برای **ناوه‌کِشی آفریده** شده. همه‌ی ذَرّات تَنش **گواهی** می‌دهند و آن نگاه احمقانه‌ی او هم **جار** می‌زند که برای ناوه‌کشی آفریده شده. اگر محمدعلی آنجا سر ناهار و شام نمی‌ایستاد، حسن همه‌ی ماها را به خدا رِسانیده بود، ولی خود محمدعلی هم مثل مَردُمان این دنیاست، چون اینجا را هر چه می‌خواهند بگویند ولی یک دنیای دیگرست، **وَرایِ** دنیای مردمان معمولی. یک دکتر داریم که **قُدرتیِ خدا** چیزی **سَرش** نمی‌شود، من اگر به جای او بودم یک شب توی شام همه، **زَهر** می‌ریختم می‌دادم بخورند، آن وقت صبح توی باغ می‌ایستادم، دستم را به کَمَرم می‌زدم، مُرده‌ها را که می‌بُردند تماشا می‌کردم ـ اول که مرا اینجا آوردند همین **وَسواس** را داشتم که مَبادا به من زَهر بخورانند، دست به شام و ناهار نمی‌زدم تا این که محمدعلی از آن **می‌چِشید** آن وقت می‌خوردم، شب‌ها **هَراسان** ازخواب می پَریدم، به خیالم که آمده‌اند مرا بُکُشَند. همه‌ی این‌ها چقدر دور و **مَحو** شده..! همیشه همان آدم‌ها، همان خوراک‌ها، همان اتاق آبی که تا کمرکِش آن **کبود** است.

دو ماه پیش بود یک **دیوانه** را در آن زندان پایین حَیاط اَنداخته بودند، با **تیله‌**ی شکسته، شِکم خودش را **پاره** کرد، **روده**هایش را بیرون کشیده بود با آن‌ها بازی می‌کرد. می‌گفتند او قَصّاب بوده، به شکم پاره‌کردن **عادَت** داشته. اما آن یکی دیگر که با **ناخُن** چِشم خودش را **تِرکانیده** بود، دست‌هایش را از پشت بسته بودند. فریاد می‌کشید و خون به چشمش خُشک شده بود. من می‌دانم همه‌ی این‌ها زیر سر ناظم است:

مردمان اینجا همه هم این طور نیستند. خیلی از آن‌ها اگر مُعالِجه بشوند و مُرخَص بشوند، بدبخت خواهند شد. مثلاً این صُغرا سُلطان که در

بُخور و نَمیر	خیلی کم
دیگ	قابلِمه
مُرخَصی	discharge
عَوَضِ	به جایِ
اَحمَقانه	stupid
کُلُفت	thick
طاس، کچَل	bald
کُمُخته‌بَسته	callous
ناوه‌کِشی	hod carrier
آفریده شده	created for
گُواهی دادن	to testify
جار زدن	گفتن
وَرایِ	beyond
قُدرَتیِ خُدا	God forbid
سَر شدن	دانستن
زَهر، سَم	poison
وَسواس	sensitivity
چِشیدن	to taste
هَراسان	fearful
مَحو	blurry
کَبود	آبی
دیوانه	mad
تیله	marbles
پاره کردن	to tear apart
روده	intestine
عادَت	habit
ناخُن	fingernail
تِرکاندن	to erupt
زیر سَرِ	به خاطِر

زنانه است، دو سه بار می‌خواست **بِگُریزد**، او را گرفتند. پیرزن است اما صورتش را گچ دیوار می‌مالد و گُل شَمعدانی هم **سُرخابش** است.

خودش را دختر چهارده ساله می‌داند، اگر مُعالِجه بشود و در آینه نگاه بکند **سِکته** خواهد کرد، بدتر از همه تَقی خودمان است که می‌خواست دنیا را زیر و رو بکند و با آن که **عقیده**‌اش این است که زن باعث بدبَختی مَردُم شده و برای **اِصلاحِ** دُنیا هر چه زن است باید کُشت، عاشق همین صُغرا سلطان شده بود.

همه‌ی این‌ها زیر سر ناظم خودمان است. او دست تمام دیوانه‌ها را از پشت بسته، همیشه با آن دماغ بزرگ و چشم‌های کوچک به شکل **وافوری**‌ها تَه باغ زیردرخت **کاج** قدم می‌زند. گاهی **خَم** می‌شود پایین درخت را نگاه می‌کند، هر که او را ببیند می‌گوید چه آدم بی‌آزار بیچاره‌ای که **گیر** یک دسته دیوانه **اُفتاده**. اما من او را می‌شناسم. من می‌دانم آنجا زیر درخت سه قطره خون روی زمین **چِکیده**. یک **قَـفَس** جلو پنجره‌اش آویزان است، قفس خالی است، چون گربه **قَناری**‌اش را گرفت، ولی او قَفس را گذاشته تا گربه‌ها **به هَوایِ** قفس بیایند و آن‌ها را بکشد.

دیروز بود دنبال یک گربه‌ی گُل‌باقالی کرد؛ همین که حیوان از درخت کاج جلو پنجره‌اش بالا رفت، به **قَراوُل** **دَمِ** در گفت حیوان را با **تیر** بزند. این سه قطره خون مال گربه است، ولی از خودش که بپرسند می‌گوید مال **مرغِ حَق** است.

از همه‌ی این‌ها غَریب‌تر، رَفیق و همسایه‌ام عباس است، دو هفته نیست که او را آورده‌اند، با من خیلی گرم گرفته، خودش را **پیغَمبَر** و شاعر می‌داند. می‌گوید که هر کاری، به خصوص پیغمبری، بسته به **بَخت** و **طالِع** است. هر کسی پیشانی‌اش بلند باشد، اگر چیزی هم بارش نباشد، کارش می‌گیرد و اگرعلامه‌ی دَهر باشد و پیشانی نداشته باشد به روز او میفتد. عباس خودش را تارزن ماهر هم می‌داند. روی یک تخته سیم کشیده به خیال خودش تار درست کرده و یک شعر هم گفته که روزی هشت بار برایم می‌خواند. گویا برای همین شعر او را به اینجا آورده‌اند، شعر یا تصنیف غریبی گفته:

بگُریزد	فَرار بکند
سُرخاب	rouge
اِصلاح	دُرُست کردن
سِکته	stroke
وافوری	junky
کاج	pine tree
خَم، دُولّا	bending
گیر افتادن	trapped by
چِکیدن	to drop
قَـفَس	cage
قَناری	canary
به هَوایِ	برایِ
گُل‌باقالی	چند رنگ
قَراوُل	guard
دَمِ	کِنارِ
تیر، گُلوله	bullet
مُرغ حَقّ	جُغد
پیغَمبَر	prophet
بَخت	luck
طالِع	fortune

دریغا	حِیف
گیتی	جَهان
خَلق	مَردُم
رَنج، سَختی	suffering
فُزون	زیاد
مَزاج	temper
عَلاج، دَرمان	cure
آبله‌رو	pockmarked
ماچ	بوس
رَفیق	دوست
مُذاکره	با هم خواندن
تَفریح	استراحت
مَشق	تَکلیف
حَکیم	دکتر، عالِم
قَدِغَن	مَمنوع
پاپِی	پِی‌گیر شدن
مُتوَحِش کرد	تَرساند
خَندَق	moat

دریغا که بار دگر شام شد،
سراپای **گیتی** سیه‌فام شد،
همه **خَلق** را گاه آرام شد،
مگر من که رَنج وغَمم شد **فُزون.**
جهان را نباشد خوشی در **مَزاج،**
بجز مرگ نبوَد غمم را **علاج،**
ولیکن در آن گوشه در پای کاج،
چکیده است بر خاک سه قطره خون.

دیروز بود در باغ قدم می‌زدیم. عباس همین شعر را می‌خواند، یک زن و یک مرد و یک دخترجوان به دیدن او آمدند. تا حالا پنج مرتبه است که می‌آیند. من آن‌ها را دیده بودم و می‌شناختم، دختر جوان یک دسته گل آورده بود. آن دختر به من می‌خندید، پیدا بود که مرا دوست دارد، اصلاً به هوای من آمده بود، صورت **آبله‌روی** عباس که قشنگ نیست، اما آن زن که با دکترحرف می‌زد من دیدم عباس دختر جوان را کنار کشید و **ماچ** کرد.

....

تا کنون نه کسی به دیدن من آمده و نه برایم گل آورده‌اند، یک سال است. آخرین بار سیاوش بود که به دیدنم آمد، سیاوش بهترین **رفیق** من بود. ما با هم همسایه بودیم، هر روز با هم به دارُالفُنون می‌رفتیم و با هم بر می‌گشتیم و درس‌هایمان را با هم **مُذاکِره** می‌کردیم و در موقع **تَفریح** من به سیاوش تار**مَشق** می‌دادم. رُخساره دخترعموی سیاوش هم که نامزد من بود اغلب در مجلس ما می‌آمد. سیاوش خیال داشت خواهر رُخساره را بگیرد. اتفاقاً یک ماه پیش از عَقدکُنانش زد و سیاوش ناخوش شد. من دو سه بار به احوال‌پرسی‌اش رفتم ولی گفتند که **حکیم قَدِغَن** کرده که با او حرف بزنند. هر چه اصرار کردم همین جواب را دادند. من هم **پاپِی** نشدم.

خوب یادم است، نزدیک امتحان بود، یک روز غروب که به خانه برگشتم، کتاب‌هایم را با چند تا جزوه‌ی مدرسه روی میز ریختم همین که آمدم لباسم را عوض بکنم صدای خالی شدن تیر آمد. صدای آن به قدری نزدیک بود که مرا **مُتِوَحِش** کرد، چون خانه‌ی ما پشت **خَندَق** بود و شنیده بودم که در نزدیکی ما

دزد زده است. **شِشلول** را از توی کشوی میز برداشتم و آمدم، در حیاط، گوش به زنگ ایستادم، بعد از پلکان روی بام رفتم ولی چیزی به نظرم نرسید. وقتی که برمی‌گشتم از آن بالا در خانه‌ی سیاوش نگاه کردم، دیدم سیاوش با پیراهن و زیرشلواری میان حیاط ایستاده. من با تعجب گفتم:

«سیاوش تو هستی؟»

او مرا شناخت و گفت:

«بیا تو، کسی خانه‌مان نیست.»

«صدای تیر را شنیدی؟»

شِشلول	تُفَنگ، اسلحه
پِلِکان	stairs
شِتاب	تُند، سَریع
خیره	stare
ماده	female animal
صَدَفی	made of seashell
سُرمه‌کشیده	with eyeliner makeup

«انگشت به لبش گذاشت و با سرش اشاره کرد که بیا، و من هم با **شتاب** پایین رفتم و درِ خانه‌شان را زدم. خودش آمد در را روی من باز کرد. همین طور که سرش پایین بود و به زمین **خیره** نگاه می‌کرد پرسید:

«تو چرا به دیدن من نیامدی؟»

«من دو سه بار به احوال‌پرسی‌ات آمدم ولی گفتند که دکتر اجازه نمی‌دهد.»

«گُمان می‌کنند که من ناخوشم، ولی اشتباه می‌کنند.»

دوباره پرسیدم:

«این صدای تیر را شنیدی؟»

بدون اینکه جواب بدهد، دست مرا گرفت و بُرد پای درخت کاج و چیزی را نشان داد. من از نزدیک نگاه کردم، سه چِکه خون تازه روی زمین چکیده بود.

بعد مرا برد اتاق خودش، همه‌ی درها را بست، روی صندلی نشستم، چراغ را روشن کرد و آمد روی صندلی مقابل من، کنار میز نشست. اتاق او ساده، آبی رنگ و کمرکش دیوار کبود بود. کنار اتاق یک تار گذاشته بود. چند جلد کتاب و جزوه‌ی مدرسه هم روی میز ریخته بود. بعد سیاوش دست کرد از کشوی میز یک ششلول درآورد به من نشان داد. از آن ششلول‌های قدیمی دسته**صَدَفی** بود، آن را در جیب شلوارش گذاشت و گفت:

«من یک گربه‌ی **ماده** داشتم، اسمش نازی بود. شاید آن را دیده بودی، از این گربه‌های معمولی گُل‌باقالی بود، با دو تا چشم درشت مثل چشم‌های **سُرمه‌کشیده**. روی پشتش نقش و نِگارهای مرتب بود

درس سی و پنجم سه قطره خون

مثل این که روی کاغذ آب‌خُشک‌کن **فولادی جوهر** ریخته باشند و بعد آن را از میان تا کرده باشند. روزها که از مدرسه بر می‌گشتم نازی جلو می‌دوید میومیو می‌کرد، خودش را به من می‌مالید، وقتی که می‌نشستم از سر و کولم بالا می‌رفت، **پوزه**‌اش را به صورتم می‌زد، با زبان زِبرش پیشانیم را **می‌لیسید** و اصرار داشت که او را ببوسم. گویا گربه‌ی ماده **مَکار**تر و مهربان‌تر و حَساس‌تر از گربه‌ی **نَر** است. نازی از من گذشته، با آشپز میانه‌اش از همه بهتر بود؛ چون خوراک‌ها از پیش او درمی‌آمد، ولی از **گیس**سفیدِ خانه، که **کیابیا** بود و نماز می‌خواند و از موی گربه پرهیز می‌کرد دوری می‌جُست. **لابُد** نازی پیش خودش خیال می‌کرد که آدم‌ها زرنگ‌تر از گربه‌ها هستند و همه‌ی خوراکی‌های خوشمزه و جاهای گرم و نَرم را برای خودشان **اِحتِکار** کرده‌اند و گربه‌ها باید آنقدر **چاپلوسی** بکنند و **تَمَلُق** بگویند تا بتوانند با آن‌ها شرکت بکنند.

تنها وقتی احساسات طبیعی نازی بیدار می‌شد و به جوش می‌آمد که سر خروس خون‌آلودی به چَنگش می‌افتاد و او را به یک جانور **دَرَنده** تبدیل می‌کرد. چشم‌های او درشت‌تر می‌شد و برق می‌زد، چنگال‌هایش از توی **غَلاف** در می‌آمد و هر کس را که به او نزدیک می‌شد با خُرخُرهای طولانی تهدید می‌کرد. بعد، مثل چیزی که خودش را **فَریب** بدهد، بازی درمی‌آورد. چون با همه‌ی قوه‌ی **تَصَوّر** خودش، کلّه‌ی خروس را جانور زنده گُمان می‌کرد، دست زیر آن می‌زد، بَرّاق می‌شد، خودش را پنهان می‌کرد، در **کمین** می‌نشست، دوباره حمله می‌کرد و تمام **زِبَردستی** و چالاکی نِـژاد خودش را با جَست و خیز و جنگ و گریزهای **پِی‌درپِی** آشکار می‌نِمود. بعد از آن که از نمایش خسته می‌شد، کلّه‌ی خون‌آلود را با اِشتهای هر چه تمام‌تر می‌خورد و تا چند دقیقه بعد دنبال باقی آن می‌گشت و تا یکی دو ساعت تَمَدُن **مَصنوعی** خود را فراموش می‌کرد، نه نزدیک کسی می‌آمد، نه ناز می‌کرد و نه تَمَلُق می‌گفت.

در همان حالی که نازی اظهار دوستی می‌کرد، وحشی و **تودار** بود و اسرار زندگی خودش را فاش نمی‌کرد، خانه‌ی ما را مال خودش می‌دانست و اگر گربه‌ی غریبه گُذارش به آنجا می‌افتاد، به خصوص اگر ماده بود مدت‌ها صدای فیف، تغییر و ناله‌های دنباله‌دار شنیده می‌شد.

جوهَر	ink
فولادی	metallic
پوزه	snout
لیسیدن	to lick
مَکار	con artist
نَر	male animal
گیس	مو
کیابیا	grandeur
لابُد	شاید
اِحتِکار	hoard
چاپلوسی	flattery
تَمَلُق	flattery
دَرَنده	ferocious
غَلاف	sheath
فَریب دادن	to trick
تَصَوّر	imagination
کمین	ambush
زِبَردَست	sly
چالاک	sharp
مَصنوعی	artificial
تودار	reserved

صدایی که نازی برای خبر کردن ناهار می‌داد با صدای موقعِ **لوس** شدنش فرق داشت. **نَعره**‌ای که از گرسنگی می‌کشید با فریادهایی که در **کِشمَکِش**‌ها می‌زد و مِرنو مِرنویی که موقع **مَستی**‌اش راه می‌انداخت همه با هم **توفیر** داشت و آهنگ آن‌ها تغییرمی‌کرد: اولی فریاد **جِگرخَراش**، دومی فریاد از روی **بُغض** و کینه، سومی یک ناله‌ی دردناک بود که از روی احتیاج طبیعت می‌کشید، تا به سوی **جُفت** خودش برود. ولی نگاه‌های نازی از همه چیز پرمعنی‌تر بود و گاهی احساسات آدمی را نشان می‌داد، به طوری که انسان بی‌اختیار از خودش می‌پرسید: در پسِ این کلّه‌ی **پَشم‌آلود**، پشت این چشم‌های سبز **مَرموز** چه فکرهایی و چه احساساتی **موج** می‌زند!

پارسال بهار بود که آن پیش‌آمد **هولناک** رُخ داد. می‌دانی در این **موسِم** همه‌ی جانوران مست می‌شوند و به تک و دو می‌افتند، مثل اینست که باد بهاری یک شور دیوانگی در همه‌ی **جُنبندگان می‌دَمد**. نازی ما هم برای اولین بار شور عشق به کلّه‌اش زد و با لرزه‌ای که همه‌ی تن او را به تکان می‌انداخت، ناله‌های غم‌انگیز می‌کشید. گربه‌های نَر ناله‌هایش را شنیدند و از اطراف او را استقبال کردند. پس از جنگ‌ها و کِشمَکِش‌ها، نازی یکی ازآن‌ها را که از همه پُرزورتر و صدایش **رَساتر** بود به همسری خودش انتخاب کرد. در عشق‌وَرزیِ جانوران، بوی مخصوص آن‌ها خیلی اهمیت دارد برای همین است که گربه‌های لوس خانگی و پاکیزه در نزد ماده‌ی خودشان **جِلوه**‌ای ندارند. برعکس گربه‌های روی تیغه‌ی دیوارها، گربه‌های دزد لاغر **ولگرد** و گرسنه که پوست آن‌ها بوی اصلی نژادشان را می‌دهد طرف توجه ماده‌ی خودشان هستند. روزها و به خصوص تمام شب، نازی و جُفتش عشق خودشان را به آواز بلند می‌خواندند. تن نرم و نازک نازی **کِش** و واکِش می‌آمد، در صورتی که تن دیگری مانند **کمان** خَمیده می‌شد و ناله‌های شادی می‌کردند. تا سفیده‌ی صبح این کار **مُداوِمَت** داشت. آن وقت نازی با موهای **ژولیده**، خسته و کوفته اما خوشبخت وارد اتاق می‌شد.

شب‌ها از دست عشق‌بازی نازی خوابم نمی‌برد، آخرش از جا در رفتم، یک روز جلوی همین پنجره کار می‌کردم. عاشق و معشوق را دیدم که در باغچه **می‌خَرامیدند**. من هم با همین شش‌لول که

لوس، نُنُر	spoiled kid
نَعره	yowl
کِشمَکِش	conflict
مَستی	ecstasy
توفیر	تفاوت، فرق
جِگرخَراش	excruciating
بُغض	rancor
جُفت	mate
پَشم‌آلود	fluffy
مَرموز	mysterious
موج زدن	to stream
هولناک	frightful
موسِم	فَصل
جُنبَندِگان	جانوران
دَمیدن	to infuse
رَسا	بلند
جِلوه	attraction
وِلگرد	stray
کِش و واکِش	wriggling
کمان	bow
مُداوِمَت	continuity
ژولیده	straggled
خَرامیدن	to prance

دیدی، در سه قدمی **نشان** رفتم. ششلول خالی شد و گلوله به جُفت نازی گرفت. گویا کمرش شکست، یک **جَست** بلند برداشت و بدون این که صدا بدهد یا ناله بکشد از **دالان گُریخت** و جلوی **چینه**ی دیوار باغ افتاد و مُرد.

تمام خط **سِیر** او چکه‌های خون چکیده بود. نازی مدتی دنبال او گشت تا **رَدّ** پایش را پیدا کرد، خونش را بوئید و راست سر کُشته‌ی او رفت. دو شب و دو روز پای مُرده‌ی او **کِشیک** داد. گاهی با دستش او را **لَمس** می‌کرد، مثل این که به او می‌گفت: «بیدار شو، اول بهار است. چرا هنگام عشق‌بازی خوابیدی، چرا تکان نمی‌خوری؟ پاشو، پاشو!» چون نازی مُردن سرش نمی‌شد و نمی‌دانست که عاشقش مُرده است.

فردای آن روز نازی با **نَعش** جفتش گُم شد. هرجا را گشتیم، از هر کس سُراغ او را گرفتیم بیهوده بود. آیا نازی از من **قَهر** کرد، آیا مُرد، آیا پیِ عشق‌بازی خودش رفت پس مُرده‌ی آن دیگری چه شد؟

نِشان	aim
جَستن	پریدن
دالان	راهرو
گُریختن	فرار کردن
چینه	layer
خَطِ سِیر	pathway
رَدّ	trace
کِشیک دادن	to guard
لَمس کردن	to touch
نَعش	corpse
قَهر کردن	to break with
طَویل	طولانی، بلند
بی‌انصاف	unfair
خَلوَت	uncrowded
شاهد	witness

یک شب صدای مِرنو مِرنوی همان گربه‌ی نَر را شنیدم، تا صبح وَنگ زد، شب بعد هم به همچنین، ولی صبح صدایش می‌بُرید. شب سوم باز ششلول را برداشتم و سرهوائی به همین درخت کاج جلوی پنجره‌ام خالی کردم. چون برق چشم‌هایش در تاریکی پیدا بود ناله‌ی **طویلی** کشید و صدایش بُرید. صبح پایین درخت سه قطره خون چکیده بوده. از آن شب تا حالا هر شب می‌آید و با همان صدا ناله می‌کِشد. آن‌ها دیگر خواب‌شان سنگین است نمی‌شنوند. هر چه به آن‌ها می‌گویم به من می‌خندند ولی من می‌دانم، مطمئنم که این صدای همان گربه است که کُشته‌ام. از آن شب تا کنون خواب به چشمم نیامده، هر جا می‌روم، هر اتاقی می‌خوابم، تمام شب این گربه‌ی **بی‌انصاف** با حنجره‌ی ترسناکش ناله می‌کِشد و جُفت خودش را صدا می‌زند.

امروز که خانه **خَلوَت** بود آمدم همان جایی که گربه هر شب می‌نشیند و فریاد می‌زند نشانه رفتم، چون از برق چشم‌هایش در تاریکی می‌دانستم که کجا می‌نشیند. تیر که خالی شد، صدای ناله‌ی گربه را شنیدم و سه قطره خون از آن بالا چکید. تو که به چشم خودت دیدی، تو که **شاهد** من هستی؟»

در این وقت در اتاق باز شد رُخساره و مادرش وارد شدند. رُخساره یک دسته گُل در دست داشت. من بلند شدم سلام کردم ولی سیاوش با لبخند گفت: البته آقای میرزا احمد خان را شما بهتر از من

می‌شناسید، لازم به معرفی نیست، ایشان **شَهادَت** می‌دهند که سه قطره خون را به چشم خودشان در پای درخت کاج دیده‌اند.

«بله من دیده‌ام.»

ولی سیاوش جلو آمد قَه‌قَه خندید، دست کرد از جیبم ششلول مرا در آورد روی میز گذاشت و گفت: می‌دانید، میرزا احمد خان نه فقط خوب تار می‌زند و خوب شعر می‌گوید، بلکه شکارچیِ **قابِلی** هم هست، خیلی خوب نشان می‌زند. بعد به من اشاره کرد، من هم بلند شدم و گفتم:

«بله امروز عصر آمدم که جزوه‌ی مدرسه از سیاوش بگیرم، برای تفریح مدتی به درخت کاج نشانه زدیم، ولی آن سه قطره خون مال گربه نیست، مال مرغِ حقّ است. می دانید که مرغِ حقّ سه گندم از مال **صَغیر** خورده و هر شب آنقدر ناله می‌کِشد تا سه قطره خون از گلویش بچکد و یا این که گربه‌ای قناری همسایه را گرفته بوده و او را با تیر زده‌اند و از اینجا گذشته است، حالا صبر کنید تَصنیف تازه‌ای که در آورده‌ام بخوانم.» تار را برداشتم و آواز را با ساز جور کرده، این اشعار را خواندم:

دریغا که بار دگر شام شد،
سراپای گیتی سیه‌فام شد،
همه خلق را گاه آرام شد،
مگر من، که رنج و غمم شد فُزون.
جهان را نباشد خوشی در مَزاج،
بجز مرگ نَبوَد غمم را علاج،
ولیکن در آن گوشه درپای کاج،
چکیده است بر خاک سه قطره خون.

شَهادت دادن	to testify
قابِل	eligible
صَغیر	minor, orphan
تَصنیف	song
تَغَیُّر	عَصَبانیت
فانوس	چراغ

به اینجا که رسید مادر رُخساره با **تَغَیُّر** از اتاق بیرون رفت، رُخساره ابروهایش را بالا کشید و گفت: «این دیوانه است.» بعد دست سیاوش را گرفت و هر دو قَه‌قَه خندیدند و از در بیرون رفتند و در را به رویم بستند. درحیاط که رسیدند، زیر **فانوس** من از پشت شیشه‌ی پنجره آن‌ها را دیدم که یکدیگر را در آغوش کشیدند و بوسیدند.

تمرین ۴: حال به پرسش‌های زیر پاسخ دهید (برای تعریف اصطلاحات ادبی[1] صفحه ۱۱۷ را ببینید).

۱. تمام شخصیّت‌های انسانی و غیر انسانی داستان را بنویسید: ...حسن... ...محمدعلی... ...قصّاب... ...درخت کاج.... ....

....

....

۲. آیا گوینده‌ی داستان یا راوی، یکی از شخصیت‌های خود داستان است؟ آیا او خودش در حوادث داستان نقشی دارد یا فقط دیده‌های خود را بازگو می‌کند؟ ....

۳. آیا شخصیت اصلی در مقابل یک شخصیت مُخالف است یا در مقابل چند شخصیت فرعی یا در کِشمَکِش با خودش است؟ این داستان چه نوع زاویه‌ی دیدی دارد؟ آیا راویِ داستان، خودش سالم است یا دیوانه؟ از کجا می‌دانید؟ ....

....

....

....

۴. رُخساره با راوی داستان چه نسبتی دارد؟

الف) دختر عموی سیاوش ب) دختر عمو و نامزدِ راوی

پ) دختر همسایه‌ی راوی ت) نامزدِ دوستِ راوی

۵. گوینده یا راویِ داستان کیست؟ (چند پاسخ ممکن است درست باشد)

الف) سیاوش ب) عباس

پ) میرزا احمد خان ت) ناظم

۶. چرا راوی خود را در نقش چهار شخصیّت متفاوت می‌بیند؟ این دید چه نوع پی‌رنگ یا ساختاری در داستان درست می‌کند؟ ....

....

....

[1] تعریف اصطلاحات ادبی و پرسش‌های مطرح شده در این تمرین از منابع مختلف از جمله منبع شماره ۱ (پاینده، ۱۳۹۴)، منبع شماره ۹ (شمیسا، ۱۳۸۳) و ویکی‌پدیای فارسی و انگلیسی و نقد «سه قطره خون» با الهام از نقدهای آذر نفیسی، حسین پاینده، محمد صنعتی، اردشیر بشیری و سیروس شمیسا بر این داستان به دست آمده است. برای اطلاعات بیشتر به لیست منابع بخش مقدمه‌ی کتاب مراجعه کنید.

۷. کدام یک از عبارت‌های تکراری زیر در متن، نقشِ «بُن‌مایه» یا موتیف اصلی داستان را دارد؟

الف) اتاق آبی ساده با کمرکش کبود　ب) تارزن　پ) رفیق و همسایه

ت) سه قطره خون　ت) شاعر　ث) درخت کاج

ج) گربه‌ی نر و ماده ـ نازی　چ) مرغ حقّ　ح) جزوه‌ی مدرسه

خ) شِشلول　د) قفس　ذ) گُل‌باقالی

۸. «درون‌مایه» یا تِم این داستان به نظر شما چیست؟ ....

....

۹. شخصیت‌ها یا عبارات زیر در این داستان سَمبُل یا نَماد چه چیزی می‌توانند باشند؟

الف) درخت کاج: ....

ب) سه قطره خون: ....

پ) شلیک تیر به گربه نر: ....

ت) خوردن مال صغیر: ....

ث) قفس قناری: ....

ج) جفت‌گیری گربه‌ها: ....

۱۰. از نظر فُرم، از چه صنایع لفظی‌ای (صفحه ۵۴) در تصنیف زیر استفاده شده است؟

دریغا که بار دگر شام شد،
سراپای گیتی سیه‌فام شد،
همه خلق را گاه آرام شد،
　مگر من، که رنج و غمم شد فُزون.
جهان را نباشد خوشی در مَزاج،
بجز مرگ نَبوَد غمم را علاج،
ولیکن در آن گوشه درپای کاج،
　چکیده است بر خاک سه قطره خون.

____

____

____

درس سی و پنجم   تکلیف

تمرین ۵: با توجه به پاسخ‌های بالا، نقدی کوتاه بر داستان کوتاه «سه قطره خون» بنویسید.

۱. به نظر شما «سه قطره خون» چه نوع داستانی است؟
۲. شخصیّت اصلی کیست و چگونه داستان را می‌گوید؟ پی‌رنگ داستان چگونه است؟
۳. آیا در این داستان از فُرم‌ها و آرایه‌های ادبی (صفحه‌ی ۵۲ تا ۵۴) استفاده شده است؟
۴. آیا درون‌مایه یا تِم این داستان سمبلیک است؟ چگونه؟

درس سی و پنجم نقد ادبی

خواندن ۳: نقد «سه قطره خون» نوشته‌ی مؤلفِ این کتاب را در زیر بخوانید و تمرین بعد از آن را انجام دهید.

«سه قطره خون» داستانی مُدرن و سمبلیک و در عین حال شاعرانه است که ساختاری **مُبهَم**، پیچیده و **چرخِشی** دارد زیرا در آن شخصیّت‌ها و حوادث داستان **مُدام** تکرار می‌شوند. **گویی** راوی داستان که سَیَلانِ ذِهنی خود را **هَذیان‌وار** تعریف می‌کند، مقابل دو آینه‌ی **مُوازی** ایستاده و همه‌ی **وَقایع** و شخصیّت‌های اصلی آن، با این که یکی به نظر می‌رسند، **مُستَقِل** از زمان در حال تکرار هستند (همان آدم‌ها، همان خوراک‌ها، همان اتاق آبی...) و به سوی **عُمقی نامحدود** در حرکتند. با این حال، پی‌رنگ داستان از **اِنسِجام** مشخصی برخوردار است و شاید با چند بار خواندن، معنی و مفهوم آن تاحدودی برای خواننده روشن شود. دلیل این انسجام، توصیف‌های **ظَریف** و دقیق از شخصیّت‌های داستان و وَقایع آن است. لیکن برای فهم تِم یا درون‌مایه‌ی اصلی این داستان، سمبل‌ها و نمادهای آن را باید **رمزگُشایی** کرد و گرنه **تَفسیر**های **سَطحی**، **دِین** این اثر هنری را **اَدا** نخواهند کرد.

داستان از اتاق راوی در تیمارستان آغاز می‌شود. راوی (میرزا احمد خان) با پرسش‌هایی که از خود می‌کند، **شک** و تَردید خود را از همان اول نشان می‌دهد. با آن که نمی‌تواند چیزی بنویسید، تنها عبارت «سه قطره خون» را که عنوان و بن‌مایه داستان هم است، روی کاغذ می‌بیند. این عبارت با سمبل‌های سه نقطه‌ای ... در متن داستان و سه واژه‌ی عنوان داستان و بعضاً تکرار سه نقطه‌ها همراه می‌شود.

عبارات داستان بعضاً شاعرانه‌اند (مانند شعر ۸ بیتی‌ای که ۸ بار در روز آن را می‌خواند) و از آرایه‌های **لَفظی** و معنایی مانند: **هم‌آوایی**، **بدآهنگی**، **عَطف**، **سَجع**، استعاره، ایهام، تَناقُض، تکرار و غیره در همه جای داستان استفاده شده است. مثلاً در عبارت‌های «نون و پنیر ... بخور و نمیر، کیابیا، کش و واکش» از آرایه‌ی عَطف و سَجع و هم‌آوایی و در «خَراشیده، جگرخَراش، ناخوش، کُمُخته‌بسته، خَندَق، قَدغَن، خروس خونالود و می‌خَرامیدند» از بدآهنگی به دلیل وجود صدای ته‌حَلقی «ق» و **انسایشی** «خ» و در «کابوس، وسواس، هراسان، گیس‌سفید و ترسناک» از حس‌آمیزی به دلیل فرکانس بالای صدای **سایشی** «س» و در **نام‌آوا**های «چکه ... چکیده، مِرنو مِرنو، میومیو، خُرخُر و قَهقَه» از هم‌آوایی، تکرار و جِناس استفاده شده است.

مُبهَم	mystery
چَرخِشی	recursive
مُدام	endlessly
هَذیان‌وار	delusional
گویی	انگار
موازی	رو به روی هم
وَقایع	events
مُستَقِل	independent
عُمق	depth
نامَحدود	unlimited
اِنسِجام	coherence
ظَریف	meticulous
رمزگُشایی	decoding
تَفسیر	interpretation
سَطحی	superficial
دِین	obligation
اَدا کردن	to satisfy
شَک	paranoia
لَفظی	forms
هم‌آوایی	alliteration
بدآهنگی	cacophony
عَطف	repetition
سَجع	rhyme
اِنسایِشی	affricate
سایِشی	fricative
نام‌آوا	onomatopoeia

به لحاظ سمبلیک، واژه‌ها و عبارت‌های: «سه، ...، خوردن مال صغیر، خون و چکیدن خون از گلو، درخت کاج، گربه و بازگشت مداوم گربه‌ی مقتول»، نمادین هستند. مثلاً عدد «سه»، نماد مثلثِ {تولد ـ زندگی ـ مرگ} یا {سایه ـ خود ـ فراخود} است و این سه‌گانگی خود به معنیِ رسیدن از **کِثرَت** به **وَحدت** است. «خوردن مال **صَغیر**» نمادی از گناه و چکیدن خون، نمادی از **کفاره‌ی** گناه و قتل **نَفس** است. «درخت کاج» نماد **جاودانگی** و گربه، استعاره‌ای از انسان و **شَهوَترانی** اوست و در نهایت «بازگشت مداوم گربه‌ی مقتول» نمادی از **عَذابِ وُجدان** است. بنابراین با گُشودن این رمزها و چینش آن در کنار هم می‌توان درون‌مایه‌ی نمادینی برای این داستان به شکل زیر در نظر گرفت:

کِثرَت	multiplicity
وَحدَت	singularity
صَغیر	orphan
کفّاره	atonement
نَفس	self
جاودانگی	eternity
شَهوَترانی	debauchery
عَذابِ وُجدان	pang of conscience
عُصیانگر	guilty
رَهایی	آزادی

تلاش انسان برای زندگی جاودانه بی‌ثَمَر و بی‌فایده است. او همواره محکوم گناهان سایه یا درون **عُصیانگر**ش است و کفاره‌ی گناهان نَفسش را می‌دهد. راوی که نماد تنهایی انسان امروزی است، با کشتن نَفسِ خود، می‌خواهد از این عذاب جاودانه **رهایی** یابد و از درون این چرخه‌ی نامحدود و تکراریِ زندگی خارج شود. لیکن خروج از این چرخه ممکن نیست برای همین است که این داستان و داستان زندگی پایانی نخواهد داشت ...

تمرین ۶: نقد بالا را با نوشته‌ی خود مقایسه کنید. مطلبی که نوشتید چه شباهت‌ها و تفاوت‌هایی با این نقد از داستان کوتاه «سه قطره خون» دارد؟

تکلیف

درس سی و پنجم

تمرین ۷: ویدیوی کوتاهی درباره نقد داستان ببینید و به چند پرسش پاسخ دهید.

۱. مهم‌ترین ویژگی داستان چیست؟
الف) فهمیدن آن	ب) لذّت بردن از آن
پ) نقد و تحلیل آن	ت) تجربه کردن آن

۲. چه چیزی باعث جذب خواننده به داستان می‌شود؟
الف) فهمیدن کلمات سخت آن	ب) شوک‌های داستان
پ) احساس فضای داستان	ت) سمبل‌های داستان

جذب شدن	to be attracted
شوک	shock

تمرین ۸: داستان کوتاهی بنویسید که فقط دو بند داشته باشد ولی منسجم و کامل باشد.

درس سی و پنجم اصطلاحات ادبی

عناصر داستان Elements of Story

پِی‌رنگ Plot: بیان رویدادها در داستان با تأکید بر رابطه‌ی بین علت‌ها (causes) و معلول‌ها (effects) است. در پیرنگ، سازمان‌مندی حوادث یا چارچوب اولیه داستان و ترتیب و توالی رویدادهای آن نشان داده می‌شود. پیرنگ داستان با زمینه‌چینی یا مقدمه (initiation) شروع می‌شود، سپس سیر صعودی داستان (rising action) و کشمکش‌های (conflicts) آن آغاز می‌شود تا به اوج داستان (climax) برسد و پس از آن سیر نزولی (falling action) شروع می‌شود تا در پایان به نتیجه‌ی داستان (resolution) برسد.

شخصیّت Character: افراد، حیوانات، موجودات بی‌جان یا نیروهای طبیعت هستند که در داستان نقشی دارند یا نقشی را بازی می‌کنند. در بیشتر داستان‌ها یک شخصیّت اصلی (protagonist) و یک شخصیّت مخالف (antagonist) وجود دارد. شخصیت مخالف معمولاً، رویاروی شخصیت اصلی یا قهرمان داستان قرار می‌گیرد. شخصیّت پویا (dynamic) در داستان تغییر زیادی می‌کند و عوض می‌شود در حالی که شخصیت ایستا (static) تغییر چندانی نمی‌کند.

زمینه یا فضای داستان Setting: عبارتست از زمان و مکان داستان. مکان داستان ممکن است محلی واقعی یا خیالی باشد.

زاویه‌ی دید point of view: منظور از زاویه‌ی دید، گوینده یا راوی داستان است. راوی می‌تواند خودش داخل داستان باشد و آن را از دید خود یعنی اول شخص با استفاده از ضمیر «من» بگوید یا خارج از داستان باشد و از دید سوم شخص با ضمایر «او» و «آن‌ها» داستان را برای مخاطب تعریف کند. راوی اول شخص، معمولاً هویتی مفروض (persona) دارد و خود نویسنده نیست. و اما راوی سوم شخص، سه نوع است. یا «دانای کُل» (omniscient) است و همه وقایع را می‌داند و شخصیت‌ها را برای مخاطب تحلیل می‌کند یا «دانای محدود» (limited omniscient) است و همه چیز را برای مخاطب نمی‌گوید و یا «مشاهده‌گری بی‌طرف» (observer objective) است و تنها مشاهداتش را می‌گوید و رفتار و گفته‌های شخصیت‌ها را نشان می‌دهد و قضاوت درباره شخصیت‌ها و رویدادها را بر عهده‌ی مخاطب می‌گذارد.

سَیَلان ذِهن Stream of Consciousness:سیلان ذهن نوعی زاویه‌ی دید است که در آن نویسنده‌ی «دانای محدود»، همه چیزهایی را که در ذهن و ضمیر خودآگاه شخصیت اصلی در داستان می‌گذرد، بدون زمان بندی منطقی بیان می‌کند. ذهنیّات شخصیت اصلی، هم افکار نامعقول و بهم ریخته و هم صحبت‌های معقول او می‌تواند باشد. از این شیوه‌ی روایت بیشتر در رُمان‌های روانشناختی (psychological) و تک‌شخصیتی استفاده می‌شود.

کِشمَکِش Conflict: به رویارویی دو نیرو گفته می‌شود. کشمکش دو نوع است: بیرونی (external) و درونی (internal). در داستان‌های رئالیستی یا واقع‌گرا، کشمکش معمولاً بین شخصیت اصلی و شخصیت دوم یا بین

شخصیت اصلی و جامعه‌ی او یا طبیعت او اتفاق می‌افتد. از این رو، این نوع کشمکش را بیرونی می‌نامند. در داستان‌های مدرن، شخصیت اصلی معمولاً با خودش و روان خودش در تعارض است. به این نوع کشمکش، درونی می‌گوییم.

اوج داستان Climax: نقطه‌ای در داستان است که پاسخ «کشمَکِش» معلوم می‌شود.

درون‌مایه Theme: عبارت است از مفهوم و هدف اصلی یا فلسفه‌ی داستان.

بُن‌مایه Motif: جمله، عبارت یا صحنه‌ای تکراری در داستان است که مانند سرنخ به نویسنده در ربط دادن اجزای مختلف داستان و القای یک معنی واحد کمک می‌کند.

زمینه‌چینی Exposition: جایی در داستان است که در آن نویسنده سرنخ‌هایی را از این که شخصیت‌های اصلی و فرعی داستان کیستند، به دست می‌دهد، رابطه‌ی بین آن‌ها را تا حدودی معلوم می‌کند، زمان و مکان رویدادها را مورد اشاره قرار می‌دهد و «حال و هوای» (atmosphere) خاصی را بر داستان مُستولی و برقرار می‌کند.

انگیزش Exciting Force: آخرین جز از «زَمینه‌چینی» داستان است. انگیزش معمولاً به جمله‌ای گفته می‌شود که با ایجاد «تَعلیق» (suspense)، خواننده را به ورود به بخش موسوم به «کنش خیزان» (rising action) و خواندن بقیه‌ی داستان ترغیب می‌کند.

وسواس ذهنی Obsession: عبارتست از فکر یا تصویر ذهنی یا میل ناگهانی‌ای که به صورت مقاومت‌ناپذیری در ضمیر آگاه فرد شکل می‌گیرد و ذهن او را درگیر می‌کند.

بازگشت به گذشته Flashback: زمانی است که راوی، آغاز داستانش را ناتمام می‌گذارد و به طور ناگهانی به گذشته‌ای زمینه‌ساز از داستان باز می‌گردد.

فرافِکنی Projection: نوعی راهکار دفاع روانی است که در آن فرد، دیگران را به دلیل مشکلات یا اشتباهات خود سرزنش می‌کند و یا امیال غیر اخلاقی خود را به آنان نسبت می‌دهد.

ایهام نمایشی Dramatic Irony: زمانی ایجاد می‌شود که شخصیتی در داستان از دلالت‌های گفته‌ی خویش بی‌خبر است. در این حالت، خواننده متوجه‌ی موضوعی می‌شود که شخصیت نمایش از آن آگاه نیست.

سرکوب Repression: نوعی راهکار دفاع روانی است که از طریق آن، راه ورود امیال ناپسند یا افکار و خاطرات ناراحت‌کننده به ضمیر آگاه سد می‌شود تا به ضمیر ناخودآگاه واپس رانده شوند.

نقد ادبی Literary Criticism: بررسی فنّی و ساختاری اثر ادبی است بر اساس نظریات ادبی (نقد علمی) یا بررسی خلاقانه، تفسیری و پررنگ کردن نکات قوّت اثر ادبی بر اساس ذوق منتقد (نقد عملی). نقد ادبی انواع مختلفی دارد که هر کدام، داستان را بر اساس نظریه و دیدگاه خاصی بررسی می‌کند. معروف‌ترین دیدگاه‌های نقد ادبی عبارتند از: دیدگاه روانشناختی Psychological Criticism، اسطوره‌گرایانه Mythological Criticism، جامعه‌شناختی Sociological Criticism و فمنیستی Feministic Criticism

برخی مکاتب و نظریات مهم ادبی
Literary Theories and Approaches

رومانتیسیسم یا احساس‌گرایی Romanticism: مکتب رمانتیک در قرن هجدهم و نوزدهم به وجود آمد. در تفکر رومانتیک، به احساس، رؤیا، تخیّل، عشق، طبیعت و مسائل مافوق‌الطبیعه بیشتر از خِرَد و عقل توجه شده است. در مکتب رومانتیک، به مضامین معنوی و مَناسِک و رسوم فرهنگ‌های بومی هم بیشتر از علم و منطق پرداخته می‌شود. نمونه‌ای از رومانتیسم ادبی، خلق رمان‌های عشقی، عرفانی، حماسی و قهرمان‌پروری در داستان‌هاست. در جنبه‌ی افراطی، فرهنگ‌های متمدن و غیرمتمدن از دل تفکر ناسیونالیست‌های رومانتیک بیرون آمد. این جنبش بر ملی‌گرایی، اصول‌گرایی، افراط‌گرایی و لیبرالیسم تأثیر گذاشت. عناصر رومانتیسم: تخیّل، شِمّ، کشف و شهود، فردیّت، آرمان‌گرایی، نمادگرایی، اغراق و الهام‌بخشی. افراد مهم: ژان ژاک روسو، هِردِر، ویکتور هوگو، الکساندر دوما، گوته، بتهوون، کانت، هابز

رئالیسم یا واقع‌گرایی Realism: مکتب واقع‌گرایی در اواخر قرن نوزدهم به وجود آمد و در مقابل رومانتیسم قرار گرفت. این مکتب، به نگاه بدون اغراق، عقل‌گرایانه و واقع‌گرایانه به ادبیات و هنر معتقد بود. افراد مهم: استاندال و پوشکین

ناتورالیسم یا طبیعت‌گرایی Naturalism: از نهضت‌های فکری الهام‌گرفته از رئالیسم بود که تحت تأثیر نظریات داروین شکل گرفت. این تفکر با دوری از نمادگرایی، آرمان‌گرایی و احساس‌گرایی به تأثیر جبر وراثت، محیط اجتماعی و طبیعی بر انسان عقیده دارد و به دردهای اجتماعی مثل فقر، فحشا، روسپی‌گری، نژادپرستی، تعصب، فساد و خشونت می‌پردازد. افراد مهم: امیل زولا و بالزاک

امپرسیونیسم یا برداشت‌گرایی Impressionism: برخلاف مکتب واقع‌گرایی، در تفکر برداشت‌گرایی تأثیر آنی و لحظه‌ای اثر هنری یا ادبی از دید و برداشت مخاطب در نظر است. بنابراین، با استفاده از ابهام و بیان برداشت شخصی در داستان، معمولاً از دید اول شخص، چنین اثری را به وجود می‌آورند.

فرمالیسم یا ساخت‌گرایی Formalism: در این مکتب، شکل و ساخت زبانی و ژانر اثر ادبی بدون نگاه به نویسنده و عوامل بیرونی دیگر مانند جامعه‌شناسی، روانشناسی و غیره، مورد بررسی قرار می‌گیرد. ساخت

زبانی مواردی مثل دستور، واژگان، آواشناسی، قافیه، وزن، و آرایه‌های ادبی را در بر می‌گیرد. این مکتب در قرن بیستم در مقابله با مکتب رومانتیسم در روسیه و آمریکا به وجود آمد. افراد مهم: اشکلوفسکی، رومن یاکوبسن، آیخن‌بائوم، رنه وِلِک، آستین وارِن

مُدرنیسم یا نوگرایی Modernism: نوگرایی پس از انقلاب صنعتی و آمدن تکنولوژی و با کاهش نقش مذهب در سیاست و زندگی اجتماعی مردم در قرن بیستم آغاز شد. در ادبیات پیوند با سنت شکسته شد و تجددگرایی در ادبیات انعکاس یافت. تکنیک‌های مدرن روانکاوی و سبک‌های ذهنی مانند سیلان ذهنی در ادبیات داستانی و شعر به وجود آمد. افراد مهم: عزرا پاند، کارل مارکس، زیگموند فروید، یونگ، داروین، انیشتن، نیچه، ساموئل بِکِت، تی. اس. الیوت

پَسامُدرنیسم یا پَسانوگرایی Post-Modernism: جنبش پسانوگرایی به کثرت‌گرایی، هیچ‌انگاری یا پوچ‌گرایی و نسبیّت‌گرایی شناخت و اخلاق می‌پردازد و اساساً بوجود آمدن شناخت و حقیقت را نتیجه‌ی گفتمانی می‌داند که در بافت‌های اجتماعی شکل می‌گیرد. مکاتبی مانند پساساخت‌گرایی، واسازی یا ساخت‌گشایی متن برگرفته از این تفکر فلسفی است. افراد مهم: ژاک دریدا، فردریک جیمزسون، لیوتارد، مارتین هایدِگِر، میشل فوکو، اومبرتو اکو، ناباکوف، ویلیام باروز

سوررئالیسم یا فَرا واقع‌گرایی Surrealism: جنبشی پسامدرن در اوایل قرن بیستم است که هنر را با دقتی واقع‌گرایانه به شکلی غیرمنطقی برای بیان ضمیر ناخودآگاه ارائه می‌کند. خلق موجودات عجیب و غریب در نقاشی و ادبیات و خلق سبک‌های مانند کولاژ، یکی از راه‌های بیان سوررئالیسم است. در ادبیات در کنار هم قرار دادن رؤیا و واقعیت در آثار سوررئالیستی دیده می‌شود. رئالیسم جادوئی هم از این مکتب الهام گرفته است.

درس سی و ششم

اقوام و زبان‌های ایرانی

درس سی و ششم — تمرین کلاسی

🎬 تمرین ۱: ابتدا گزارش تصویری کوتاهی ببینید (شبکه خبر) و سپس گزینه‌های درست را انتخاب کنید.

۱. این گزارش کوتاه درباره‌ی چیست؟
الف) مسلمانان کشورهای خاوَرمیانه
ب) آیین‌ها و رَسم‌های نوروزی در ایران
پ) زبان‌ها و دین‌های مختلف دنیا
ت) سُنّت‌های قَدیمی و کُهَن مردم دنیا

۲. در این گزارش، اَقوام مختلف ایرانی نوروز را جشن می‌گرفتند.
الف) درست   ب) نادرست

۳. در این گزارش، مردم به چند لَهجه و گویشِ مختلف صحبت کردند.
الف) درست   ب) نادرست

۴. زبان تُرکی، گویش است و اصفهانی لَهجه‌ای از فارسی است.
الف) درست   ب) نادرست

۵. فرق بین گویش و لَهجه چیست؟
الف) گویش، زبان مُستَقِل است ولی لهجه، زبان مستقل نیست.
ب) گویش و لهجه هر دو یک چیز هستند.
پ) لهجه و گویش با هم فرقی ندارند و هر دو به معنی زبان هستند.

customs	آیین‌ها، رَسم‌ها
traditions	سُنّت‌ها
ancient	کُهَن، باستانی
Middle East	خاوَرمیانه
language, dialect	زبان، گویش
accent	لَهجه
ethnic groups	اقوام، قوم‌ها
independent	مُستَقِل

✏️ تمرین ۲: از روی نقشه‌ی[1] مقابل، نام هفت زبان ایرانی را بنویسید.

۱. ....
۲. ....
۳. ....
۴. ....
۵. ....
۶. ....
۷. ....

[1] نقشه‌ی دقیق‌تر را در صفحه ۱۲۷ مشاهده کنید.

درس سی و ششم — تنوع نژادی و زبانی در ایران

خواندن ۱: متن زیر را بخوانید و به پرسش‌های آن پاسخ دهید (منبع: مرکز آمار ایران و منبع شماره ۲۱ و ۳۴).

بر پایه‌ی **سَرشُماری** عمومی در آبان‌ماه سال ۱۳۹۵ (برابر با ۲۰۱۶)، **جَمعیّت** ایران در حدود ۸۰ میلیون نفر و میانگین **رُشد** سالانه‌ی آن، برابر با ۱٫۲ **درصد** بوده است. این در حالی است که حدود ۱۰۰ سال قبل از این، جمعیّت ایران تقریباً هشت میلیون نفر بوده است. یعنی در طی یک **قَرن اخیر**، جمعیّت ایران ده برابر شده است. جالب‌تر این که بَنا بر **آمار فوق**، ۷۵ درصد مردم ایران در شهرها زندگی می‌کنند. **مُقایسه‌ی** این آمار با آمار سال‌های قبل، نشان دهنده افزایش **مُهاجِرَت** مردم از روستاها به شهرهای بزرگ و تبدیل برخی روستاها به شهرهای بزرگ است.

آنچه از آمار جمعیت ایران مهمتر است، **تَنوع نژادی** و گوناگونی اقوام، زبان‌ها و گویش‌های ایرانی است. البته همه‌ی این اقوام و نژادها، همواره خود را ایرانی دانسته‌اند و بَنای اِتِحاد و همبستگی خود را با عوامل فرهنگی، ادبی و اجتماعی مُرتَبِط **تَلَقی کرده‌اند**. لیکن، یکی از دلایلِ تنوعِ قومی و نژادی در ایران، قرار گرفتن این کشور در منطقه‌ی خاوَرمیانه و محل تَلاقی اقوام عرب، ترک و آسیایی است. دلیل دیگر، تغییر گُستره‌ی امپراتوری‌های پارس و ساسانی از هند تا سوریه و از سرزمین **بین‌النَهرِین** تا **ماوَراءُالنَهر** در طی قرن‌های گذشته بوده است که باعث تنوع فرهنگ ایرانی هم شده است.

سَرشُماری	census
جَمعیّت	population
رُشد	growth
دَرصد	percent
قَرن	century
اَخیر	جدید
آمار	statistics
فُوق	بالا
مُقایِسه	comparison
مُهاجِرَت	immigration
تَنوع	diversity
نِژاد	race
اِتِحاد	unity
مُرتَبِط	connected
تَلَقی کردن	در نظر گرفتن
گویِشوَر	native-speaker
باستان	ancient
خاورمیانه	Middle East
بین‌النَهرین	Mesopotamia
ماوَراءالنَهر	Transoxiana

۱. موضوع بند اول چیست؟ ....

۲. معنی کلمه‌ی «تلاقی» در بند دوم چیست؟ ....

۳. علت تبدیل برخی روستاها به شهرهای بزرگ چه بوده است؟ ....

۴. چه عواملی باعث اتحاد و همبستگی اقوام ایرانی بوده است؟ ....

۵. علت اصلی تنوعِ قومی در ایران چیست؟ ....

۶. آیا کشور شما هم دارای تنوع قومی و نژادی است؟ عامل آن چه بوده است؟ ....

....

تمرین ۳: بند زیر را بخوانید سپس عبارات مرتبط را به هم وصل کنید (منبع ۲۵).

زبان‌های ایرانی بخش مهمی از زبان‌های هِند و اروپایی را تشکیل می‌دهند و بیش از ۲۰۰ میلیون گویشور دارند. امروزه زبان‌های ایرانی از ترکیه، سوریه و عراق گرفته تا پاکستان، هند و شرق چین گویشور دارند. از نظر زمانی، زبان‌های ایرانی را به سه دسته‌ی کُلّی می‌توان تقسیم کرد:

۱. زبان‌های ایران باستان	( ) از ابتدای دوره‌ی ساسانیان تا پایان دوره‌ی اشکانیان
۲. زبان‌های ایرانی دوره‌ی میانه	( ) از آغاز اسلام و شکل گرفتن فارسی دری تا امروز
۳. زبان‌های مدرن ایرانی	( ) از ابتدا تا پایان دوره‌ی هَخامَنشیان و سُلوکیان

تمرین ۴: زیر تصاویر را بخوانید و به چند پرسش پاسخ دهید.

۱. کدام خط قدیمی‌تر است؟ ....

....

۲. کدام خط‌ها را از راست به چپ می‌نوشتند؟

....

....

۳. خطوط فارسی میانه را از کدام خط گرفته‌اند؟ ....

....

۴. چرا نام خط فارسی باستان را «خط میخی» گذاشته‌اند؟ ....

....

....

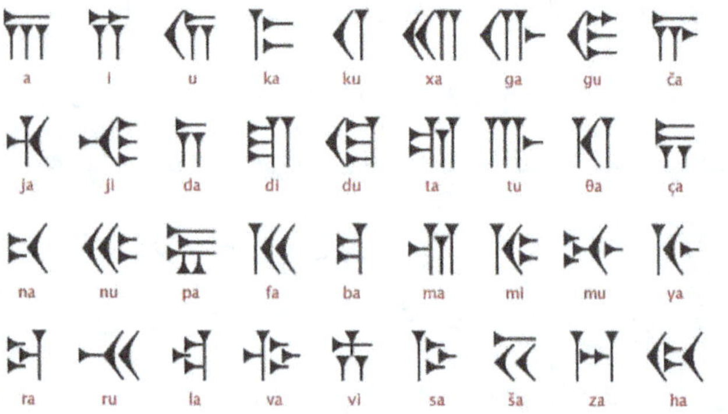

الفبای خط میخی هَخامَنِشی ـ فارسی باستان ـ حدود ۵۰۰ سال قبل از میلاد ـ از چپ به راست نوشته می‌شده ـ از خط بابلی گرفته شده ـ هم هجایی است هم الفبایی ـ حرف‌های آن جدا نوشته می‌شدند.

الفبای خط اَوِستایی ـ دوره‌ی میانه ـ حدود ۶۰۰ میلادی ـ از راست به چپ نوشته می‌شده ـ از خط آرامی پهلوی گرفته شده ـ حرف‌های آن جدا از هم نوشته می‌شدند.

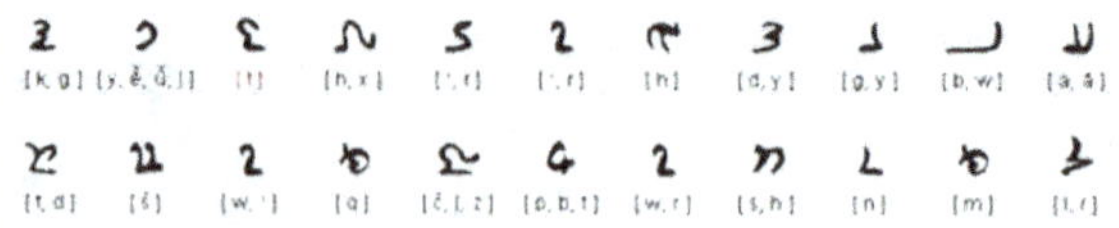

الفبای خط پهلوی ـ دوره‌ی میانه ـ حدود ۶۰۰ میلادی ـ از راست به چپ نوشته می‌شده - از خط آرامی گرفته شده ـ حرف‌های آن جدا از هم نوشته می‌شدند.

درس سی و ششم فارسی از دوره‌ی باستان تا امروز

خواندن ۲: متن زیر را بخوانید و عنوانی برای آن بنویسید. سپس به پرسش‌های آن پاسخ دهید (منبع ۲۵).

تَکلُّم	speech
ترکیبی	synthetic
رَواج یافت	زیاد شد
تَسَلُّط	dominance
صَنعَت	industry
قائل بودن	to consider

عنوان: ....

یکی از قدیمی‌ترین زبان‌های غربی ایرانی، فارسی باستان است که ۵۲۵ سال قبل از میلاد مسیح، در دوره‌ی هخامنشیان به آن **تَکَلُّم** می‌شده است. فارسی باستان زبانی **ترکیبی** بوده و دستوری شبیه به زبان لاتین داشته است. فارسی میانه که حدوداً سه قرن بعد از فارسی باستان در دوره ساسانیان **رَواج یافت**، از نظر دستوری با فارسی باستان بسیار متفاوت است و دستور آن از فارسی باستان بسیار ساده‌تر است. ولی فارسی مدرن، دنباله‌ی فارسی میانه است و از نظر دستوری با آن فرق نمی‌کند. این زبان از سیصد سال پس از اسلام، همزمان با قدرت گرفتن دولت ایرانیِ «طاهریان»، به تدریج جای سایر زبان‌ها را گرفت و زبان فرهنگی و ادبی ایران شد و بر غِنای آن افزوده شد. زبان فارسی مدرن، در سه دوره بر واژگان خود افزوده است. در دوره‌ی اول، واژگان عربی و اسلامی وارد فارسی شده است. در دوره‌ی دوم، همزمان با **تَسَلُّط** مُغولان بر ایران، واژگان تُرکی و مُغولی وارد آن شده است و در دوره‌ی قاجار، با ورود **صَنعَت** و تکنولوژی به ایران، واژگان اروپایی وارد آن شده است. برخی برای زبان فارسی دو گویش دری و تاجیکی **قائلند** که اولی در افغانستان و دومی در تاجیکستان مورد استفاده است. برآورد می‌شود که در جهان، حدود ۱۱۰ میلیون نفر به زبان فارسی صحبت می‌کنند. برخی اقوام ایرانی فارسی را با لهجه‌های مختلفی مثل مَشهدی، اصفهانی، کاشانی، کرمانی، یَزدی و تُرکی صحبت می‌کنند. امروزه فرهنگستان زبان و ادب فارسی در ایران، بیش از ۱۰ هزار واژه‌ی علمیِ جدید به زبان فارسی اضافه کرده است که جان تازه‌ای به این زبان بخشیده است.

۱. کدام زبان شبیه به فارسی باستان بوده است؟ الف) انگلیسی ب) لاتین پ) تُرکی

۲. به نظر شما علت تفاوت بسیار زیاد فارسی باستان با فارسی میانه چیست؟ ....

....

۳. به نظر شما در کدام دوره بیشترین واژگان جدید وارد زبان فارسی مدرن شده است؟ چرا؟ ....

....

۴. چه چیزی باعث غنی‌شدن زبان فارسی مدرن شده است؟ ....

....

۵. آیا اضافه شدن واژگان جدید به زبان لازم است؟ چرا؟ ....

....

تمرین ۵: با توجه به متن صفحه قبل، اصلیّت یا ریشه‌ی واژگان زیر را حدس بزنید[1].

۱. استِکان	۵. قابلمه	( ) اروپایی - یونانی	( ) اروپایی - روسی
۲. تلفن	۶. مسلمان	( ) اروپایی - آلمانی	( ) اروپایی - انگلیسی
۳. مینی‌ژوپ	۷. الماس	( ) مُغولی	( ) تُرکی
۴. تومان	۸. اتوبان	( ) عربی	( ) اروپایی - فرانسوی

خواندن ۳: متن زیر را بخوانید و نام زبان‌ها را روی راهنمای نقشه‌ی صفحه‌ی بعد بنویسید (منبع ۲۵).

پَشتو	Pashto
کُردی	Kurdish
لُری	Luri
آسی	Ossetian
کرانه	coast

بیش از صد زبان ایرانی در منطقه آسیا شناخته شده است که پس از فارسی مهمترینِ آن‌ها عبارتند از:

زبان پَشتو: مردم شرق افغانستان و شمال پاکستان به زبان پشتو صحبت می‌کنند. پشتو، دو گویش شمالی و جنوبی دارد که خیلی به هم شبیه هستند. پشتو به خط تغییریافته‌ی فارسی نوشته می‌شود. برخی زبانشناسان معتقدند که پشتو شاخه‌ای از زبان اوستایی است. در حال حاضر، فارسی دری و پشتو، دو زبان رسمی کشور افغانستان هستند.

زبان کُردی: مردم در غرب و بخش‌هایی از شمال شرقی ایران، بخش‌هایی از جنوب ترکیه، شمال عراق، ارمنستان، و شمال سوریه به زبان کُردی صحبت می‌کنند. کُردی سه گویش اصلی به نام‌های «کُرمانجی، سورانی و پَلوانی» دارد. این زبان نیز به خط تغییریافته فارسی نوشته می‌شود. البته در سوریه، کُردی به خط لاتین و در ارمنستان به خط روسی نوشته می‌شود.

زبان لُری: در بخش‌هایی از غرب ایران به خصوص در لرستان، مردم به زبان لُری صحبت می‌کنند.

زبان بَلوچی: مردم در بلوچستان ایران و پاکستان، در جنوب افغانستان و بخش‌هایی از آسیای میانه به زبان بلوچی صحبت می‌کنند.

زبان گیلکی: برخی از مردم منطقه‌ی گیلان در جنوب دریای خزر به زبان گیلکی صحبت می‌کنند.

زبان مازندرانی: یا مازَنی به زبان گیلکی بسیار شبیه است و گویشورانی در منطقه مازندران دارد.

زبان تالِشی: مردم در **کرانه‌ی** غربی دریای خزر به زبان تالشی صحبت می‌کنند.

زبان آسی: مردم شمال قَفقاز به زبان آسی صحبت می‌کنند. این زبان بازمانده‌ی زبانِ سَکاییِ باستان است که در حال حاضر به خط روسی یا «سیریلیک» نوشته می‌شود.

زبان تاتی: اقوام تات در داغستان و آذربایجان روسیه به این زبان صحبت می‌کنند.

برخی از مردم ایران‌زمین، به زبان‌های غیر ایرانی مانند آذَری، تُرکی، اَرمَنی و عربی نیز صحبت می‌کنند.

[1] برای چک کردن اصلیّت یا ریشه‌ی کلمات، به فرهنگ‌های یک زبانه‌ی فارسی مراجعه کنید مانند فرهنگ دهخدا یا واژه‌یاب www.vajehyab.com

درس سی و ششم زبان‌های ایرانی

نقشه زبان‌های ایرانی
ایران

نقشه‌ی زبان‌های ایرانی - توضیح: بخش‌های سفید و برخی بخش‌های هاشوردار، زبان‌های غیرایرانی مانند ترکی آذری در آذربایجان و عربی در اهواز را نشان می‌دهد.

Worldmaper [CC BY-SA 4.0 (https://creativecommons.org/licenses/by-sa/4.0)], via Wikimedia Commons

خواندن ۴: متن‌های زیر[۱] را بخوانید و تمرین بعدی را انجام دهید (منبع شماره ۲۵، ۳۳، ۳۴ و سایت آمار ایران).

اقوام ایرانی با زبان‌ها و گویش‌های گوناگونی سخن می‌گفته‌اند. برخی از اقوام ایرانی را با نام زبانی که با آن صحبت می‌کنند، می‌شناسند مثلاً اقوام کُرد به زبان کُردی صحبت می‌کنند. برخی از اقوام ایرانی با زبان‌های غیر ایرانی صحبت می‌کنند، مانند: آذَری‌ها، عرب‌ها و تُرکمَن‌ها. اغلب اقوام ایرانی به جز زبان محلی خود به زبان فارسی هم که زبان رسمی و مِعیار ایران است، تسلط دارند. لیکن، ادبیات و فرهنگ خاص خودشان را دارند. برخی از اقوام ایرانی که در ایران زندگی می‌کنند، عبارتند از:

فارس‌ها: برآورد می‌شود که بیش از ۶۳٪ مردم ایران فارس باشند و بیش از ۸۶٪ مردم ایران به زبان فارسی صحبت کنند. بیشتر اقوام ایرانی دوزبانه هستند و به جز زبان محلی خود به زبان فارسی نیز تسلط دارند. امروزه فارس‌ها در همه جای ایران از جمله استان تهران، فارس، مرکزی، یزد، کرمان، اصفهان، خراسان، ... و سایر نقاط جهان زندگی می‌کنند. بیش از ۸ میلیون فارسی‌زبان هم خارج از ایران زندگی می‌کنند.

[۱] این متن‌ها، صرفاً جهت تمرین‌های زبانی و آشنایی با اصطلاحات فارسی از منابع مختلف گردآوری شده و محتوای آن‌ها لزوماً بیانگر نظر مؤلف یا ناشر نیست.
These text materials have been collected from different sources merely for educational purposes. They do not necessarily reflect the author's or publisher's opinion.

درس سی و ششم اقوام ایرانی

کُردها: حدود ۵۰ میلیون کُرد در دنیا زندگی می‌کنند که به خصوص در نقاط مختلف آسیا پراکنده‌اند. کُردهای ایران حدود ۱۰٪ جمعیت ایران را تشکیل می‌دهند. آن‌ها در همه جای ایران، از جمله استان کُردستان، کِرمانشاه، ایلام، آذَربایجان، خُراسان، تهران و غیره زندگی می‌کنند. برخی کُردهای مسلمان ایرانی، سُنّی مَذهَب و **پیرُوِ** فِقه «شافِعی» که نوعی **اعتقاد** مذهبی است، هستند.

پیرُو	follower
دامدار	herder
اِعتِقاد	belief
کوچ	migration
عَشایِر	nomads

لُرها: حدود ۲٪ جمعیت ایران را لُرها تشکیل می‌دهند. لُرها به دو گروه کوچک و بزرگ تقسیم می‌شوند. ایلِ «بَختیاری»، بخشی از اقوام لُرِ بزرگ به شمار می‌رود. لُرها در همه‌جای ایران، به خصوص در استان‌های لُرستان، چهارمَحال و بَختیاری، کُهگیلویه و بویراحمد، اصفهان، خوزستان و غیره، زندگی می‌کنند. برخی از قبایِل یا عَشایِر لُر، هنوز به صورت **کوچ‌نشینی** زندگی می‌کنند. یعنی در بهار و تابستان به یِیلاق یا جاهای خُنَک و در پاییز و زمستان به قِشلاق یا جاهای گرم می‌روند. بیشتر عشایر، **دامدار** هستند، یعنی گاو و گوسفند پرورش می‌دهند و در چادر زندگی می‌کنند. اکثریت لُرها مسلمان و شیعه مذهب هستند.

بَلوچ‌ها: بلوچ‌ها در ایران، پاکستان، افغانستان، ترکمنستان، اروپا و سایر کشورهای منطقه، زندگی می‌کنند و به زبان بلوچی که زبانی ایرانی است، صحبت می‌کنند. برآورد شده که حدود ۴ میلیون بلوچ در ایران، به خصوص در استان سیستان و بلوچستان، زندگی می‌کنند. بیشتر بلوچ‌ها مسلمان و اهل سنّت هستند و بسیار خونگرم و مهمان‌نواز هستند.

آذری‌ها: اقوام آذری، ایرانی هستند ولی به زبان تُرکیِ آذری که زبانی غیرایرانی است، صحبت می‌کنند. آذری‌ها در استان‌های آذربایجان، تهران، زنجان و در کشور آذربایجان در جنوب روسیه و در سایر نقاط دنیا زندگی می‌کنند. آذری‌ها حدود ۱۶٪ جمعیت ایران را تشکیل می‌دهند. اکثریت آذری‌ها مسلمان و شیعه هستند. برخی از شاعران فارسی‌زبان مانند مولوی به زبان تُرکی هم شعر سروده‌اند.

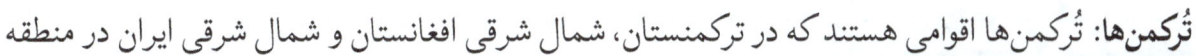

عرب‌ها: بیش از ۴۰۰ میلیون نفر از مردم دنیا از نژاد عرب هستند و به زبان عربی که زبانی سامی است، صحبت می‌کنند. حدود ۲٪ از مردم بخشی از ایران، به خصوص در استان خوزستان، به زبان عربی صحبت می‌کنند. به دلیل اهمیت زبان عربی از نظر دینی و زبانی، زبان عربی در کنار فارسی در مدرسه‌های ایران تدریس می‌شود. در دوران گذشته، دانشمندان ایرانی مانند ابن‌سینا، ابوریحان بیرونی، زکریای رازی، خوارزمی، فارابی، خواجه نصیر و ... برخی از آثار خود را به زبان عربی نوشته‌اند.

تُرکمن‌ها: تُرکمن‌ها اقوامی هستند که در ترکمنستان، شمال شرقی افغانستان و شمال شرقی ایران در منطقه ترکمن‌صحرا، خراسان و گرگان و سایر نقاط دنیا سکونت دارند. ترکمن‌ها به زبان تُرکیِ ترکمنی که گویشی متفاوت با تُرکی آذری است، صحبت می‌کنند. حدود ۲٪ مردم ایران از اقوام تُرکمن هستند. بیشتر ترکمن‌ها، مسلمان و اهل سنّت هستند. تُرکمن‌ها کشاورزی و دامداری می‌کنند و بافندگان ماهری هستند.

گیلَک‌ها و مازَندرانی‌ها: گیلک‌ها در استان گیلان در جنوب دریای **خَزَر** زندگی می‌کنند و علاوه بر فارسی به زبان گیلکی هم صحبت می‌کنند. بیشتر مازندرانی‌ها یا طَبَری‌ها هم در استان مازندران در شرق گیلان سکونت دارند. گیلک‌ها و مازندرانی‌ها بیشتر به کشاورزی و باغداری مشغولند. زبان گیلکی و مازندرانی (مازَنی) هر دو از زبان‌های ایرانی هستند. اکثر گیلک‌ها و مازندرانی‌ها مسلمان و شیعه هستند.

قَشقایی‌ها: در دوران قدیم، اقوام و عشایر قَشقایی بیشتر به صورت طایفه‌ای و **ایلی** (خانوادگی) زندگی می‌کردند و کوچ‌نشین بودند. لیکن امروزه، بیشتر ایل‌ها و طایفه‌های عشایر، شهرنشین شده‌اند. قشقایی‌ها به زبان تُرکی صحبت می‌کنند و اکثر آن‌ها مسلمان و شیعه هستند. قشقایی‌ها بیشتر در استان فارس تمرکز دارند لیکن در نقاط دیگر ایران هم سکونت دارند.

کلیمیان: جمعیت کلیمیان یا یهودیان ایران، پس از انقلاب اسلامی کاهش یافت زیرا بسیاری از آن‌ها از ایران به کشورهای دیگر مهاجرت کردند. در حال حاضر حدود ۲۵ هزار کلیمی در سراسر ایران زندگی می‌کنند. برخی کلیمیان به زبان عِبری هم صحبت می‌کنند و در همه‌جای ایران به خصوص در استان یزد، فارس و اصفهان، پراکنده‌اند. کلیمیان در ایران کِنیسه، مدرسه و مجتمع‌های فرهنگی خودشان را دارند. کلیمیان نماینده‌ای هم در مجلس ایران دارند.

اَرامَنه: حدود ۱۱ میلیون اَرمَنی در جای‌جایِ دنیا، به خصوص در کشور ارمنستان زندگی می‌کنند. صد و بیست هزار ارمنی هم در سراسر ایران، به خصوص در استان‌های تهران، اصفهان و آذربایجان زندگی می‌کنند. ارامنه‌ی ایران به جز زبان فارسی به زبان ارمنی هم که زبانی هند و اروپایی است، صحبت می‌کنند. بیشتر ارامنه، پیرو دین مسیحیت و کِلیسای «اُرتُدکس» هستند. ارامنه به عنوان یکی از اقلیّت‌های دینیِ پذیرفته شده در **قانون اساسی** ایران، نماینده‌ای در مجلس ایران دارند.

سایر دین‌ها: همان طور که خواندید، اقوام ایرانی، پیروِ دین‌ها و اعتقادات مذهبی مختلفی هستند. قدیمی‌ترین دین ایرانی، دین **زَرتُشتی** است که قرن‌ها پیش از میلاد مسیح در ایران رواج داشته است. به غیر از دین‌های یهودیّت، مسیحیّت و اسلام، مذاهب و اعتقادات دیگری در ایران رواج داشته است، مانند: دین‌های مانَوی، مَزدَکی، آشوری، بابیّت و بَهائیّت. از دین اسلام و دو مذهب شیعه و سنّی هم فرقه‌ها و اعتقادات مختلفی مانند صوفیه، اهل حَقّ، اِسماعیلیه، زِیدیه و غیره **مُنشَعِب** می‌شوند.

با این که، این دین‌ها گاهی باعث بروز اختلافِ عَقیده بین ایرانیان شده است، فرهنگ ایرانی و ادبیّات غَنیِ فارسی همواره **عامِل** مهمی در اتحاد و هَمدلی این مردم بوده است. به عنوان مثال، ایرانیان در همه جای ایران و جهان، از ترک و لُر و کُرد تا فارس و ترکمن و قشقایی، همگی نوروز و آغاز سال نو را جشن می‌گیرند و شاهنامه و حافظ می‌خوانند. این گونه است که مردم این سرزمین، هزاران سال فرهنگ، تَمَدُن و زبان خود را پاسداشته‌اند.

tribe	ایل	rich	غَنی	constitution	قانون اساسی	synagogue	کِنیسه
Caspian	خَزَر	factor	عامِل	to branch	مُنشَعِب شدن	Jewish	کلیمی

درس سی و ششم — تمرین کلاسی

تمرین ۶: عبارات مرتبط در دو ستون را به هم وصل کنید.

۱. این اقوام ایرانی به زبان‌هایی غیر ایرانی صحبت می‌کنند.
۲. این اقوام ایرانی به زبان‌های ایرانی تکلّم می‌کنند.
۳. بیشتر مردم این قوم مسیحی و پیرو مذهب اُرتُدکس هستند.
۴. این دو قوم ایرانی، سابقاً کوچ‌نشین بودند و به صورت عشایری زندگی می‌کردند.
۵. بیشتر افراد این سه قوم ایرانی، مسلمان و اهل سنّت هستند.
۶. بیشتر افراد این اقوام ایرانی مسلمان و شیعه مذهب هستند.
۷. به معنی قِشلاق است.
۸. به اقوام یهودی ایرانی اتلاق می‌شود.
۹. به معنی یِیلاق است.
۱۰. بیشتر مردم این قوم در استان سیستان و بلوچستان زندگی می‌کنند.
۱۱. قومی ایرانی هستند که حدود ۱۶٪ جمعیت ایران را تشکیل می‌دهند و به زبانی غیر ایرانی تکلم می‌کنند.
۱۲. در منطقه ترکمن‌صحرا، خراسان و گرگان زندگی می‌کنند و سنّی مذهبند.
۱۳. بیشتر افراد این قوم در استان فارس تمرکز یافته‌اند.
۱۴. این دین‌ها و مذاهب همه ایرانی اند.

( ) جاهایی که سرد است و عشایر در بهار و تابستان به آنجا کوچ می‌کنند.
( ) زرتشتی، مانوی، مزدکی، اهل حق
( ) آذری‌ها
( ) کلیمیان
( ) عرب‌ها، آذری‌ها، تُرکمن‌ها و قَشقایی‌ها
( ) قَشقایی‌ها
( ) فارس‌ها، گیلک‌ها، مازندرانی‌ها، عرب‌ها، آذری‌ها، لُرها و قَشقایی‌ها
( ) جاهایی که گرم است و عَشایر در پاییز و زمستان به آنجا کوچ می‌کنند.
( ) بَلوچ‌ها
( ) لُرهای بختیاری و قَشقایی‌ها
( ) فارس‌ها، کُردها، لُرها، گیلک‌ها، مازندرانی‌ها و بلوچ‌ها
( ) کُردها، بلوچ‌ها و تُرکمن‌ها
( ) تُرکمن‌ها
( ) ارامنه یا ارمنی‌ها

درس سی و ششم — تمرین کلاسی

تمرین ۷: گزارش کوتاه شبکه‌ی خبر درباره اطلس زبان‌ها و گویش‌های ایرانی ببینید و به پرسش‌های زیر پاسخ دهید.

۱. این گزارش کوتاه خبری درباره چیست؟
الف) تدوین اَطلَس جغرافیایی   ب) زبان فارسی
پ) تدوین اطلس ملی زبان   ت) هیچ کدام

۲. چرا زبان‌ها و گویش‌های محلی مهم هستند؟
الف) چون با ورود تکنولوژی همه زبان‌ها از بین می‌روند.
ب) چون فرهنگ، ضرب‌المثل‌ها و سنت‌های کهن در آن نهفته است.
پ) چون کارشناسان معتقدند که این زبان‌ها خیلی مهم هستند.

۳. تقریباً چند زبان و گویش محلی در ایران وجود دارد؟
الف) ۱۰۰   ب) ۶۰۰   پ) ۱۰۰۰

۴. کدام زبان‌ها و گویش‌ها بیشتر در خطر از بین رفتن قرار دارند؟
الف) زبان‌ها و گویش‌های ملی
ب) زبان‌ها و گویش‌های مناطق روستایی
پ) زبان‌ها و گویش‌های مردم شهرها و مناطق بزرگ

۵. کدام تحولات بیشتر باعث از بین رفتن زبان‌ها و گویش‌های محلی می‌شود؟
الف) نقل و انتقال اقوام ایرانی از روستاها به شهرها
ب) خالی شدن روستاها از سکنه و مردمی که در آن‌ها زندگی می‌کنند.
پ) تغییر و تحول زیاد زبان‌ها و گویش‌ها
ت) همه موارد بالا

۶. اطلس ملی زبانی چند گویش را باید ثبت کند؟
الف) ده هزار   ب) بیست هزار   پ) صد هزار

۷. آیا زبان یا گویشی را می‌شناسید که از بین رفته باشد؟ آن را نام ببرید؟ ....
....

۸. به نظر شما برای جلوگیری از نابودی زبان‌ها و گویش‌های محلی چه کارهایی باید کرد؟
....
....

محمد دبیر مقدم
زبان شناس

درس سی و ششم — تمرین کلاسی

🎬 تمرین ۸: چند قطعه کوتاه ویدیویی[1] از ترانه‌های محلی ایرانی ببینید و به پرسش‌های زیر پاسخ دهید.

۱. ترانه‌ی گیلکی «گیلان تُرا قوربان»

گیلان ترا قوربان

https://www.youtube.com/watch?v=Ms9c_csodJU

۲. ترانه‌ی لُری بختیاری «درِ واکُن» اجرا توسط گروه عَجَم

https://www.youtube.com/watch?v=Ce7VmG6hrkY

۳. ترانه‌ی بلوچی «لیلا»

https://www.youtube.com/watch?v=Ms9c_csodJU

۴. ترانه‌ای کُردی پخش از کُردسَت

https://www.youtube.com/watch?v=0DzML0sLDJ8

۱. آیا زبان فارسی با زبان‌های بالا، تفاوت دارد؟ چند تا از کلمات آشنای زبان‌های بالا را بنویسید.

....

۲. به نظر شما، تفاوت اصلی بین فارسی معیار و زبان‌های بالا چیست؟ ....

....

۳. به نظر شما چه شباهتی بین این زبان‌ها و فرهنگ‌های مختلف وجود دارد؟ ....

....

۴. آیا داشتن زبانی مشترک، می‌تواند عامل وحدت یک کشور و اقوام مختلف آن باشد؟ ......

....

....

[1] اصل ویدیوها در سایت یوتیوب قابل دسترسی است.

درس سی و ششم تکلیف

تمرین ۹: هر یک از اصطلاحات زیر را در یک جمله تعریف کنید و در صورت نیاز در تعریف خود از مثال استفاده کنید.

۱. مهاجرت: ....

۲. گویش: ....

۳. لهجه: ....

۴. اتحاد: ....

۵. تنوع فرهنگی: ....

۶. دین: ....

۷. مذهب: ....

۸. قوم: ....

۹. یِیلاق: ....

۱۰. قِشلاق: ....

۱۱. عَشایِر: ....

۱۲. کوچ‌نشین: ....

۱۳. رَسم و سُنَت: ....

۱۴. ادبیّات: ....

۱۵. هند و اروپایی: ....

۱۶. خط میخی: ....

۱۷. زبان‌های ایران باستان: ....

۱۸. زبان‌های دوره‌ی میانه: ....

۱۹. زبان‌های غیر ایرانی: ....

۲۰. ایل بَختیاری: ....

درس سی و ششم — پروژه

تمرین ۱۰: پروژه: یکی از زبان‌ها یا گویش‌های ایرانی را انتخاب کنید (مثلاً فارسی باستان، پهلوی، کُردی، لُری، بلوچی، و ...) و در مورد ساختار زبان، کلمات و دستور آن گزارشی کوتاه با ذکر چند مثال نوشتاری یا گفتاری در این صفحه بنویسید و آن را در کلاس ارائه دهید.

تمرین ۱۱: متن گزارش تصویری را بخوانید و بندهای گفتاری را در آن مشخص کنید.

کلیه **ضرب‌المثل**‌ها و شیوه‌های فکری و **آداب مُعاشِرَت** و سُنّت‌های **کُهَن** ما در همین زبونای محلی ما **نَهُفته** ست. یعنی اگر ما این زبونای محلی و گویش‌ها رو **ریشه‌شناسی** بکنیم، مسلماً می‌تونیم حافظ و نگهدار سنّت‌های باستانی و کُهَن **مَملِکت**مون باشیم که با توجه به ورود تکنولوژی، روز به روز داره اینا از بین می‌ره.
... کارشناسان بر این باورند که بیش از ۱۰۰۰ گویش و لهجه‌ی محلی در ایران وجود دارد که برخی از آن‌ها در خطر **نابودی** است.
زبان‌ها و گویش‌هایی که در مَناطِق روستایی و محدودی صحبت می‌کنند، این‌ها در واقع می‌تونند اولین **قُربانیان** این **زَوال** زبانی و سرانجام محو باشند و این‌ها تعدادشون کم نیست در ایران. و بسیاری از اون‌ها **رَدّ پای** بسیار گران‌بهایی به لحاظِ ساختاری از زبان‌های کهن ایران هنوز در خودشون حفظ کردند.
در سال گذشته، ما حدوداً ۱۰ هزار نمونه‌ی گویشی رو **آوانویسی** کردیم. گردآوری‌های تکمیلی رو انجام دادیم که هنوز هم این گردآوری‌ها داره انجام میشه. در کنارش سعی کردیم که **گنجینه**‌ی مواد زبانی گذشته رو که دیگه **تجدیدپذیر** نیستند، به این دلیل که مواد زبانی وقتی که تولید میشن بعد از مدتی به دلیل تَحولاتی که زبان‌ها دارن از بین می‌رن. این دهه‌ها رو هم شما می‌دونید که دهه‌های خیلی مهمی هستند در تاریخ **مُعاصِر** کشورمون. به هر صورت، ما روستاهایی رو داریم که خالی از **سَکَنه** شدند، روستاهایی رو داریم که بر عکس به وجود اومدند، نقل و انتقالات **قومیّت‌ها** رو داریم به شهرهای مختلف به نقاط مختلف و متأسفانه از بین رفتن بعضی از این گویش‌ها رو هم شاهد بودیم.
بیش از ۱۰۰ هزار نمونه ی گویشی رو باید ثبت کنیم ولی **اولَویّت** ما، گویش‌های در خطره.
... تدوین **اَطلَس** ملی زبان، مهمترین گام برای مستندسازی و جمع آوری گویش‌های رایج و در حال فراموشی ایران است.

ضَربُ‌المَثَل	proverb
آداب مُعاشِرت	behavior
کُهَن	قدیمی
نَهُفته	hidden
ریشه‌شناسی	etymology
مَملِکت	کشور
نابودی، زَوال	از بین رفتن
قُربانی	victim
رَدّ پا	trace
آوانویسی	phonetic transcription
گنجینه	treasure
تَجدیدپَذیر	renewable
تَحَول	تغییر
مُعاصِر	contemporary
سَکَنه	residents
قومیّت‌ها	اقوام
اولَویّت	priority
اَطلَس	atlas

درس سی و هفتم

موسیقی سنّتی

درس سی و ششم
موسیقی سنّتی

نوازنده‌ی قِیچَک

نوازنده‌ی نِی

۱. آیا با موسیقی[1] سنّتی ایران آشنایی دارید؟

۲. کدام‌یک از **ساز**های سنّتی را می‌شناسید؟

۳. کدام‌یک از خوانندگان **ترانه**ها و تصنیف‌های سنّتی ایران را می‌شناسید؟

۴. موسیقی سنّتی ایران چند سال **قِدمَت** دارد؟

خواندن ۱: متن زیر را بخوانید و برای آن عنوان مناسبی پیشنهاد کنید (منبع ۱۹ و ۲۰).

عنوان: ....

موسیقی سنّتی ایران بیش از هزار سال قِدمَت دارد. اولین نوشته‌ها درباره‌ی موسیقی ایران باستان از دوران شاهان ساسانی است. شاهان ساسانی به موسیقی اهمیّت زیادی می‌دادند. در **دَربار** «خُسرو پَرویز» ساسانی، نوازندگان و موسیقی‌دانان زیادی زندگی می‌کردند. مثلاً «باربد» یکی از نوازندگان و خوانندگان بزرگ آن زمان بود که ۳۶۵ نوع موسیقی برای ۳۶۵ روز سال نوشته بود تا هر روز موسیقی مخصوص آن روز را در دربار شاه **بنوازند**. او **تَرانه**ها و آهنگ‌ها را خودش می‌نوشت و **اجرا** می‌کرد.

با این که احتمالاً موسیقی در این دوره **تکامل** زیادی پیدا کرده و **دستگاه**های موسیقی ایرانی در این دوره به وجود آمده‌اند، ولی اطلاع زیادی از آن نوع موسیقی نداریم زیرا در آن زمان موسیقی **ثَبت** نمی‌شد.

در زمان اسلام، موسیقی ایرانی به **حَیات** خود ادامه داد و بر فرهنگ اسلامی نیز **تأثیر** گذاشت. امروزه **اُصول** و قَواعد موسیقی سنتی ایرانی با موسیقی‌های سنّتی عربی و ترکی نزدیکی زیادی دارد و با این که در طی قرن‌ها تغییرات زیادی کرده است، لیکن مَبانی **نَظَری** آن تا حدود زیادی بدون تغییر مانده است.

instrument	ساز
music player	نَوازَنده
king court	دَربار
آهنگ	تَرانه
to play song	نَواختن
performance	اجرا
evolution	تَکامُل
set	دستگاه
record	ثَبت
زندگی	حَیات
influence	تأثیر
principles	اُصول
theoretical	نَظَری

[1] در صفحه ۱۵۱ در این بخش، برخی اصطلاحات موسیقی به طور خلاصه تعریف شده‌اند.

درس سی و هفتم — سازهای ایرانی

خواندن ۲: با برخی از سازهای ایرانی آشنا شوید و سپس تمرین بعدی را انجام دهید (منبع ۱۹ و ۲۰).

تار: سازی زِهی است که در ساخت آن از چوب، **زِه**، **سیم فِلزی**، اُستِخوان و **پوست** استفاده می‌شود و ۹۵ سانتیمتر طول دارد. تار بسیار شبیه به گیتار است و ۶ سیم فلزی دارد و مانند گیتار در دست نوازنده قرار می‌گیرد. قسمت پایین تار که گُلابی‌شکل است، **کاسه‌ی طَنینی** نام دارد. تار را با **مِضراب** یا زَخمه می‌نوازند. وُسعَت تار سه **اُکتاو** است و **کلید** نُت آن **سُل** در **حامِل** (خط) دوم است. تار ۲۸ **دستان** و قابلیت تولید حداقل ۲۸ نُت (نَغمه) را در هر دو سیمش دارد.

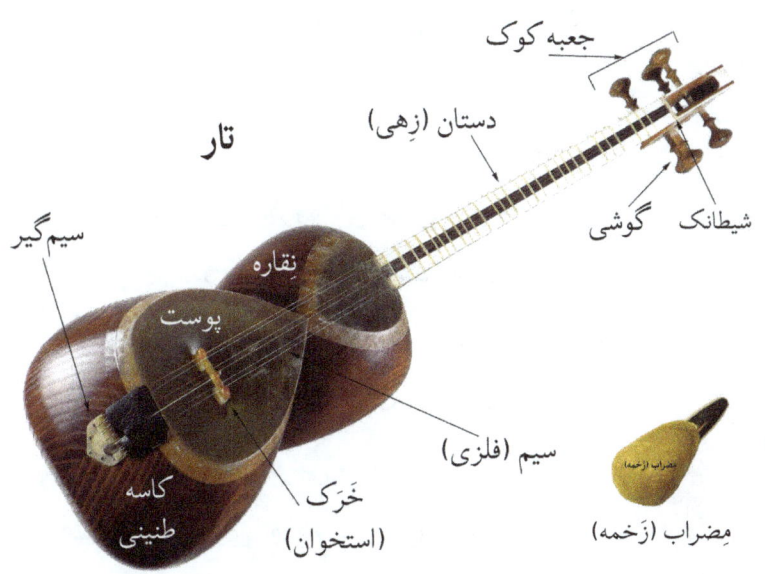

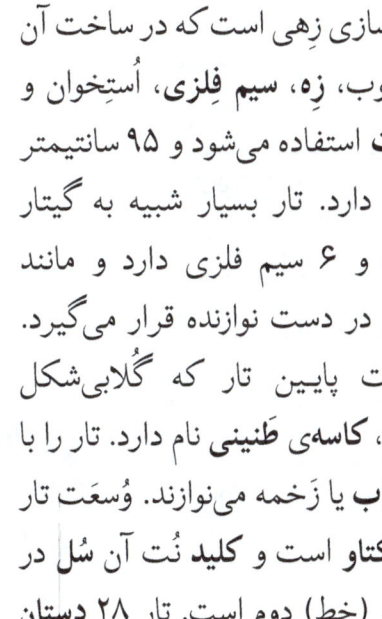

مِضراب (زَخمه)

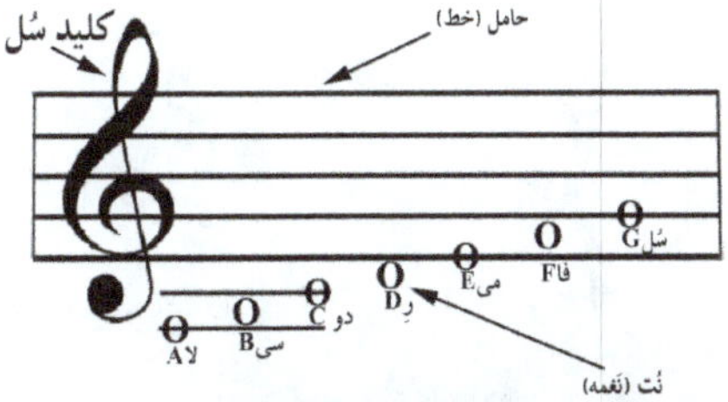

زِه	رشته‌ای که از روده حیوانات ساخته شده
سیم	wire
فِلزی	steel
اُستِخوان	bone
پوست	animal skin
گُلابی‌شکل	pear shape
کاسه	bowl
طَنینی	tonal
وُسعَت	range
اُکتاو، هنگام	octave
کلید سُل	G-clef
حامِل، خط	staff
دَستان، پرده	fret
نُت، نَغمه	musical note
مِضراب، زَخمه	pick
فَقید، مَرحوم	passed away
اُفُقی	horizontal

استادِ **فَقید** «محمدرضا لُطفی» یکی از تک‌نوازان و آهنگ‌سازان مشهور سازهای سنتی ایرانی از جمله تار و سه‌تار بود. سه‌تار را به صورت **اُفُقی** در دست می‌گیرند و به حالت نشسته آن را می‌نوازند.

به نمونه‌ای از تک‌نوازی سه‌تار توسط استاد «محمدرضا لطفی» گوش کنید.

https://www.youtube.com/watch?v=nTUh-WTaclQ

سه‌تار: سازی زِهی است که بسیار شبیه تار است و از چوب ساخته می‌شود. سه‌تار، ۴ عدد سیم فلزی یا نایلونی دارد. سه‌تار هم مانند تار ۲۸ عدد دَستان دارد که به صورت گروه‌های سه‌تایی و چهارتایی با زه روی دسته‌ی آن پیچیده شده است. وسعت سه‌تار سه اُکتاو و کلید نُت آن سُل در حامل دوم است. تار را بیشتر با **ناخُن** انگشت **سَبابه** دست راست یا ناخُن **مَصنوعی** می‌نوازند. از تار و سه‌تار هم در **تک‌نَوازی** و هم در گروه‌نَوازی استفاده می‌کنند.

سه‌تار

ناخُن	nail
سَبابه	index (finger)
مَصنوعی	synthetic
تک‌نوازی	solo
کوک کردن	to tune
دو به دو	two by two
ابریشم	silk
پَر	feather
دسته	neck

بَربَط (عود): سازی زِهی است مانند سه‌تار که کاسه‌ی طنینی بزرگ و گلابی‌شکلی دارد ولی **دسته‌ی** آن کوتاه است. بَربَط ۱۰ سیم و ۱۰ گوشی چوبی دارد. سیم‌های بربط از فلز، زه، نایلون یا **ابریشم** تابیده شده درست می‌شوند و **دو به دو کوک** می‌شوند. وسعت صدای بَربَط دو اُکتاو است و کلید نت آن سُل در حامل دوم می‌باشد. مِضراب بَربَط از **پَرِ** پرندگان درست می‌شود.

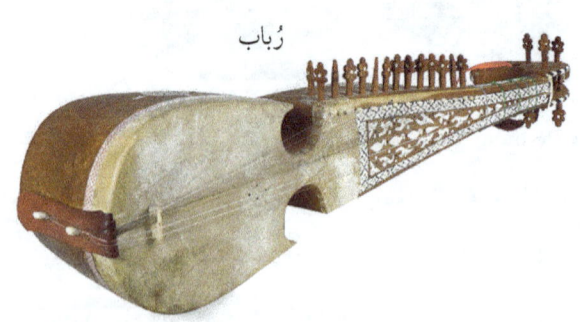

بَربَط

مِضراب عود

رُباب: یکی از قدیمی‌ترین سازهای زِهی است که خیلی شبیه به تار است. روی کاسه‌ی طنینی آن را از پوست می‌پوشانند و دسته‌ی پهنی دارد که به آن سینه می‌گویند. گوشی‌های کنار سینه‌ی این ساز، تزئینی است و ۶ عدد گوشی چوبی در جعبه‌ی کوک آن قرار دارد. رُباب هم ۶ سیم دارد و وسعت نوای آن یک و نیم اُکتاو است. کلید نُت این ساز، سُل در حامل دوم است.

رُباب

کمانچه: سازی زهی است که آن را با **آرشه** می‌نوازند. **طول** کمانچه، ۷۵ سانتیمتر است و آن را به صورت **عَمودی** در دست می‌گیرند. به همین دلیل، کمانچه **پایه** دارد. این ساز ۴ سیم دارد و وسعت صدای آن چهار اکتاو است. کلید نُت کمانچه هم سُل روی حامل دوم است. آرشه، **میله**‌ای چوبی به اندازه‌ی ۶۰ سانتیمتر است که یک **دسته** موی اسب به دو سر آن **وصل** شده است.

آرشه
کمانچه

طول	length
عَمودی	vertical
پایه	base
آرشه	bow
میله	bar
دسته	bunch
وصل کردن	to connect
بِداهه‌نَوازی	improvising

استاد «کیوان کلهُر» یکی از بداهه‌نوازان مشهور کمانچه است. کمانچه را به صورت **عَمودی** در دست می‌گیرند و به حالت نشسته آن را می‌نوازند.

نمونه‌ای از بداهه‌نوازی کمانچه توسط استاد «کیهان کلهُر» را نگاه کنید.

https://www.youtube.com/watch?v=bBW-5lYBycM

قِیچَک (غیژک): قِیچک سازی زهی ـ آرشه‌ای به طول ۵۶ سانتیمتر است. قیچَک را به صورت عَمودی در دست می‌گیرند. این ساز ۴ سیم و ۴ گوشی کوک دارد و وسعت نوای آن، دو اکتاو است. کلید نُت قیچَک، سُل روی حامل دوم است. آرشه‌ی این ساز شبیه به آرشه‌ی ویولُن است.

قِیچَک

سَنتور: سازی زهی و **مُطلَق** است که با چوب و فلز ساخته می‌شود و به شکل **ذوذَنَـقه** است. سنتور را با مِضرابی چوبی که شبیه چنگال است می‌نوازند. سنتور ۱۸ خَرَک دارد که ۹ عدد در سمت راست و ۹ عدد آن‌ها در سمت چپ سنتور قرار دارند. سنتور ۷۲ عدد گوشی کوک در ۱۸ ردیف چهارتایـی دارد. بنابراین سنتور در کُل، ۷۲ سیم فلزی دارد که ۳۶ عدد آن **مِسی** و روی خرک‌های سمت راست هستند و ۳۶ عدد آن **فَنَری** و روی خرک‌های سمت چپ سنتور قرار دارند. وسعت نوای سنتور یک نُت بیشتر از سه اکتاو و کلید آن سُل روی حامل دوم است.

سنتور

مِضراب

freehand	مُطلَق
trapezoid	ذوذَنَـقه
spring	فَنَری
copper	مِسی
change	تَغییر
right angle	قائمه
90 degree	۹۰ درجه
high pitch	صدای زیر
low pitch	صدای بَم

استاد داریوش صَفوَت

برخی سنتورنوازان ایرانی، سنتور را **تغییر** و تَحَول داده‌اند و ترانه‌های زیبایی با آن اجرا کرده‌اند، از جمله استاد «ابوالحسن صبا، ناظمی، برومند، صَفوَت، شهناز، مِشکاتیان، پایوَر، کیانی» و غیره. این ساز را روی میز قرار می‌دهند و با مضراب چوبی می‌نوازند.

به نمونه‌ای از سنتورنوازی «وحید تهرانی آزاد» گوش کنید.
https://www.youtube.com/watch?v=xqihpWR9sMI

قانون: این ساز شبیه به سنتور است با این فرق که زاویه‌ی سمت راست آن **قائمه** و **۹۰ درجه** است و آن را با انگشتان سَبابه‌ی دو دست با مضراب فلزی می‌نوازند. طرف چپ قانون ۲۸ پرده برگردان و ۸۲ گوشی و سیم زهی دارد. وسعت قانون سه و نیم اکتاو است. کلید نت این ساز برای صداهای «**زیر**»، سُل روی حامل دوم و کلید فا برای اکتاو و صدای «**بَم**» آن است.

سیم‌های سازهای ضربه‌ای مثل قانون، سنتور و چنگ برای نت‌های مخصوص کوک می‌شوند و نت‌های آن فقط با ضربه‌ی مضراب تولید می‌شوند نه با تغییر فشار انگشت روی سیمِ ساز.

درس سی و هفتم — سازهای ایرانی

بادی	woodwind
کُهَن	خیلی قدیمی
سوراخ	hole
نِگه داشتن	to hold
قُطر	diameter
کوبه‌ای	percussion
ران	thigh
حَلقه	ring

نِی: سازی **بادی** و بسیار **کُهَن** است که از گیاه نِی درست می‌شود. نِی را با تغییر هوای ورودی به آن و با انگشت‌گذاری بر روی **سوراخ**هایش می‌نوازند. نِی را به صورت عمودی **نگه** می‌دارند و آن را بین دو لب و دندان‌ها قرار می‌دهند. نِی هفت سوراخ یا گِره دارد. طول نِی بین ۳۰ تا ۶۵ سانتیمتر و **قُطر** آن ۱/۵ تا ۳ سانتیمتر است. این ساز قابل کوک نیست. وسعت صدای نِی حدود دو اکتاو و نیم است. برخی از صداها، مانند نُت «سی» در نِی وجود ندارد و کلید نُت آن سُل روی حامل دوم است.

نِی

تُمبَک (ضَرب): سازی **کوبه‌ای** است که از چوب و پوست حیوانات درست می‌شود. طول تمبک معمولاً ۴۴ سانتیمتر است. برای تمبک زدن باید آن را روی **ران** پای بگذارید و با دو دست بر پوست روی آن ضربه بزنید. نت‌های تمبک را روی سه خط حامل می‌نویسند. نت‌های مرکز تمبک روی خط اول، نت‌های میانی روی خط دوم و نت‌های کناره پوست را روی حامل سوم می‌نویسند.

تُمبَک

استاد فقید حسن کسایی

از نوازندگان مشهور نِی می‌توان به استادان «نایب اسداله اصفهانی، حسن کسایی، مهدی نوایی، علی تجویدی، حسین عمومی، حسن ناهید، جمشید و شاهو عندلیبی و محمد موسوی» اشاره کرد.

🎬 به نمونه‌ای از تک‌نوازی نِی توسط استاد «موسوی» همراه با ضرب گوش کنید.

https://www.youtube.com/watch?v=By9hCPdW0vc

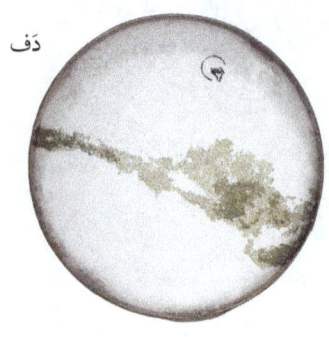

دَف و دایره زنگی: دو ساز **کوبه‌ای** هستند که با چوب و پوست حیوانات ساخته می‌شوند. بدنه‌ی دَف دایره‌شکل و قُطر آن حدود ۶۰ سانتیمتر است. **حلقه**هایی فلزی در داخل جِداره‌ی دَف قرار دارند. دَف را با دو دست به صورت عمودی نگه می‌دارند. دَف را مانند تُمبَک نُت‌نویسی می‌کنند. دایره زنگی هم شبیهِ دَفی کوچک است که دور آن سنج‌های کوچکی نصب شده باشد.

دَف

دایره زنگی

استاد بیژن کامکار

به نمونه‌ای از دَف‌نوازی توسط استاد «بیژن کامکار» گوش کنید. https://www.youtube.com/watch?v=4OX9fwd6xdk

سایر سازها: از سازهای قدیمی دیگری مانند: تَنبور، چَنگ (زهی زخمه‌ای)، دُهُل، نِقاره، سِنج (کوبه‌ای)، کَرنا، نِی انبان، سُرنا، فُلوت (بادی) و سازهای مدرنی مانند: گیتار، پیانو، کیبورد، ویولون و غیره هم در نواختن موسیقی‌های ایرانی استفاده می‌شود.

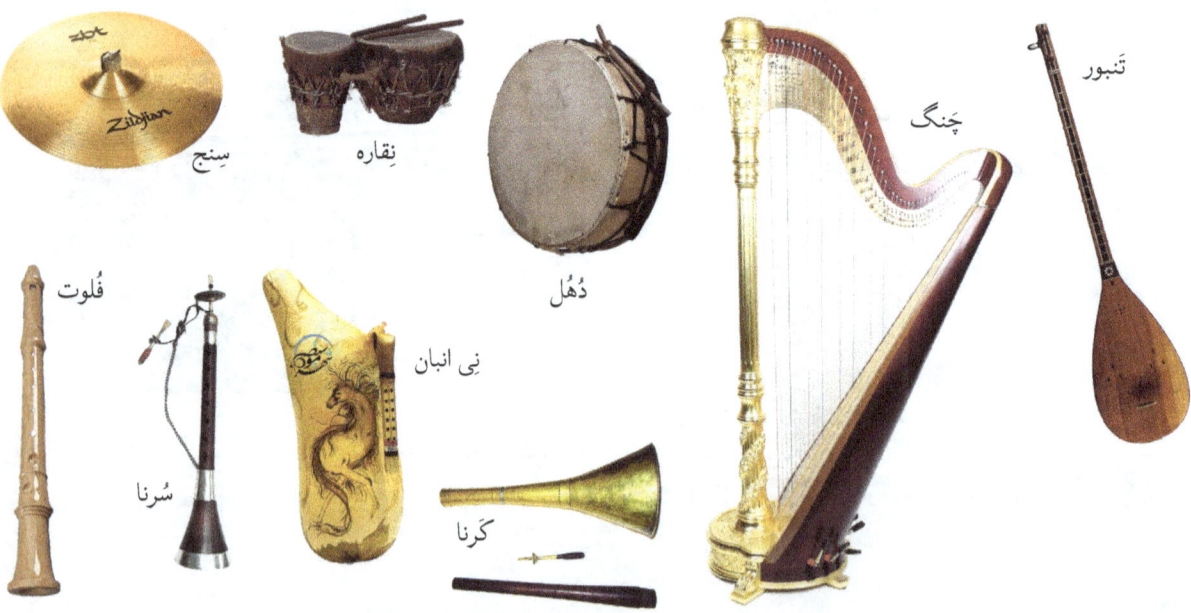

تَنبور

چَنگ

دُهُل

نِقاره

سِنج

کَرنا

نِی انبان

سُرنا

فُلوت

درس سی و هفتم   تکلیف

تمرین ۱: حال با توجه به متن‌های صفحه‌های قبل، سازهای ایرانی را در جدول زیر دسته‌بندی کنید.

سازهای زِهی / سیمی		سازهای بادی	سازهای کوبه‌ای
زهی زَخمه‌ای	تار		
زهی ضَربه‌ای	سنتور		
زهی آرشه‌ای			

تمرین ۲: به پرسش‌های زیر پاسخ دهید.

۱. نوازنده‌ی مشهوری برای هر یک از سازهای زیر بنویسید.

الف) سه‌تار: ....

ب) تار: ....

پ) کمانچه: ....

ت) سنتور: ....

۲. ساز مقابل را با ذکر جزئیات کامل توصیف کنید.

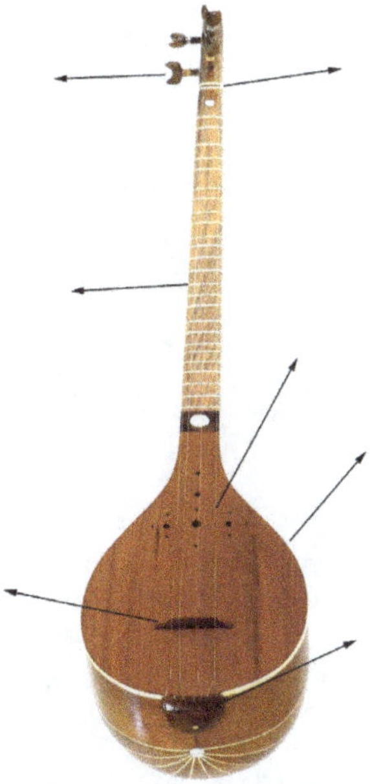

....

....

....

....

....

....

درس سی و هفتم دستگاه‌های موسیقی

خواندن ۳: متن زیر را بخوانید و تمرین بعد از آن را انجام دهید (منبع ۲۰).

مقام (مُد): در موسیقی ایرانی، از همه‌ی نُت‌های **بِالقُوه** در موسیقی استفاده نمی‌شود و مثلاً از محدوده‌ای چهار نُتی معروف به «**دانگ**» در یک اُکتاو، گامی **بِالفِعل** (خوشایند) ساخته می‌شود. سپس بر اساس این **گام**، موسیقی‌های مختلف ایرانی ساخته می‌شود. آنچه که خصوصیتِ ایرانی به موسیقی می‌دهد، روش فاصله‌گذای و درجه‌بندی نُت‌ها، تأکید بر نُتی **خاص** (نُت ایست یا شاهد)، ساخت **اُلگو**های لَحنی یا ملودی تکراری و دریافت احساسی یا مُدال این لَحن‌هاست که ویژگیِ فرهنگی به حساب می‌آید. به این خصوصیت، مُد یا **مَقام** می‌گویند. موسیقی سنّتی ایرانی در زمان‌های قدیم ۱۲ مقام داشته. برخی از این مقام‌ها عبارت بودند از: ماهور، عراق، زابل و دشتی. در حال حاضر، مفهوم «مقام» به «دستگاه» تغییر کرده است.

دستگاه: عبارت است از تغییرِ لَحن موسیقی و رفتن از یک **قَطعه** یا «گوشه» به قطعه‌ای دیگر به نحوی که این تغییر مُنسَجِم، زیبا و با هم هماهنگ باشد. هر دستگاه از مراحل زیر تشکیل شده است: «پیش درآمد» یا قطعه‌ی مُقَدمه، «فُرود» یا اُلگوی لَحنی، «گوشه» مادر و گوشه‌های دیگر. لحن موسیقی در هر دستگاه بر محور «گوشه» مادر است. هفت دستگاه اصلی در موسیقی ایرانی عبارتند از:

۱. شور (با چهار **آواز**: ابوعَطا، بَیات تُرک، اَفشاری و دَشتی)
۲. نَوا
۳. سه‌گاه
۴. چهارگاه
۵. هُمایون (با یک آواز: اصفهان)
۶. ماهور
۷. راست پنجگاه

بِالقُوه	potential
بِالفِعل	practical
دانگ	tetrachord
گام	scale
اُلگو	pattern
لَحنی	melodic
مُد، مَقام	music mode
دستگاه	music system
قطعه، گوشه	music piece
آواز	زیرمجموعه‌ی کوچک‌تر از دستگاه
رَدیف	an ordered series

رَدیف: به نحوه‌ی چیدن قطعات یا گوشه‌های موسیقی در هر دستگاه، «ردیف» می‌گویند. ظاهراً موسیقی‌دانان دوران قاجار برای نظم بخشیدن به آموزش موسیقی سنتی ایرانی و استقلال آن از موسیقی تُرکی و عربی، «ردیف» را معرفی کردند. دو ردیف معروف، «آقا حسینقلی» و

درس سی و هفتم — دستگاه‌های موسیقی

«میرزا عبدالله» نام دارد که هر کدام از حدود ۱۴۰ تا ۲۵۰ گوشه یا قطعه‌ی موسیقی تشکیل شده است. برخی از ردیف‌ها، مخصوص ساز موسیقی طراحی شده‌اند، مانند: ردیف «چهارمضراب‌ها» برای تار و سه‌تار. برخی از موسیقی‌دانان معاصر، مانند ابوالحسن صَبا، محمود کریمی، حسن کسایی و عبدالله دَوامی، ردیف‌های جدیدی معرفی کرده‌اند.

خصوصیات مُد و حالات احساسی دستگاه‌ها

بسته به نوع ساز، ترانه، دستگاه و ردیف موسیقی، حالت‌های احساسی مختلفی از دستگاه‌های موسیقی ایرانی به وجود می‌آید. برخی از این حالات در افراد مختلف یکسان است و به نحوی عمومی است. البته این حالت‌های احساسی بیشتر به قطعات و گوشه‌های موسیقی بستگی دارد نه به خود دستگاه چون هر دستگاه از گوشه‌های بسیاری تشکیل می‌شود. مثلاً برخی نغمه‌های دستگاه «سه‌گاه»، مانند آواز مخالف، مویه، حزین و چند نغمه‌ی دیگر، غم‌انگیز و حزین است و بعضی از گوشه‌های دستگاه «چهارگاه» مانند درآمد، بسیار شاد و خُرّم است.

برخی موسیقی‌دانان ایرانی بر این باورند که دستگاه‌های موسیقی ایرانی، بیانگر روح بلند، عارفانه و متین انسان‌هایی هستند که در ناکامی‌ها و ناامیدی‌ها، اشک غم و در شادی‌ها و خوشی‌ها، اشک شوق می‌ریزند. دستگاه موسیقی ایرانی که جمعی از گوشه‌ها و نغمه‌های مختلف است، انعکاسی از حالات و صفات همه‌ی ایرانی‌هاست.

🎧 تمرین ۳: به قطعه‌ی «یاد ایام» در دستگاه «شور» گوش کنید.

https://www.youtube.com/watch?v=rW6Q8WzbNXk

شعر: رهی معیری   خواننده: شجریان   دستگاه: شور

نوازندگان: داریوش پیرنیاکان، همایون شجریان، جمشید عَندلیبی

گُلشَن	باغ	
فَغان	فریاد	
آشیان	خانه	
طَرَب	شاد	
سَرو	cedar	
شِکوه	شِکایَت	
حَسرَت	yearning	
سِرِشک	اشک	
دَرگه	heaven	
آستان	threshold	
طَبع	temper	

یاد ایامی که در گُلشن فَغانی داشتم   در میان لاله و گُل آشیانی داشتم

گِرد آن شَمعِ طَرَب می‌سوختم پروانه‌وار   پای آن سَروِ رَوان، اشک روانی داشتم

آتشم برجان ولی از شِکوه لب خاموش بود   عشق را از اشکِ حَسرَت تَرجمانی داشتم

درد بی‌عشقی زجانم بُرده طاقت، وَرنه من   داشتم آرام، تا آرام جانی داشتم

چون سِرِشک از شوق بودم خاک‌بوسِ دَرگهی   چون غُبار از شُکر، سر بر آستانی داشتم

بُلبُلِ طَبعم کُنون باشد ز تنهایی خَموش   نغمه‌ها بودی مرا تا هم‌زبانی داشتم

۱۴۷

درس سی و هفتم — تمرین کلاسی

۱. تصنیف بالا چه نوع شعری است؟ الف) قَصیده   ب) غَزَل   پ) مَثنوی   ت) رُباعی

۲. پس از شنیدن این قطعه، چه نوع حِسی در شما به وجود آمد؟ ....

۳. چه سازهایی در این قطعه نواخته می‌شوند؟

الف) نِی، سه‌تار، تمبک
ب) تار، سَنتور، کمانچه
پ) سَنتور، تمبک، دَف
ت) سه‌تار، کمانچه، دَف

۴. آیا قطعه‌ای که گوش کردید، کل دستگاه شور بود یا نه؟ چرا؟ ....
....

تمرین ۴: به سه قطعه از دستگاه «چهارگاه» گوش کنید.

قطعه اول: سلام   دستگاه: چهارگاه   آهنگساز: حسن کسایی
https://www.youtube.com/watch?v=3S-H3MYV06g

قطعه دوم: شادی و امید   دستگاه: چهارگاه   آهنگساز: حسن کسایی
https://www.youtube.com/watch?v=wtUZVBOVmUM

۱. تفاوت بین این دو قطعه در چیست؟ ....
۲. شباهت بین این دو قطعه در چیست؟ ....
۳. پس از گوش دادن به این قطعات، چه احساسی به شما دست می‌دهد؟ ....
....

قطعه سوم: صبحگاهی   دستگاه: چهارگاه   آهنگساز: حسین علیزاده
https://www.youtube.com/watch?v=G42Q-byKkh4

۴. قطعه سوم چه شباهت و چه تفاوتی با دو قطعه‌ی بالا دارد؟ ....
....

تمرین ۵: نواختن قطعه‌ی «مرغ سحر» را در دستگاه «ماهور» ببینید. https://www.youtube.com/watch?v=uDYRpoB_5yM

شعر: ملک الشعرا بهار   خواننده: شجریان   دستگاه: ماهور   آهنگساز: مرتضی نی داوود

مُرغ سَحَر، **ناله** سَر کن — **داغ** مرا تازه تر کن
ز آه شَرربار، این قَـفَس را — بَرشِکن و زیر و زِبَر کن
بُلبُل پَربسته ز **کُنج** قفس درآ — نغمه آزادی نوع بَـشَر **سرا**
وز نفسی عَرصه این خاک توده را — پُر شَرَر کن، پُر شَرَر کن
ظُلم ظالم، جور **صَیاد** — آشیانم داده بر باد
ای خدا، ای **فَلَک**، ای طبیعت — شام تاریک ما را سحر کن
نوبهار است، گل به بار است — ابر چشمم **ژاله**بار است
این قفس چون دلم تَنگ و تار است — شُعله فِکن در قفس ای آه آتشین
دست طبیعت گُلِ عُمر مرا مَچین — جانب عاشق نگه ای تازه‌گل از این
بیشتر کن، بیشتر کن، بیشتر کن — مرغ بی‌دل ، شَرح **هِجران مُختَصَر** کن
مختصر کن، مختصر کن!

ناله	آه
داغ	بدبختی
کُنج	گوشه
سرا	بِخوان
ظُلم، جور	oppression
صیاد	hunter
فَلَک	آسمان
ژاله	اشک
شُعله	آتش
هِجران	رفتن، مُردَن
مُختَصَر	کمتر

۱. تصنیف بالا درباره چیست؟ الف) عشق ب) ظُلم   پ) باران   ت) گُل

۲. پس از شنیدن این قطعه، چه نوع حسی در شما به وجود آمد؟ ....

۳. چه سازهایی در این قطعه نواخته می‌شوند؟ ....

تمرین ۶: نواختن قطعه‌ی «نِی نَوا» ساخت «حسین علیزاده» را ببینید. https://www.youtube.com/watch?v=Mw_W4YT6Bfg

آهنگساز: حسین علیزاده   دستگاه: نَوا   ارکستر فیلارمونیک لودز لهستان   نی‌نواز: محمد رسولی   تنظیم: فخرالدینی

۱. پس از شنیدن این قطعه، چه نوع حسی در شما به وجود آمد؟ ....

۲. کدام ساز موسیقی نقش بیشتری در این قطعه دارد؟

الف) سنتور   ب) تنبک   پ) نِی   ت) تار

تمرین ۷: حال مصاحبه با حسین علیزاده، آهنگساز «نی نوا» را ببینید و به چند پرسش کوتاه پاسخ دهید. https://www.aparat.com/v/NSqfx

۱. آیا با نظر استاد «حسین علیزاده» درباره حس حُزن‌انگیز و تِم مذهبی قطعه‌ی «نی نوا» موافقید؟ چرا؟ ....

....

۲. چه چیزی به نوشتن این قطعه توسط حسین علیزاده کمک کرده است؟ ....

....

| درس سی و هفتم | تکلیف |

تمرین ۸ ـ پروژه: قطعه‌ای از موسیقی سنتی در یکی از دستگاه‌های موسیقی پیدا کنید و تصنیف و شعر آن را بنویسید و آن را از نظر نوع سازها، موسیقی، حس و مُدال تحلیل کنید و گزارش آن را بنویسید. برای مثال می‌توانید تصنیف «بهار دلکش» شجریان یا «اندک اندک» شهرام ناظری را جستجو کنید.

تصنیف: _____

خواننده: _____

دستگاه: _____

آهنگساز: _____

نوازندگان: _____

شعر: _____

تحلیل مُدال، نوع موسیقی و سازها:

_____
_____
_____
_____
_____
_____
_____
_____
_____

اصطلاحات پایه‌ی موسیقی (منبع ۱۹، ۲۰، ویکی‌پدیا)

بَسامَد (فرکانس صدا) Frequency: عبارت است از ارتعاش جسمی مانند سیم تار در ثانیه. واحد اندازه‌گیری بَسامَد، هِرتز Hz است. بسامد صداها در موسیقی بین ۷ تا ۱۶ هزار هرتز است. انسان می‌تواند صدای ۱۶ تا ۲۰ هزار هرتز را بشنود.

شِدَت صدا Intensity: کیفیتی که صدای **ضَعیف** را از صدای **قَوی** مشخص می‌کند.

کِشِش صدا Duration: واحدی است که صدای کوتاه را از صدای طولانی مشخص می‌کند (زمان، مدت، دیرش). اگر زمان نُت گِردِ توخالی **O** ۴ ثانیه باشد، نُت سفید 𝅗𝅥 ۲ ثانیه (نصف گرد) و نُت سیاه ♩ ۱ ثانیه (یک چهارم سفید) خواهد بود. زمان نُت چَنگ ♪ یک هشتم، دولاچنگ 𝅘𝅥𝅯 یک شانزدهم، سه‌لاچنگ یک سی و دوم و چهارلاچنگ یک شصت و چهارم نُت گِرد است. دم چنگ‌ها را می‌توانیم به هم وصل کنیم (مثلاً ♫).

طَنین صدا Tone: صداهای تولیدشده از منابع مختلف صوتی مانند تار یا پیانو را از هم مشخص می‌کند. به آن رنگ، شخصیت یا جنس صدا نیز می‌گویند.

زیر High Pitch: صدایی که بسامد آن **بالا** یا اصطلاحاً نازک است.

بَم Low Pitch: صدایی که بسامد آن **پایین** یا اصطلاحاً کُلُفت است.

نُت (نَغمه ♩) Musical Note: علامتی برای نشان دادن صدایی که از نظر زیر و بمی و مدت صدا، بسامدی ثابت و مشخص دارد. در موسیقی هفت نُت اصلی با نام‌های دو (**C**)، رِ (**D**)، می (**E**)، فا (**F**)، سُل (**G**)، لا (**A**)، سی (**B**) وجود دارد. شکل نُت گرد توخالی سفید O یا سیاه ♩ است و دُم آن فقط برای نمایش زمان است و این دُم از خط سوم به سمت پایین رسم می‌شود.

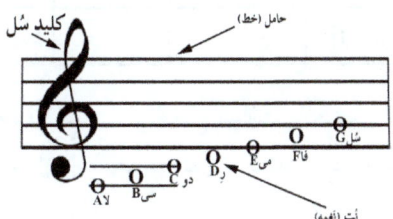

کلید سُل همیشه اول خط حامل نوشته می‌شود و نشان دهنده آن است که نُت سُل (G) باید روی خط حامل دوم نوشته شود. باقیمانده نت‌ها، نسبت به نت سُل نوشته می‌شوند. اگر پنج خط کافی نبود، دو خط به پایین و دو خط به بالا اضافه می‌کنند.

فاصله (ارتفاع، بُعد) Interval: tone, semitone, half step: اختلاف بین زیر و بمی دو نُت یا صدا را فاصله گویند. پرده tone و نیم‌پرده semitone دو اصطلاحی است که برای فاصله بکار می‌رود. هر پرده یا «دوم بزرگ major second» برابر با دونیم‌پرده است و عبارت است از فاصله‌ی بین دو نُت، مثلاً نُت «دو» با «رِ» (فاصله‌ی یک‌پرده‌ای = طنینی). نیم‌پرده‌ی زیرتر را «دیز» (# sharp) و نیم‌پرده بَم‌تر را «بِمُل» (b flat) می‌گویند. نسبت هر نیم‌پرده به نیم‌پرده دیگر، ریشه دوازدهم عدد دو ($\sqrt[12]{2}$) یا حدوداً ۱٫۰۵۹ است (فاصله‌ی نیم‌پرده‌ای = بقیه).

(**C0=16.35 Hz**, C1=32.70 Hz, C2=65.41 Hz, C3=130.81Hz, C4=261.63Hz, C5=523.25Hz, C6= 1046.5Hz, C7=2093 Hz, C8=4186 Hz)
(G0=24.5 Hz, G1=49 Hz, G2=98 Hz, G3=196Hz, G4=392Hz, G5=783.99Hz, G6= 1567.98Hz, G7=3135.96 Hz, **G8=6271.93 Hz**)
بم‌ترین صدا C0:Subbass > Bass > Baritone > Tenor > Alto > Mezzo-soprano > Soprano > Treble:**G8 زیرترین صدا**

گام Scale: توالی چند نُت موسیقی (دو، ر، می، فا، سل، لا، سی) است که به ترتیب ارتفاع (تفاوت زیر و بمی صوت) مرتب شده باشند و وسعت صوتی این نُت‌ها دوازده نیم‌پرده مساوی با یک اکتاو باشد. گام می‌تواند بالارونده یا پایین‌رونده باشد.

دیاتونیک Diatonic: سیستم ۷ نُتی است که کلاً شش پرده فاصله دارد. به فاصله‌ی نیم‌پرده‌ای بین دو نُت غیر همنام (مثلاً نُت «دو» و «رِ») فاصله‌ی دیاتونیک می‌گویند.

کروماتیک Chromatic: سیستم ۱۲ نُتی‌ای را گویند که شامل همه نیم‌پرده‌ها باشد. ساختار این سیستم یونیفرم است. به فاصله‌ی نیم‌پرده‌ای بین دو نُت هَمنام (مثلاً نُت «فا» و «فا دیز») فاصله‌ی کروماتیک می‌گویند.

درس سی و هفتم اصلاحات موسیقی

ماژور Major و مانور Minor : دو سیستم مختلف هستند که گام‌های متفاوتی بین نُت‌ها تعریف می‌کنند. گام‌های مانور معمولاً صداهای نرم و حُزن‌انگیزتری ایجاد می‌کنند.

هارمونیک Harmonic: دو صدا با فاصله‌ی هماهنگ است که همزمان شنیده شوند.

مِلودیک Melodic: دو صداست که پشت سر هم با فاصله‌ی لحنی شنیده شوند.

اُکتاو (هنگام) Octave: دو نُت بسیار شبیه که یکی زیر و دیگری بَم است، از هم یک یا چند اکتاو (هنگام یا ذی‌الکُل) فاصله دارند. اگر سیم تار را نصف کنیم، نُت آن یک اکتاو یا یک هنگام زیرتر می‌شود. هر اکتاو در گام دیاتونیک ۱۲ نیم‌پرده یا ۱۲۰۰ سنت (cent) است. وقتی نُتی در یک اکتاو بالاتر از همان نُت در اکتاو دیگری باشد، بسامدش دو برابر آن می‌شود. از نُت «دو» (C) روی حامل تکمیلی تا نُت «سی» (B) روی حامل سوم، به طور قراردادی اکتاو سوم است. اکتاو دوم زیر آن و اکتاو چهارم بالای آن قرار دارد.

وسعت صوتی Range: پهنای تحت پوشش بسامدهای مختلف هر ساز موسیقی است که با واحد اکتاو نشان داده می‌شود. مثلاً وسعت تار، سه اُکتاو است.

پیش‌نشان‌ها Accidentals: در نُت‌نویسی، این علامت‌ها پشت نت نوشته ♩♯ می‌شوند و نیم‌پرده‌های زیرتر یا بم‌تر را نشان می‌دهند.

sign	name	other name	size	Persian name	Persian size
♭	flat	bemol	½ bass	بِمُل	نیم‌پرده بم‌تر
♯	sharp	diesis	½ treble	دیِز	نیم‌پرده زیرتر
♮	natural	becar	0	بکار	عادی
koron	microtone	Koron	¼ bass	کُرُن	ربع پرده بم‌تر
sori	microtone	Sori	¼ sharp	سُری	ربع پرده زیرتر
$\sqrt[12]{2}$	semitone ratio		1.059		نسبت نیم‌پرده

دستان Fret: قسمت‌های برجسته‌ی روی دسته‌ی ساز است که نوازنده به کمک آن محل گذاشتن انگشت خود را روی ساز تنظیم می‌کند. دستان را با زه یا ابریشم درست می‌کنند و به آن پرده‌ی ساز یا بند هم می‌گویند. نُت‌های هر ساز را روی دستان آن مشخص می‌کنند.

گوشه Music piece: قطعه‌ی موسیقی در موسیقی سنتی ایرانی است که زیرمجموعه‌ی دانگ خاصی است یعنی مثلاً فقط از چهار نُت با فواصل مشخصی تشکیل شده است. مثلاً در دستگاه شور پس از پیش‌درآمد، گوشه‌هایی با نام‌های شهناز، گریلی، مُلانازی، بزرگ و رهاب وجود دارند.

ریزپرده microtone: فاصله‌ای در موسیقی ایرانی است که تقریباً برابر ۱/۴ یا ۲۵ سنت است.

فاصله‌های موسیقی ایرانی: فاصله «**طنینی**» از نُت «دو» تا «رِ» برابر با یک پرده یا «دوم بزرگ» است. فاصله «**بقیه**» از «رِ» تا «می بِمُل» برابر با نیم‌پرده یا «دوم کوچک» است. و فاصله «**مُجَنب**» از «رِ» تا «می کُرُن» یا از «می» تا «فا سُری» در موسیقی غربی وجود ندارد ولی تقریباً معادل سه‌چهارم پرده است. فاصله‌ی «**بیش طنینی**» از «رِ کُرُن» تا «می» برابر با یک و ربع‌پرده است.

نام دستگاه	نمونه‌ای از درجات گام‌های بالفعل	حس و معنی عرفانی
شور	سُل - لا کُرُن - سی بِمُل - دو - رِ - می بِمُل - فا - سُل	تفکر، اندیشه و حیرت
نوا	سُل - لا - سی بِمُل - دو - رِ - می بِمُل - فا - سُل	پایان زندگی، فقر و فَنا
سه‌گاه	سُل - **لا کُرُن** - سی - دو - **رِ کُرُن** - **می بِمُل** - فا - سُل	آغاز زندگی و عشق
چهارگاه	دو - رِ کُرُن - می - فا - سُل - لا کُرُن - سی - دو	معرفت، شناخت، تابش نور
همایون	سُل - لا کُرُن - سی - دو - رِ - می بِمُل (می کُرُن) - فا	اتحاد عاشق و معشوق، توحید و یگانگی
ماهور	سُل - لا - سی - دو - رِ - می - فا دیِز - سُل	شور و بی‌نیازی، استغنا
راست پنجگاه	سُل - لا - سی - دو - رِ - می - فا دیِز - سُل	طلب و خواست معبود

درس سی و هشتم

محیط زیست ایران

درس سی و هشتم — محیط زیست ایران

✏️ **تمرین ۱:** چند خبرِ کوتاه بخوانید و به پرسش‌های آن پاسخ دهید.

خبر اول: دریاچه‌ی «پریشان» یکی از زیباترین و بزرگ‌ترین دریاچه‌های آب شیرینِ **خاورمیانه** بوده است. این دریاچه که در شهرستان «کازرون» در شمال شیراز قرار دارد به تازگی کاملاً خشک شده است. کارشناسان بر این باورند که **خُشکسالی** و بَرداشت **بی‌رویه** و غیراصولی آب از مهم‌ترین **دلایل** خشک شدن این دریاچه می‌باشد.

دریاچه پریشان

خاورمیانه	Middle East
خُشکسالی	سالِ کم باران
بی‌رویه	بدون برنامه
دَلایل	دلیل‌ها
کِیفیّت	quality
محیط زیست	environment
سالِم	خوب، تَمیز
ناسالِم	بد، آلوده
وضعیّت	condition

۱. علت اصلی خشک شدن این دریاچه چه بوده است؟
الف) کم شدن آب شیرین   ب) برداشتن خاک خشک
پ) کم بارانی و برداشتن آب   ت) واقع بودن در شمال شیراز

خبر دوم: کیفیت هوای تهران در سال ۱۳۹۶، پنج درصد بدتر از سال گذشته بوده است. به گزارش سایت خبری **مُحیطِ زیست** ایران، تا پایان سال ۱۳۹۶، هوای تهران ۱۴ روز **پاک**، ۲۴۲ روز **سالم**، ۱۰۸ روز **ناسالم** بوده است. بدین ترتیب هوای امسال نسبت به سال قبل، ۵ درصد بدتر شده است.

کیفیت هوای تهران	سال ۱۳۹۵	سال ۱۳۹۶
پاک	۱۶ روز	۱۴ روز
سالم	۲۶۰ روز	۲۴۲ روز
ناسالم	۸۹ روز	۱۰۸ روز

۱. در کدام سال تعداد روزهای هوای ناسالم بیشتر بوده است؟
الف) سال ۹۵   ب) سال ۹۶

۲. چرا کیفیت هوا در سال ۱۳۹۶ پنج درصد بدتر شده است؟
الف) چون روزهای بیشتری در **وضعیت** سالم بوده است.
ب) چون روزهای بیشتری در وضعیت ناسالم بوده است.
پ) چون محیط زیست روزهای بیشتری پاک بوده است.

---

[1] منبع خبرها: سایت تبیان و سایت خبری محیط زیست ایران:
دو-روی-چهره-دریاچه-پریشان/ https://article.tebyan.net/293373
تهرانی‌ها-پارسال-هوای-آلوده‌تری-را-تنفس-کردند http://www.mohitzist.ir/fa/content/2929

درس سی و هشتم — تمرین کلاسی

🎬 **تمرین ۲:** ویدیوی کوتاهی ببینید و به دو پرسش زیر پاسخ دهید.

۱. این تبلیغ ویدیویی درباره‌ی چیست؟
   الف) ریختن زُباله در سطل آشغال در خیابان‌ها
   ب) تمیز نگه‌داشتن طبیعت با دَفع درستِ زُباله
   پ) ماشین‌سواری در پارک و طبیعت زیبا

۲. سطل زباله سبز رنگ برای دَفع چه نوع زباله‌ای است؟
   الف) بطری‌های پلاستیکی و شیشه‌ای
   ب) پَسماند غذایی، میوه و سبزیجات
   پ) زباله‌های چوبی، کاغذی و برگ درختان

زُباله، آشغال	garbage
دَفع کردن	to dispose of
طَبیعَت	nature
پَسماند	زُباله
تَر	compost

بازیافت/https://www.doe.ir/Portal/home/?videoondemand/196210/550189/460428

🎬 **تمرین ۳:** انیمیشن کوتاهی ببینید و به دو پرسش زیر پاسخ دهید.

۱. این تبلیغ ویدیویی درباره‌ی چیست؟
   الف) خانه‌های شهری
   ب) خودروهای بنزینی
   پ) هوای پاک و تمیز

۲. جایگُزینی خودروهای بِنزینی با بَرقی چه فایده‌ای دارد؟
   الف) هوا را کمتر آلوده می‌کند.
   ب) برق کمتری مصرف می‌شود.
   پ) بنزین کمتری مَصرف می‌شود.

۳. استفاده از حَمل و نقل عمومی چه فایده‌ای دارد؟
   الف) سَریع‌تر است و در وقت و زمان صَرفه‌جویی می‌کند.
   ب) ترافیک را کاهش می‌دهد و هوا را پاک‌تر می‌کند.
   پ) کوچک‌تر است و جای کمتری در خیابان می‌گیرد.

جایگُزینی	replacing
بِنزین	fuel
بَرقی	electrical
حَمل و نقل	transportation
عُمومی	public
آلوده کردن	to pollute
فایِده	benefit
صرفه‌جویی	استفاده کمتر
کاهش	کمتر شدن
مَصرف کردن	to consume

منبع: مشارکت-مردمی-برای-کاهش-آلودگی-هوا/https://www.doe.ir/Portal/home/?videoondemand/196210/550189/695622

درس سی و هشتم آلودگی محیط زیست

خواندن ۱: متن زیر[۲] را بخوانید و تمرین بعد از آن را انجام دهید. به ساختارهای فعلی دقت کنید.

تأثیرات انسان بر محیط زیست

۱. خاک

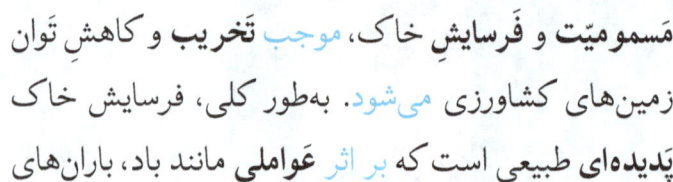

مَسمومیّت و **فَرسایشِ** خاک، موجب **تَخریب** و کاهشِ تَوان زمین‌های کشاورزی می‌شود. به‌طور کلی، فرسایش خاک **پَدیده‌ای** طبیعی است که بر اثرِ **عَواملی** مانند باد، باران‌های **سطحی** و تغییرات دما ایجاد می‌شود. با این حال، فعالیت‌های انسان از جمله: کشاورزی بیش از حدّ، آبیاری زمین‌های کشاورزی، **چِراندن** بیش از حد **دام**‌ها در **مَراتع**، جنگل‌زُدایی و **بیابان‌زایی** باعث از بین رفتن **تَعادُل** موجود بین رَوَندِ تَخریب و ایجاد خاک می‌شود. مَسمومیّت خاک معمولاً بر اثرِ افزایش نمک‌های خاک توسط **ماشین‌آلات** کشاورزی یا آلودگی مستقیم آن توسط افراد یا کارخانه‌ها ایجاد می‌شود. در این صورت خاک **ناحاصِلخیز** و حتی برای برخی گیاهان سمّی می‌شود.

۲. آب

- از بین رفتن منابع آب
- آلودگی آب‌های سطحی و زیرزمینی.

امروزه **تأمین** آب شیرین برای بعضی کشورها **بُحرانی** جِدّی مَحسوب می‌شود. بُحرانی که با روند کُنونی **افزایش** جمعیّت بدتر هم خواهد شد. یکی از علت‌های این بحران، مصرف بیش از حد آب توسط انسان است. گرم شدن زمین نیز در از بین رفتن منابع آب به خصوص در مناطقی مثل آسیای مرکزی، آفریقای شمالی و دشت‌های بزرگ ایالات متحده نقش مهمی دارد.

کیفیت آب نیز بحران دیگری است که برخی کشورها در پیش رو دارند. میزان آلودگی برخی آب‌ها و روند افزایش

مَسمومیّت	poisoning
فَرسایِش	erosion
تَخریب	destruction
پَدیده	phenomenon
عَوامِل	factors
سَطحی	surface
چِراندن	to graze
دام	livestock
مَرتَع	pasture
بیابان‌زایی	desertification
تَعادُل	balance
ماشین‌آلات	machinery
ناحاصِلخیز	infertile
تأمین کردن	to provide
بُحران	crisis
افزایِش	زیاد شدن

[۲] اطلاعات این بخش از سایت ویکی پدیاست: https://fa.wikipedia.org/wiki/محیط‌زیست

سُفره	aquifer
مَعرض	exposure
دِخالَت	interference
صَنعَتی	industrial
جانِـوَر	حیوان
هَسته‌ای	nuclear
فاضِلاب	sewage
آفَت	pest
کود	manure
جُلبَک	algae
مَحلول	solution
جیوه	mercury
سُرب	lead
روی	zinc
تَهدید	threat
انباشته	piled up
سَرطان‌زا	cancerous

آن در بسیاری از نقاط کُره‌ی زمین بسیار نگران‌کننده می‌باشد. آب‌های **سُفره**‌های زیرزمینی و رودها و دریاچه‌ها، منابع مهم تأمین آب شیرین هستند که مستقیماً در **مَعرض** آلودگی توسط فعالیت‌های انسان قرار دارند. آلودگی دریاها نیز علاوه بر **دِخالَت** مستقیم انسان، تحت تأثیر آلودگی آب‌های شیرین و چرخه‌ی آب می‌باشد.

علل آلودگی آب‌ها ممکن است فیزیکی یا شیمیایی باشند:

الف) آلودگی فیزیکی: مانند آلودگی گرمایی (مصرف آب برای خنک کردن دستگاه‌های **صنعتی** که موجب افزایش دمای آب و در نهایت از بین رفتن برخی گونه‌های گیاهی یا **جانوری** می‌شود) یا رادیواکتیو (در اثر حوادث **هسته‌ای**).

ب) آلودگی‌های شیمیایی: بسیار گوناگون می‌باشند و می‌توانند در اثر ورود مواد شیمیایی حاصل از کارخانه‌ها، کشاورزی یا **فاضلاب**‌های شهری به درون آب باشد. مصرف مواد شیمیایی ضد **آفَت** در کشاورزی از علل مهم آلودگی آب‌های زیرزمینی یا سطحی است که مستقیماً موجب مرگ بسیاری از گونه‌ها می‌شود. همچنین، مصرف **کود**های نیترات‌دار و فُسفات‌دار موجب افزایش این عناصر در آب‌ها می‌شود. در نتیجه، باکتِری‌ها و **جُلبَک**‌های سطح آب که از این مواد **تغذیه** می‌کنند به سرعت رشد می‌کنند و زیاد می‌شوند و موجب کمبود اکسیژن **مَحلول** در آب و در نتیجه مرگ اغلب گونه‌های ساکن زیر آب می‌شوند.

آلودگی توسط فلزات سنگین مثل «**جیوه**، آرسِنیک، **سُرب** و **روی**» نیز که حاصلِ فعالیت کارخانه‌هاست، طی زنجیره‌های غذایی **انباشته** می‌شود و جان بسیاری از جانوران و انسان‌ها را **تَهدید** می‌کند. آلودگی آب‌ها همچنین موجب بارش‌های اسیدی می‌گردد که برای محیط زیست سمّی می‌باشند. آلودگی توسط هیدروکربن‌ها (نفت)، پُلی‌کُلُروبی‌فنیل‌ها (که سمّی و **سرطان‌زا** هستند) و سایر مواد شیمیایی مثل انواع داروها، مواد شوینده... نیز مثال‌های دیگری از آلودگی شیمیایی آب‌ها هستند.

درس سی و هشتم
آلودگی محیط زیست

۳. هوا

آلودگی هوا عبارت است از وارد کردن مستقیم یا غیر مستقیم هر **عُنصُری** به هوا توسط انسان یا عَوامِل طبیعی که احتمال ایجاد اثرات **نامطلوب** بر سلامتی انسان و محیط زیست را داشته باشد. آلودگی هوا بر اثر ورود گازهای شیمیاییِ سمّی‌ای که غالباً حاصل واکنش‌های سوختن است، ایجاد می‌شود. برخی از این گازها عبارتند از:

عُنصُر	element
نامَطلوب	بد
لایه	layer
گوگِرد	sulfur
ازُت	nitrogen
گُلخانه‌ای	greenhouse
غُبار	dust
ذَرّات	particles
مُعَلَق	floating
مِس	copper

- اوزون، که وجود آن در **لایه**‌های پایینیِ اتمُسفر، تأثیرات خطرناکی بر سلامتی جانداران دارد.
- گازهای حاصل از سوختن، مانند دی‌اکسید **گوگرد**، اکسیدهای **ازُت**، مونوکسید کربن، سولفید هیدروژن و بعضی گازهای **گُلخانه‌ای**.
- گرد و **غُبار** و **ذرّات مُعَلَق** در هوا.
- گازهای گلخانه‌ای مثل دی‌اکسید کربن، مِتان و فلوروکربُن‌ها.
- فلزات سنگین مثل آرسِنیک، سُرب، روی، **مِس**، کُروم، جیوه و کادمیوم که در اثر فعالیت‌های صنعتی وارد هوا می‌شوند.

تمرین ۴: جاهای خالی را با توجه به علت‌ها و معلول‌های متن پر کنید.

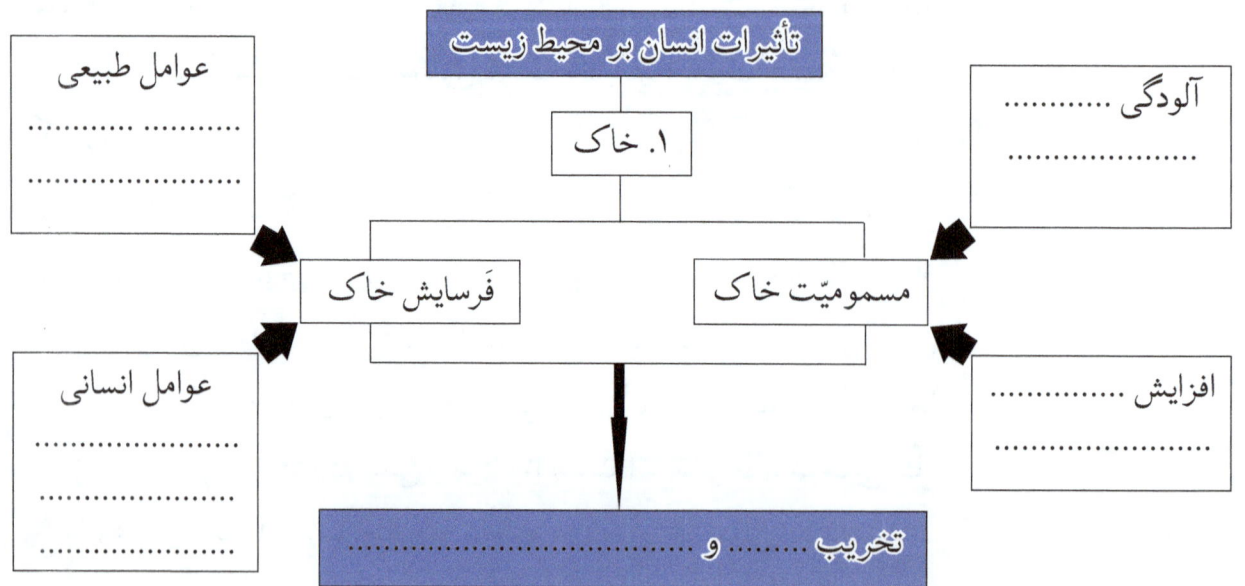

آلودگی ....

تأثیرات انسان بر محیط زیست
۲. آب
از بین رفتن منابع آب
آلودگی آب
مصرف ....
....
گرم ....
....
علت‌های فیزیکی
....
....
علت‌های شیمیایی
....
....
....
....
....
....
بحران کمبود آب

تأثیرات انسان بر محیط زیست
۳. هوا
عوامل انسانی
عوامل طبیعی
گازهای حاصل از سوختن مثل ....
....
....
گازهای گلخانه‌ای مثل
....
....
فعالیت‌های صنعتی و ورود فلزات سنگین به هوا مثل
....
....
وجود گاز ....
....
باد و ایجاد ....
و ....
آلودگی هوا

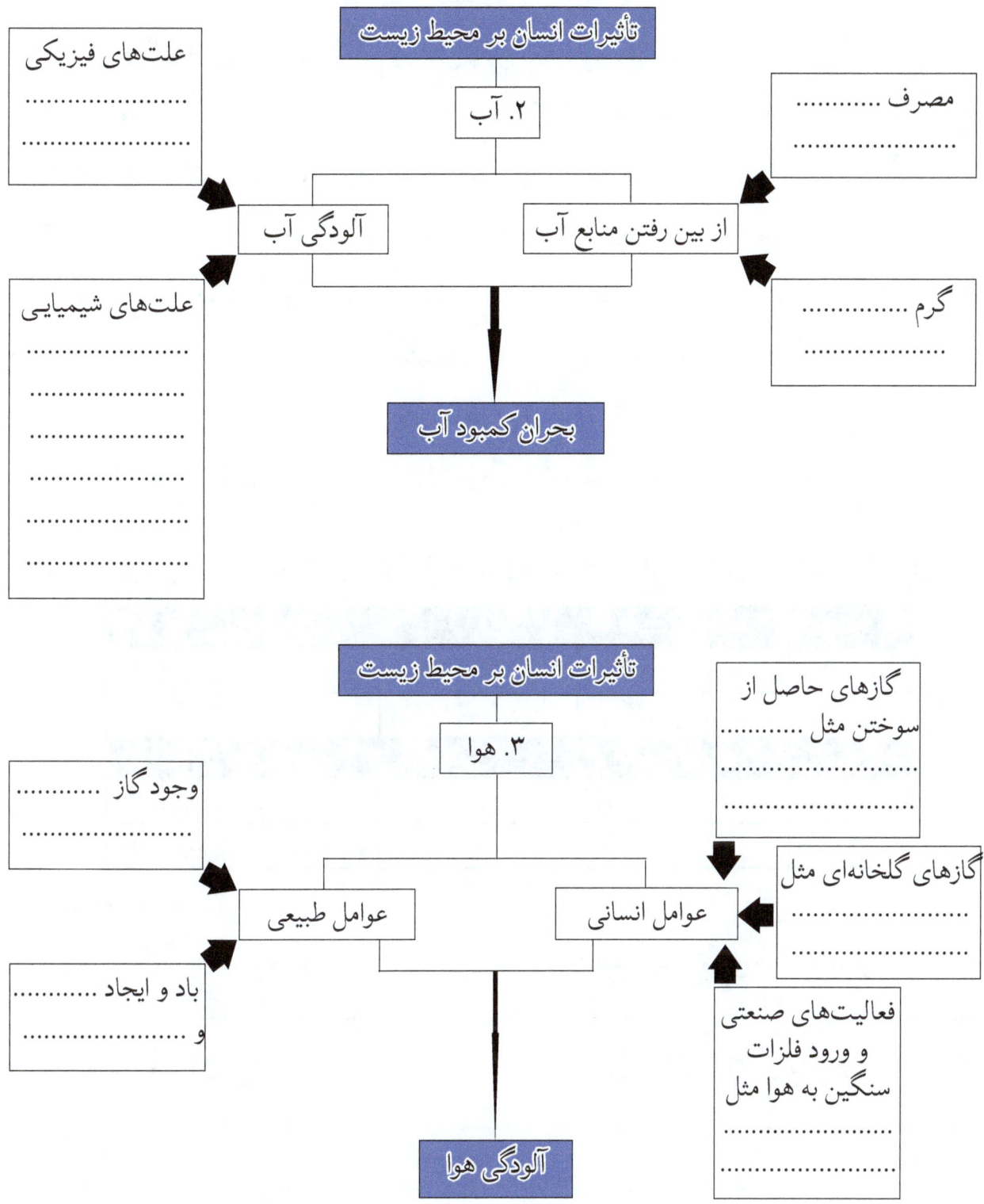

تمرین ۵: جاهای خالی را با فعل مناسب پر کنید.

۱. گازهای گلخانه‌ای .... گرم شدن زمین ....

۲. مسمومیّت و فرسایش خاک .... تخریب و کاهش توان زمین‌های کشاورزی ....

۳. فرسایش خاک بر اثر باد، باران‌های سطحی و تغییرات دما ....

۴. مَسمومیّت خاک بر اثر افزایش نمک‌های خاک ....

۵. خنک کردن دستگاه‌های صنعتی با آب .... افزایش دمای آن ....

۶. استفاده از ضد آفت در کشاورزی مستقیماً .... مرگ بسیاری از آبزیان ....

۷. آلودگی آب‌ها .... بارش‌های اسیدی ....

۸. آلودگی هوا بر اثر ورود گازهای حاصل از سوختن ....

نکته: برای بیان علت (cause) هر معلولی (effect)از ساخت‌های (۱)تا (۴) می‌توانیم استفاده کنیم:

	effect معلول		cause علت	
۱	آلودگی هوا	به‌دلیل /به‌علتِ / براثرِ	ورود گازهای سمّی به جَو	ایجاد می‌شود.
۲	آلودگی هوا	به‌دلیل /به‌علتِ / براثرِ	ورود گازهای سمّی به جَو	است.
	cause علت		effect معلول	
۳	ورود گازهای سمّی به جَو	موجبِ / باعثِ	آلودگی هوا	می‌شود.
۴	ورود گازهای سمّی به جَو	علتِ / دلیلِ	آلودگی هوا	است.

تمرین ۶: جمله بسازید.

۱. علت: آلودگی آب دریا معلول: دفع مواد شیمیایی در رودخانه‌ها

....

۲. علت: رشد باکتری‌ها و جلبک‌ها معلول: کمبود اکسیژن در آب

....

۳. علت: خنک کردن دستگاه‌های صنعتی با آب معلول: افزایش دمای آب

....

۴. علت: ورود گازهای حاصل از سوختن به جَو معلول: آلودگی هوا

....

درس سی و هشتم

تمرین کلاسی

تمرین ۷: دو گزارش ویدیویی کوتاه ببینید و به پرسش‌های زیر پاسخ دهید.

۱. ویدیوی اول درباره‌ی چیست؟ ....
....

بخشی از پیام آقای اریک سولهایم - مدیر اجرایی برنامه حفاظت محیط زیست، سازمان ملل - برای مردم خوزستان، زمستان سال ۱۳۹۵ (از سایت بی بی سی فارسی)
http://www.bbc.com/persian/iran-40500855

۲. آقای سولهایم چه راه‌حل‌هایی را برای مهار طوفان شن و ریزگردها در هوای خوزستان پیشنهاد می‌کند؟ .....
....
....
....

۳. ویدیوی دوم درباره‌ی چیست؟ ....
....

۴. چه شباهتی بین دو ویدیو وجود دارد؟ ....
....
....

اقدامات دولت ایران برای مهار طوفان شن در خوزستان*

راه حل	solution
سازمان ملل	UN
مَهار کردن	کُنتُرل کردن
طوفان شِن	sand storm
ریزگرد	dust
مَنشاء	origin
عَمَلیات	mission
اقدام	action
احداث	ساختن
بُحرانی	critical
مُستَعِد	susceptible
کِشت	cultivate
کاشتن	to plant
نَهال	plant
مَرطوب‌سازی	humidify

۵. در ویدیوی دوم، دولت ایران چه اقداماتی را برای مهار طوفان شن و پدیده‌ی ریزگردها در خوزستان انجام داده است؟
....
....
....

۶. آیا دولت ایران به پیشنهادهای آقای سولهایم عمل کرده است؟ چگونه؟ ....
....
....

۷. شما چه راه‌حل دیگری برای مهار پدیده‌ی ریزگردها پیشنهاد می‌کنید؟
....
....

* نهالکاری-و-اقدام-برای-تثبیت-خاک-جهت-مقابله-با-گرد-و-غبار-کانون-https://www.doe.ir/Portal/home/?videoondemand/196210/550189/730078/-های-بحرانی-خوزستان

درس سی و هشتم — تمرین کلاسی

گفتگوی ۱: به پرسش‌های زیر در گروه‌های دو نفره پاسخ دهید.

مدیریت زباله، **چالش** اصلی دولت و **شهرداری‌های** شهرهای بزرگی مثل تهران است و علاوه بر مشکلات زیست‌محیطی و نگرانی‌هایی در مورد بهداشت عمومی، مسائل اقتصادی و اجتماعی دیگری، از همین مشکلات **ناشی** می‌شود.

۱. چه سیاست‌ها و نگرانی‌هایی را در حل یا **بهبود** مشکلات **مرتبط با** دفع زباله در کشور شما می‌توان در نظر گرفت.

۲. برخی بر این باورند که با تغییر رفتارهای فردی می‌توان بر این مشکل **فائق** شد. اما برخی دیگر معتقدند که یافتن **راهکار جامع**‌تری که نظارت‌های سخت‌گیرانه‌تری بر شرکت‌های بازرگانی و صنایع اعمال می‌کند، **مؤثرتر** خواهد بود. **موضع** و نظر شما در این رابطه چیست و چه **استدلال**‌هایی برای **دفاع** از نظرتان دارید؟

۳. چنانچه برای مشکل دفع زباله راه‌حلی **مناسب ارائه** نشود، **نسل**‌های بعدی با چه **عواقب جدّی**‌ای **مواجه** خواهند شد؟

management	مدیریت
challenge	چالِش
municipality	شَهرداری
to stem from	از ... ناشی شدن
improvement	بِهبود
related to	مُرتَبِط با
to beat	فائق شدن
strategy	راهکار
comprehensive	جامع
effective	مؤثر
stand	موضِع
argument	استِدلال
defend	دِفاع
to present	ارائه کردن
solution	راه حَل
proper	مُناسِب
generation	نَسل
consequences	عَواقِب
serious	جِدّی
to face with	مُواجه شدن

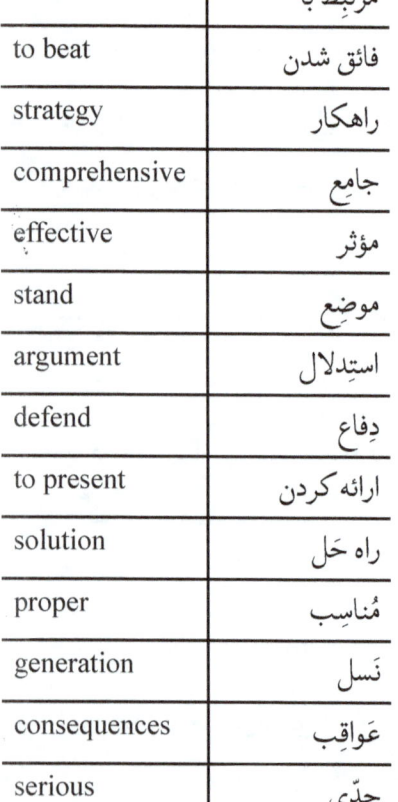

۱۶۲

درس سی و هشتم — تمرین کلاسی

تمرین ۸: پس از دیدن گزارشی ویدیویی از «بی بی سی فارسی» به چند پرسش زیر پاسخ دهید.

۱. این ویدیو درباره‌ی چیست؟ ....

۲. چرا «آب» می‌تواند بزرگترین بُحران ایران باشد؟ ....
....
....
....

http://www.bbc.com/persian/iran-41069657

۳. مشکلات محیط زیست ایران کدام‌ها هستند؟
الف) ریزگردها، آلودگی آب‌وهوا، فرسایش جنگل‌ها، نابودی حیات وَحش، کمبود آب
ب) ریزگردها، آلودگی هوا، فرسایش خاک، نابودی جنگل‌ها و حیات وَحش، کمبود آب
پ) ریزگردها، آلودگی هوا، دفع زباله‌ها، نابودی جنگل‌ها، گرانی بنزین، خشکسالی

۴. آیا کشاورزی بیش از حد در گذشته برای رسیدن به خودکفایی غذایی می‌تواند عامل بروز بحران کنونی آب باشد؟ چرا؟ ....
....
....
....
....

تَهدید	threat	
تجدیدپذیر	renewable	
مَصرَف	consumption	
نابودی	destruction	
حیات وحش	wild life	
خودکفایی	self sufficiency	
عُرف	standard	
کِشاورزی	agriculture	
بُروز	ایجاد	
کمبود	کم بودن	

۵. به نظر شما، بهترین راه‌حل یا راهکار برای بُحران کنونی آب در ایران چیست؟
....
....
....

درس سی و هشتم — بحران آب

خواندن ۲: متن زیر[۳] را بخوانید و تمرین بعد از آن را انجام دهید.

تصویر هوایی از دریاچه‌ی ارومیه

ایران کشوری با آب و هوایی گرم و خشک است. **رُشد** سریع جمعیّت، مهمترین عاملِ کاهش **سَرانه‌ی** آب‌های تجدیدپذیر در قرن گذشته بوده‌است. جمعیّت ایران در هشت دهه گذشته، ۱۰ برابر شده است. بر این اساس، میزان سرانه‌ی آب‌های تجدیدپذیر کشور، ده درصد کاهش یافته است. در صورت ادامه‌ی این **رَوَند**، وضعیّت کمبود آب در آینده بدتر خواهد شد. **مُطالعات** و بررسی‌ها نشان می‌دهد که در ده سال گذشته، از کل منابع آب‌های تجدیدپذیر کشور، حدود ٪۹۳ به بخش کِشاورزی، ٪۶ به بخش خانگی و بقیه به بخش صَنعَت **اختصاص** داشته است.

ایران هم اکنون در حال تجربه‌ی مشکلات جِدّی ناشی از کمبود آب است. خشکسالی‌های **مُکَرَر** همراه با برداشت بیش از حَدّ آب‌های سطحی و زیرزمینی، وضعیت آب کشور را بحرانی کرده است. از نشانه‌های این وضعیت، خشک شدن دریاچه‌ها، رودخانه‌ها و **تالاب**‌ها، کاهش سطح آب‌های **زیرزمینی**، **نِشَست** زمین، کاهش کِیفیّت آب، فَرسایش خاک، بیابان‌زایی و ایجاد طوفان‌های شن و گرد و غُبار است. بحران آب در ایران تحت تأثیر سه عاملِ عُمده است:

۱. رُشد سریع و **اُلگوی** نامناسب **اِستِقرار** جمعیّت

رشد سریع جمعیت ایران در هشتاد سال گذشته (به ۸۰ میلیون نفر) موجب نیاز بیشتر به غذا شده است. به همین دلیل تولید محصولات کشاورزی به شدّت افزایش یافته و آب‌های زیرزمینی و روان به سرعت مصرف شده‌اند. از طرفی دیگر، **توزیع** نادرست مکانی جمعیّت، باعث ایجاد عَدَم **تَناسُب** بین **عَرضه** و **تَقاضای** آب شده است. نابرابری اقتصادی، فُرصَت‌های شغلی و شرایط زندگی بهتر در مناطق شهری باعث افزایش شَهرنشینی و مُهاجِرت از مناطق روستایی و شهرهای کوچک به شهرهای بزرگ شده است.

سرعت شهرنشینی، مهاجرت به شهرهای بزرگ و توسعه **اراضی**، **مُستَلزِم** افزایش تأمین آب، مُتِناسِب با رشد تقاضای آن در مناطق شهری است. افزایش مداوم تقاضای آب بسیار نگران‌کننده است. گسترش سریع شهرنشینی، تمایل به توسعه بخش صنعت و تلاش‌ها برای شناسایی منابع

رُشد	growth
سَرانه	per capita
رَوَند	process
مُطالعات	studies
اختِصاص	allocation
مُکَرَر	repeated
تالاب	marsh
زیرزمینی	underground
نِشَست	subsidence
اُلگو	pattern
اِستِقرار	settlement
توزیع	distribution
تَناسُب	proportion
عَرضه	supply
تَقاضا	demand
اراضی	زمین‌ها
مُستَلزِم	لازم بودن

[۳] اطلاعات این بخش از پایگاه فصلنامه اینترنتی صنوبر به نشانی زیر گرفته شده است:

http://senobarmag.com/1396/11/خشکسالی-اقتصادی-—-اجتماعی-ایران-چالش‌های-یک-ملت-ورشکسته-آبی-ورشکستگی-اقتصادی-—-اجتماعی-آب-در-ایران

اضافی تأمین آب، تقاضا برای آب را افزایش داده است.

۲. کشاورزی **ناکارآمد**

تَمایُل برای افزایش تولیدات کشاورزی، باعث توسعه‌ی مناطق تحت **کِشت** در سراسر کشور شده است. بخش کشاورزی در ایران از لحاظ اقتصادی ناکارآمد است و **سَهم** آن در **تولید ناخالص ملی** در طول زمان کاهش یافته است. زیرا بخش کشاورزی در ایران، هنوز کاملاً صنعتی نشده و کشور از شیوه‌های **مَنسوخ** کشاورزی با **بَهره‌وری** بسیار کم در آبیاری و تولید رَنج می‌برد. شیوه‌ی معمول کشاورزی در ایران، کشاورزی آبی است و **بازده** اقتصادی آن پایین است. الگوهای محصول در سراسر کشور نامناسب و در بسیاری از مناطق با شرایط دسترسی به آب، **ناسازگار** است.

توجه به خودکفایی در تولید محصولات عمده استراتژیک مانند گندم پس از انقلاب و طی سال‌های جنگ با عراق افزایش یافت که **مُنجَر به تحمیل یارانه**‌های سنگین در بخش توسعه کشاورزی شد و باعث فشار بیش از حد در بخش تأمین آب گردید.

۳. **سوء مدیریت** و توسعه سریع

منابع آب ایران به‌طور جدی دچار سوءمدیریت است. سازمان محیط زیست ایران، قدرت اجرایی محدودی دارد و **ظَرفیّت** مورد انتظار برای اجرای مُقَررات جلوگیری از آسیب‌های زیست محیطی را ندارد. همچنین ساختار **سلسله مَراتبی** سیستم مدیریت آب در ایران تا حدودی ناکارآمد است.

سازمان محیط زیست، سرعت استفاده از منابع آب زیرزمینی در ایران را در **قیاس** با استانداردهای جهانی، سه برابر بیشتر **تخمین** زده است. این برداشت **بی‌رویّه**، عامل خشک شدن **۲۹۷ دشت** از ۶۰۰ دشت ایران می‌باشد. همچنین به خاطر عدم رسیدگی به شبکه‌ی **انتقال** آب، **۳۵ میلیارد** مترمکعب آب در مسیر انتقال به **هَدَر** می‌رود. مطابق گزارش شرکت آب و فاضلاب، ۴۰٪ از شبکه آب کشور **فرسوده** اعلام شده است و علت اصلی بخشی از آب هدر رفته به موجب همین فرسودگی بوده است. در نهایت تلاش ایران برای مدرنیزه شدن، در کنار پیشرفت‌های قابل‌توجه در توسعه **زیرساخت‌ها**، باعث توجه کمتر به اثرات زیست محیطی این توسعه شده است.

inefficient	ناکارآمد
tendency	تَمایُل
planting	کِشت
GDP	تولید ناخالص ملّی
out-of-date	مَنسوخ
productivity	بَهره‌وَری
efficiency	بازده
incompatible	ناسازگار
resulted in	مُنجَر به
imposing	تَحمیل
subsidy	یارانه
mis-management	سوء مدیریت
capacity	ظَرفیّت
hierarchical	سلسله مَراتِبی
analogy	قیاس
estimate	تَخمین
unplanned	بی‌رَویّه
prairie	دَشت
transfer	انتِقال
to waste	هَدَر
worn out	فَرسوده
infrastructure	زیرساخت

تمرین ۹: جاهای خالی را با توجه به علت‌ها و معلول‌های متن پر کنید.

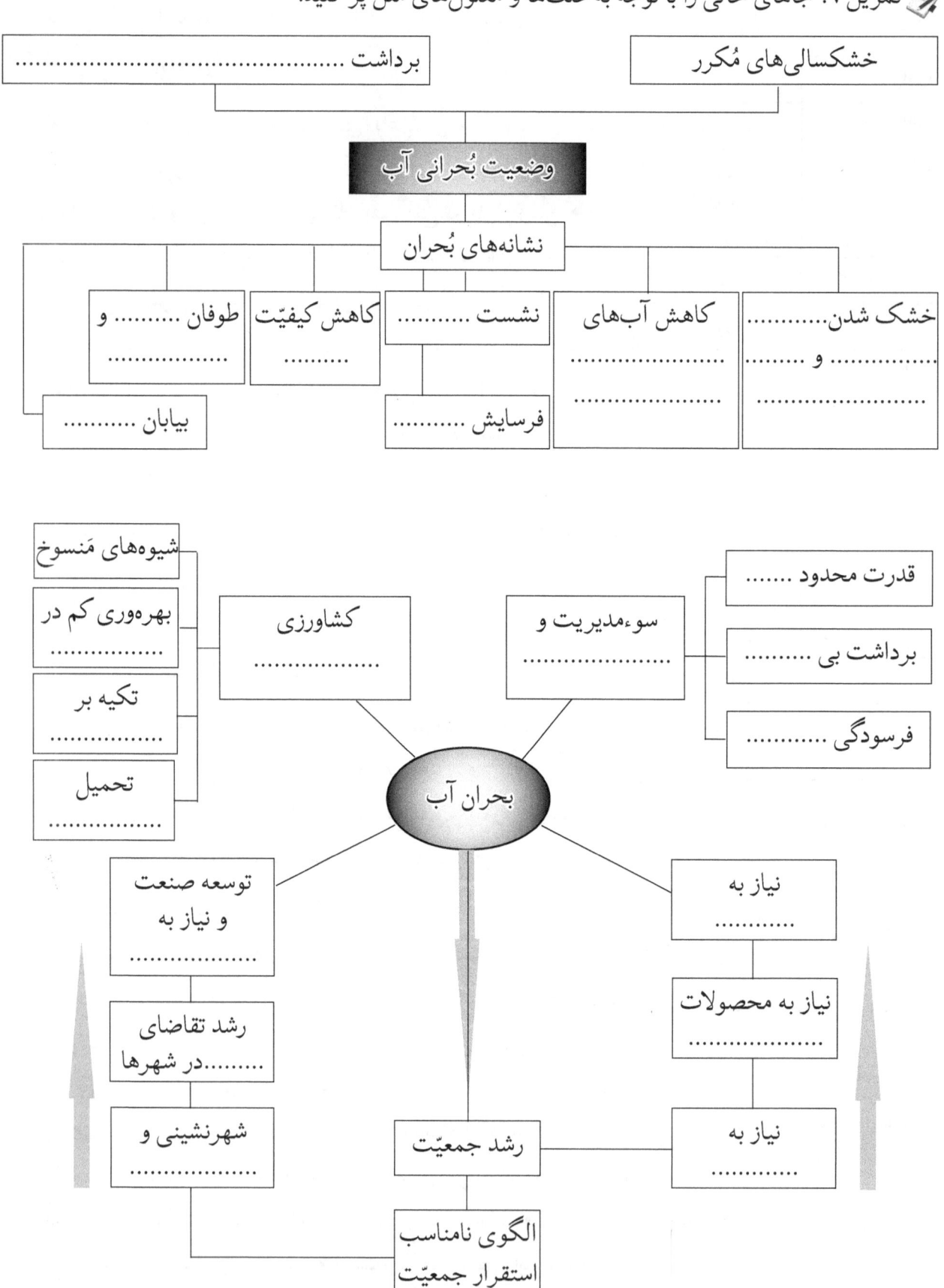

درس سی و هشتم — تمرین کلاسی

تمرین ۹: گزارش ویدیوی کوتاهی از بی بی سی فارسی ببینید و به پرسش‌های زیر پاسخ دهید.

۱. یکی از چالش‌های زیست محیطی جهان چیست؟
الف) آلودگی آب‌های رودخانه‌ها با آب **فاضلاب**‌ها
ب) آلودگی دریاها به **ضایعات** پلاستیک
پ) آلودگی غذای **آبزیان** دریاها و اقیانوس‌ها

۲. چرا دیگر نمی‌توان برای شنا به ساحل‌های زیبا رفت؟
الف) چون آب دریاها بسیار آلوده شده است.
ب) چون ضایعات پلاستیکی در **معده** آبزیان دیده شده است.
پ) چون این سواحل دیگر زیبا نیست.

ضایِعات	wastage
آبزیان	ماهی‌ها
فاضلاب	sewage
مَمنوعیّت	prohibition
شوینده	detergent
آهَن	iron
فُسیلی	fossil
ذُغال سنگ	coal
تَرَدُد	traffic
پِکن	Beijing
مَقدونیّه	Macedonia

۳. یکی از راه‌های کاهش پلاستیک کدام است؟
الف) **مَمنوعیّت** استفاده از مواد **شوینده** و بهداشتی
ب) مَمنوعیّت استفاده از کیسه‌های پلاستیکی
پ) مَمنوعیّت دفع زباله در دریاها و ساحل‌ها

۴. کدام یک از موارد زیر سوختِ فُسیلی است؟
الف) آهَن   ب) **ذغال سنگ**   پ) پلاستیک

۵. شهر تهران از کدام نوع آلودگی زیست محیطی رنج می‌برد؟
الف) آلودگی هوا
ب) آلودگی و مَسمومیّت خاک
پ) آلودگی شدید آب‌های سطحی

۶. هنگام بالارفتن آلودگی هوا در شهرها چه اقداماتی انجام می‌شود؟
الف) **تَرَدُد** خودروها مَمنوع و مدرسه‌ها تعطیل می‌شود.
ب) از تَرَدُد خودروهای آلوده کننده هوا جلوگیری می‌شود.
پ) همه مدرسه‌ها و دانشگاه‌ها تعطیل می‌شوند.

۷. به جز تهران، کدام شهرها با آلودگی شدید هوا مُواجه هستند؟
الف) کابُل، واشنگتن، برلین، پِکن
ب) کابُل، پِکن، دِهلی نو، مقدونیه
پ) کابُل، برلین، مقدونیه، دِهلی نو

۱۶۷

درس سی و هشتم — تکلیف

تمرین ۸ - با توجه به راهنمای زیر، متنی حداقل در سه بند بنویسید.

بسیاری از فعالان محیط زیست بر این باورند که نسل حاضر بدون توجه به عواقب و اثرات بالقوه‌ی مصرف‌گرایی بر نسل‌های آینده، به سرعت در حال نابودی و از بین بردن منابع مختلف است. نظریه‌پردازان معتقدند که برای جلوگیری از افزایش بحران‌های زیست محیطی، لازم است مصرف‌کنندگان یاد بگیرند تا روش زندگی خود را با مصرف کمتر به سوی زندگی سبزتر تغییر بدهند و زباله کمتری هم تولید کنند. با توجه به سه مورد زیر، انشای کوتاهی بنویسید:

- با مشخص کردن دیدگاه‌های مختلف، موضوع بالا را با جزئیات شرح دهید.
- موافقت یا مخالفت خود را با نقطه نظر گفته شده در بند بالا بیان کنید و برای توجیه دیدگاه‌تان استدلال‌های خود را با ذکر مثال شرح دهید.
- تغییرات عمده در عادت‌های مصرفی چه تاثیراتی بر جامعه خواهد داشت و برای ایجاد این تغییرات چه اقداماتی باید صورت گیرد.

درس سی و نهم

ساختار سیاسی و اقتصادی ایران

تمرین ۱: گزینه‌های درست را حدس بزنید.

۱. کدام یک از افراد زیر اولین رهبر **جمهوری** اسلامی ایران و **رهبر** انقلاب اسلامی بود؟

الف) آقای رفسنجانی ب) امام خمینی پ) آقای خامنه‌ای ت) آقای بهشتی

۲. کدام یک از افراد زیر در حال حاضر (سال ۲۰۱۸) رهبر جمهوری اسلامی ایران است؟

الف) آقای خامنه‌ای ب) امام خمینی پ) آقای شاهرودی ت) آقای خاتمی

۳. کدام یک از افراد زیر در حال حاضر (سال ۲۰۱۸) **رئیس‌جمهور** ایران است؟

الف) آقای خامنه‌ای ب) آقای روحانی پ) آقای لاریجانی ت) آقای احمدی‌نژاد

۴. ساختار سیاسی ایران چه نوع است؟

الف) دموکراسی یا مردم‌سالاری ب) حکومت اسلامی

پ) جمهوری اسلامی ت) جمهوری سوسیالیستی

۵. قدرتمندترین **مقام** در **نظام** سیاسی ایران در دست چه کسی است؟

الف) رئیس **قوه‌ی مُجریه** یا رئیس‌جمهور

ب) مقام مُعظَم رهبری

پ) رئیس **قوه‌ی مُقَنَنه** یا مَجلِس

ت) رئیس **قوه‌ی قَضائیه**

۶. رئیس‌جمهوری ایران را چه کسی انتخاب می‌کند؟

الف) **شورای نگهبان** ب) مجلس شورای اسلامی

پ) مردم ت) مقام رهبری

رهبر	Supreme Leader
جُمهوری	republic
رئیس‌جمهور	president
مَقام	post
نِظام	system
مُعَظَم	بزرگ
قُوه‌ی مُجریه	executive
قُوه‌ی مُقَنَنه	legislative
مَجلِس	parliament
قُوه‌ی قَضائیه	judiciary
شورای نگهبان	Guardian Council

خواندن ۱: ابتدا متن زیر[۱] را بخوانید و موضوعی برای آن بنویسید سپس تمرین بعد از آن را انجام دهید.

موضوع: ....

«جمهوری اسلامی ایران» عنوان حکومت ایران است که پس از **پیروزی** انقلاب در فوریه‌ی سال ۱۹۷۹ میلادی، طی یک **همه‌پُرسی** با رأی مردم **رسمیّت** یافت.

ساختار اصلی نظام جمهوری اسلامی، از «**مَجلِس خُبرِگان**، مقام رهبری، قوه‌ی مُجریه یا دولت، قوه‌ی مُقَنّنه یا مجلس شورای اسلامی و **شورای نِگهبان** و قوه‌ی قَضائیه» تشکیل شده است. همچنین «**مَجمَع تشخیص مَصلَحت** نظام»، «شورای عالی امنیت ملّی، شورای عالی انقلاب فرهنگی، شورای عالی **فضای مَجازی**، شوراهای اسلامی شهر و روستا» در کنار شش بدنه‌ی اصلی نظام، فعالیت می‌کنند.

قانون اساسی جمهوری اسلامی ایران در سال ۱۳۵۸ (۱۹۸۰ میلادی) توسط مجلس خبرگان قانون اساسی در ۱۷۵ **اصل**[۲] نوشته شد. **طِبقِ** قانون اساسی، رهبر یا **ولیِ فَقیه**، بالاترین **رُکن** نظام و فرمانده‌ی کل **نیروهای مُسَلَح** است و بر سه قوه‌ی مُجریه، مُقَننه و قَضائیه نِظارت می‌کند.

مقام رهبری همچنین ریاست بعضی از **نهاد**های دولتی مانند رادیو و تلویزیون، رئیس قوه‌ی قضائیه، ۶ فَقیه از دوازده عضو شورای نگهبان و اعضای مجمع تشخیص مصلحت را خود مستقیماً **عَزل** و یا **نَصب** می‌کند. رئیس قوه قضائیه با حکم رهبری برای ۵ سال نَصب می‌شود. رئیس قوه‌ی قضائیه، مسئول عَزل و نَصب رئیسان دادگستری استان‌ها، **دیوان عالی** کشور و **دادِستانی** کل کشور و در نهایت معرفی ۶ **حقوقدان** شورای نگهبان به مجلس است.

victory	پیروزی
referendum	همه‌پُرسی
be recognized	رَسمیّت یافت
Assembly of Experts	مجلس خبرگان
Expediency Discernment Council	مَجمَع تَشخیص مصلَحَت نظام
cyberspace	فَضای مَجازی
constitution	قانون اساسی
article	اَصل
according to	طِبقِ
Supreme Leader, Faqih	وَلیّ فَقیه
authority	رُکن
armed forces	نیروهای مُسَلَح
institution	نَهاد
to dismiss	عَزل کردن
to appoint	نَصب کردن
supreme court	دیوان عالی
Public Prosecutions	دادِستانی
lawyer, jurist	حُقوقدان

[۱] منبع شماره ۱۸، ۲۱، ۳۴

[۲] ده سال بعد، در سال ۱۳۶۸ قانون اساسی تغییر کرد و دو اصل به آن اضافه شد. قانون اساسی جدید ۱۷۷ اصل دارد و در آن اختیارات رهبری افزایش یافته است.

درس سی و نهم — ساختار سیاسی ایران

confirmation	تَأیید	
rejection	رَدّ	
eligibility	صَلاحیَّت	
elections	انتخابات	
نشان دادن	اِحراز	
vote	رأی	
plan	طرح	
bill	لایحه	
approved	مُصَوَّب	
approval	تَصویب	
گفتن	ابلاغ	
متفاوت	مُغایر	
mediation	میانجیگری	
authority	اِختیار	
interpretation	تَفسیر	
member	عُضو	
representative	نماینده	
Zoroastrian	زَرتُشتی	
Jewish	کَلیمی	
Christian	مَسیحی	
Assyrian	آشوری	
Armenian	اَرمَنی	

پس از رهبری، شورای نگهبان مهمترین نهاد قدرتمند سیاسی در ایران است که مسئولیت **تأیید** یا **رَدّ صَلاحیَّت** کاندیداها و نتیجه‌ی کلیه‌ی **انتخابات** سیاسی مانند ریاست جمهوری، نمایندگی مجلس و نمایندگی خُبرگان را بر عهده دارد. پس از تأیید صَلاحیَّت و اِحراز شرایط قانونی کاندیداها توسط شورای نگهبان، مردم به افراد معرفی‌شده **رأی** می‌دهند. کلیه‌ی **طرح‌ها** و **لایحه‌های مُصَوَّب** مجلس هم پیش از **ابلاغ** به مردم باید توسط شورای نگهبان **تَصویب** شود تا **مُغایر** با قوانین اسلامی نباشد. در صورت اختلاف بین مجلس و شورای نگهبان، مجمع تشخیص مصلحت **میانجیگری** خواهد کرد. یکی از **اختیارات** شورای نگهبان **تَفسیر** قانون اساسی است.

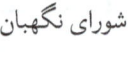

شورای نگهبان

مجلس شورای اسلامی ۲۹۰ **عُضو** دارد که این اعضاء را مردم از میان کسانی که شورای نگهبان آن‌ها را تأیید صَلاحیَّت کرده، انتخاب می‌کنند. این **نمایندگان** هم برای ۴ سال انتخاب می‌شوند. همچنین **زَرتُشتیان** و **کَلیمیان** هر کدام یک نماینده و **مَسیحیان آشوری** و کَلدانی مجموعاً یک نماینده و مسیحیان **ارمنی** جنوب و شمال هر کدام یک نماینده انتخاب می‌کنند.

مجلس شورای اسلامی

رئیس‌جمهور برای ۴ سال انتخاب می‌شود و می‌تواند برای دو دوره مُتِوالی یعنی هشت سال رئیس‌جمهور باشد. رئیس‌جمهور ۱۸ **وزیر** کابینه‌ی خود را انتخاب و برای **اخذ** رأی **اِعتِماد** به مجلس معرفی می‌کند. رئیس‌جمهور همچنین ۱۰ معاون و دو دستیار ویژه دارد.

انتخابات **شورای شهر** و **روستا** بر اساسِ آرای مستقیم مردم انجام می‌گیرد و تنها انتخاباتی در جمهوری اسلامی است که **داوطلبان** نمایندگی در آن به تأیید شورای نگهبان نرسیده و تأییدیه خود را از نمایندگان مجلس دریافت می‌کنند.

نیروهای مُسَلَح ایران عبارتند از «**اَرتِش**»، با **مأموریّت** نگهبانی از **تمامیّت ارضی** کشور؛ «**سِپاه** پاسداران انقلاب اسلامی»، نهادی نظامی، سیاسی و انقلابی با مأموریت **پاسداری** از انقلاب و **دستاورد**های آن؛ «نیروی **بَسیج**» تحت فرماندهی سپاه با هدف کمک به امور **انتظامی** و پاسداری از دستاوردهای انقلاب؛ و «نیروهای انتظامی یا پلیس»، با هدف **اِستِقرار** نَظم و **اَمنیّت** و تأمین آسایش عمومی.

وزیر	minister
اَخذ	گرفتن
اِعتِماد	confidence
شورای شهر	city council
روستا	village
داوطَلَب	applicant
تَمامیّت اَرضی	territorial integrity

اَرتِش	army
سِپاه	Sepah, Islamic Revolutionary Guard Corps (IRGC)
مأموریّت	mission
پاسداری	patrolling
دستاورد	accomplishment
اِنتِظامی	law enforcement
اِستِقرار	establishment
اَمنیّت	security

فرماندهان ارتش

فرماندهان سپاه پاسداران

نیروی انتظامی

تمرین ۲: جاهای خالی را طبق متنی که خواندید، پر کنید.

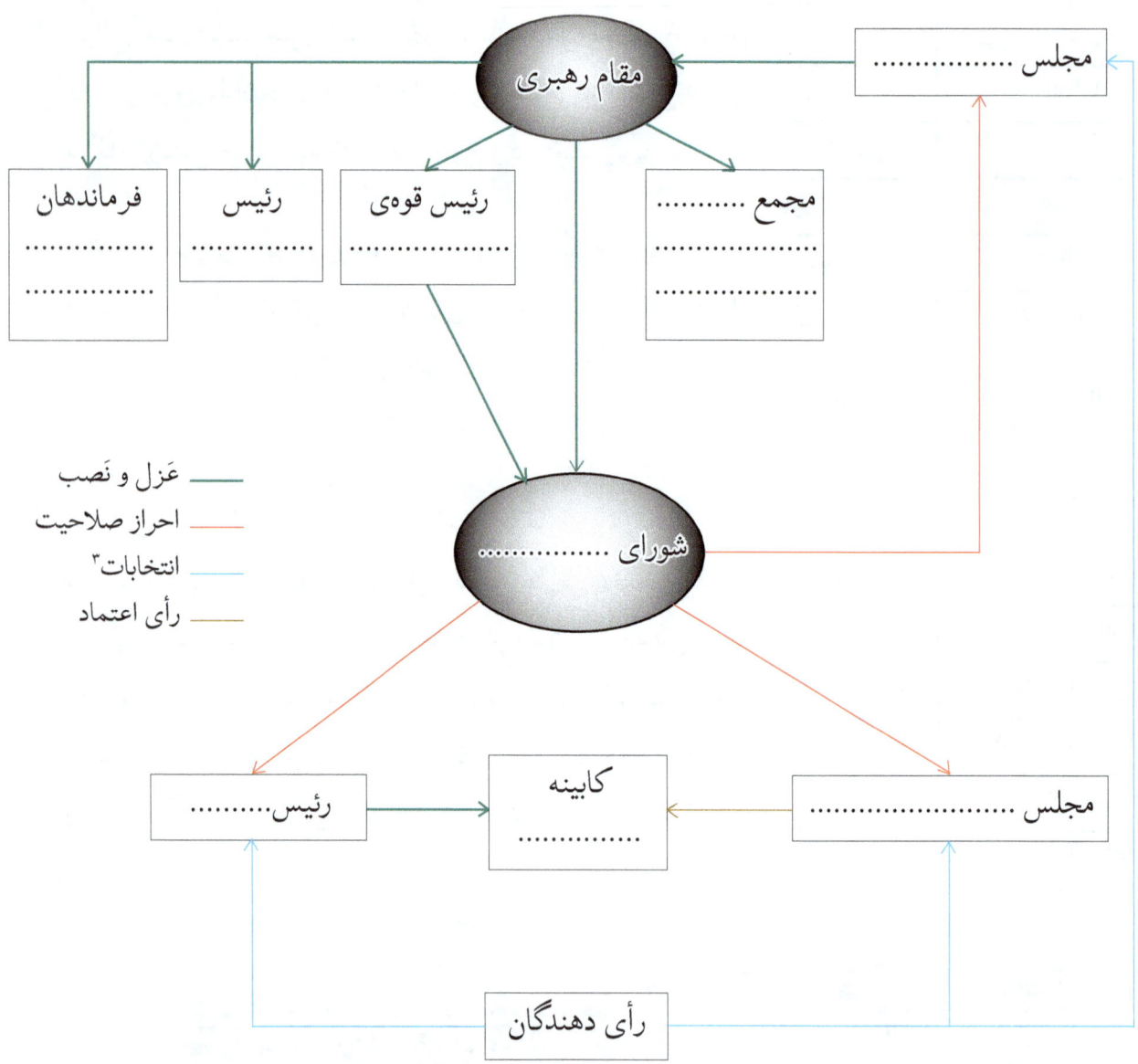

۱. مجلس شورای اسلامی .... عضو دارد.

۲. مجلس خبرگان .... عضو دارد.

۳. رهبر .... فقیه عضو شورای نگهبان را منصوب می‌کند.

۴. رئیس قوه‌ی قضائیه .... حقوقدان عضو شوری نگهبان را منصوب می‌کند.

۵. رئیس جمهور .... وزیر کابینه را منصوب می‌کند.

[۳] انتخابات تنها پس از احراز شرایط قانونی و تأیید صلاحیت کاندیداها توسط شورای نگهبان امکان پذیر است.

درس سی و نهم — تمرین کلاسی

🎬 تمرین ۳: سه انیمیشن کوتاه از سایت «دیده‌بان ملت» ببینید و به چند پرسش پاسخ دهید.

https://www.youtube.com/watch?v=GhWzyPwCvN0

مُصَوَبات	measures
قَوانین	laws
شَرع	Sharia
قانون مَدَنی	civil code

۱. آیا این ویدیو به متنی که درباره شورای نگهبان خواندید شباهت دارد؟ چگونه؟ ....
....

۲. قوانین و مُصَوَبات مجلس شورای اسلام با کدام یک از موارد زیر باید منطبق باشد؟
الف) قانون و مقررات   ب) قانون اساسی و شَرع
پ) حقوق اسلام   ت) قانون مَدَنی و شَرع

https://www.youtube.com/watch?v=8bFP5CZ6uIQ

فُقَها	فَقیه‌ها
وظایفِ	وظیفه‌ها
نِظارت	کنترل
قُوا	قوه‌ها

۳. فُقَهای مجلس خُبرگان پس از تأیید توسط شورای نگهبان با رأی مستقیم مردم برای ۸ سال انتخاب می‌شوند.
الف) درست   ب) نادرست

۴. وظایف مجلس خُبرگان چیست؟
الف) نظارت بر قانون اساسی
ب) انتخاب و نظارت بر مقام رهبری
پ) نظارت بر قُوای سه گانه
ت) انتخاب و نظارت بر انتخابات سراسری

https://www.youtube.com/watch?v=1BVqPK03VL4

وظایف	duties
نظارت	oversee
تفسیر	interpretation

۵. نمایندگان مجلس شورای اسلامی بدون تأیید صلاحیت توسط شورای نگهبان با رأی مستقیم مردم برای ۴ سال انتخاب می‌شوند.
الف) درست   ب) نادرست

۶. وظایف مجلس شورای اسلامی چیست؟
الف) نظارت بر اجرای قانون اساسی
ب) قانون‌گذاری و نظارت بر قانون
پ) تَفسیر و توضیح قانون اساسی
ت) نظارت بر رهبری و انتخاب او

درس سی و نهم ساختار اقتصادی ایران

خواندن ۲: ابتدا متن زیر را بخوانید سپس تمرین بعد از آن را انجام دهید (منبع ۳۴، سایت وزارت خارجه و بانک مرکزی).

اقتصاد ایران[۲]

اقتصاد ایران، اقتصادی **ترکیبی** است که بخش اصلی آن دولتی است و به شیوه‌ی **مُتِمَرکز اداره** می‌شود. بخش عُمده‌ی **صادرات** ایران را صادرات نفتی و گازی تشکیل می‌دهد. نکته‌ی **مُنحَصِربه‌فَرد** در مورد اقتصاد ایران، **سَهم** تقریباً قابل توجه بُنیادهای مذهبی از **بودجه**‌ی دولت است.

بنابر گزارش وزارت امور خارجه، ایران هفدهمین اقتصاد برتر دنیاست و چهارمین تولیدکننده نفت در جهان و دارای بیشترین **ذخایر** گازی جهان است.

مشکلات عمده‌ی اقتصادی ایران، ناشی از کنترل قیمت‌ها، پرداخت **یارانه** به ویژه در بخش مواد غذایی و انرژی، **قاچاق** کالا و **فِساد** اداری است که باعث ضعیف شدن پتانسیل **رُشد** بخش **خصوصی** هم شده است. البته قیمت بالای نفت در سال‌های اخیر به ایران امکان **ارزآوری** بیشتری را داده است اما این افزایش **درآمد**، به کاهش **نِرخ** دورقمی بیکاری و **تَوَرُم** کمک چندانی نکرده است. بر پایه‌ی **آمار** بانک مرکزی ایران، نرخ تورم در سال ۲۰۱۰ تا ۱۱/۵٪ کاهش پیدا کرده است و اقتصاد ایران رشدی متوسط را تجربه کرده است.

رشد جمعیت تحصیلکرده ایران، **ناکارآمدی** اقتصاد و **سرمایه‌گذاری** ناکافی داخلی و خارجی باعث رشد مهاجرت برخی ایرانیان به خارج از ایران شده است. **صندوق** بین‌المللی پول در ماه مه ۲۰۱۱ نرخ رشد اقتصادی ایران را ۲/۵ درصد اعلام کرد که هنوز بسیار کمتر از متوسط نرخ رشد جهانی و منطقه‌ای است. به گزارش صندوق بین‌المللی پول تورم ایران در سال ۲۰۱۱ بالاترین تورم منطقه خاورمیانه و شمال آفریقا و به میزان ۲۲/۵ درصد پیش‌بینی شده است.

economy	اقتِصاد
combinational	ترکیبی
centralized	مُتِمَرکز
to be managed	اداره شدن
unique	مُنحَصِربه‌فَرد
share	سَهم
budget	بودجه
resources	ذَخایِر
subsidy	یارانه
smuggling	قاچاق
corruption	فِساد
growth	رُشد
private sector	خُصوصی
exchange	اَرز
income	درآمد
rate	نِرخ
inflation	تَوَرُم
statistics	آمار
inefficiency	ناکارآمدی
investment	سرمایه‌گُذاری
IMF	صندوق پول

[۲] این متن‌ها، صرفاً جهت تمرین‌های زبانی و آشنایی با اصطلاحات فارسی از منابع مختلف گردآوری شده و محتوای آن‌ها لزوماً بیانگر نظر مؤلف نیست.
Disclaimer: These text materials have been collected from different sources merely for educational purposes. They do not necessarily reflect the author's opinion.

درس سی و نهم — تمرین کلاسی

تمرین ۴: عبارات مرتبط در دو ستون را به هم وصل کنید.

۱. اقتصاد دولتی به این روش اداره می‌شود.	( ) ناکارآمدی اقتصاد و سرمایه‌گذاری ناکافی داخلی و خارجی
۲. این بنیادها سهم قابل توجهی در بودجه دولت دارند.	
۳. یکی از علت‌های عمده‌ی مشکلات اقتصادی ایران شناخته شده است.	( ) حدود ۲/۵٪
۴. در سال‌های اخیر بالا رفتن قیمت این ماده ارزآوری بیشتری برای اقتصاد ایران داشته است.	( ) مُتِمَرکِز
۵. باعث رشد مهاجرت نُخبگان به خارج از کشور شده است.	( ) مذهبی
	( ) پرداخت یارانه برای مواد غذایی و انرژی
۶. اقتصاد ایران در سال ۲۰۱۱ این مقدار رشد کرده است.	( ) نفت

تمرین ۵: به تعریف نهاد مذهبی توسط دکتر «هادی زمانی» گوش کنید سپس به پرسش زیر پاسخ دهید.

تفاوت نهادهای مذهبی و سایر نهادها چیست؟ ....
....

نَشر	publication
آثار، اثرها	works, books
بورس	stock exchange
اوراق بهادار	shares, securities
حوزه علمیه	seminary school
تَبلیغات	propaganda
اقامه نماز	prayers coordination
خِیرِیّه	charity
اِنتِفاعی	for-profit
غیر انتفاعی	nonprofit
مالیات	tax

تمرین ۶: همه‌ی گزینه‌های درست را علامت بزنید.

۱. کدام یک از سازمان‌های زیر نهاد مذهبی است؟
الف) بنیاد خیریّه امام علی (ع)
ب) بانک مرکزی جمهوری اسلامی ایران
پ) بنیاد نشر آثار امام خمینی
ت) سازمان بورس و اوراق بهادار
ث) حوزه‌ی علمیه‌ی قُم
ج) شورای هماهنگی تبلیغات اسلامی
چ) سِتاد اقامه‌ی نماز

تمرین ۷: اینفوگرافیک زیر را بخوانید و به چند پرسش پاسخ دهید (منبع سایت گمرگ کشور).

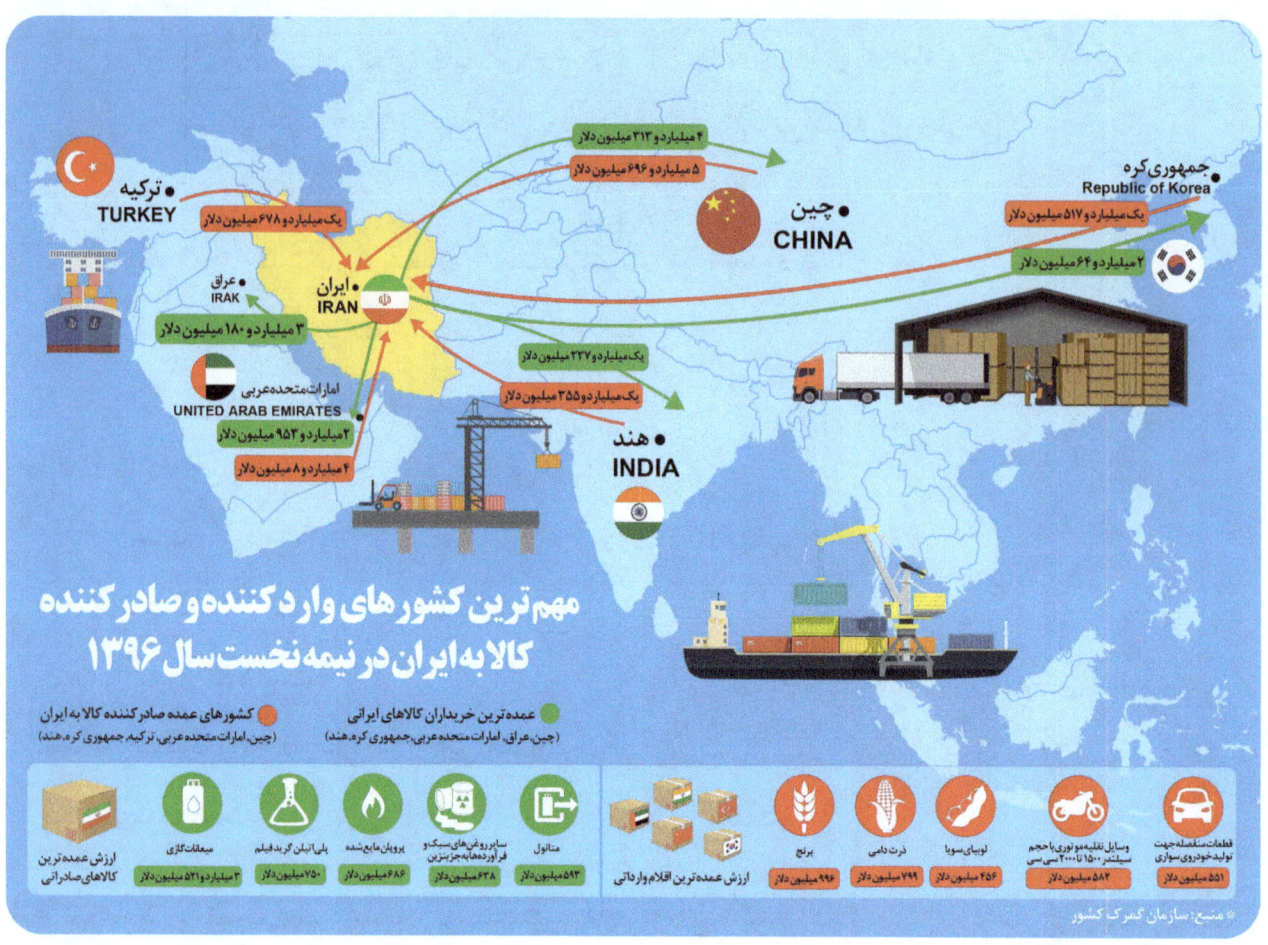

۱. شریکان اقتصادی ایران در سال ۱۳۹۶ کدام کشورها بوده‌اند؟

....

۲. در این سال ایران به کدام کشور بیشترین صادرات را کرده است؟ ....

۳. ایران به کدام کشور صادراتی نداشته است؟ ....

۴. بیشترین واردات ایران از کدام کشور و به چه ارزشی بوده است؟ ....

۵. کدام کالا بیشترین واردات ایران را تشکیل می‌دهد؟ ارزش آن چقدر بوده است؟ ....

۶. کدام کالا بیشترین صادرات ایران را تشکیل می‌دهد؟ ارزش آن چقدر بوده است؟ ....

....

۷. آیا این عبارت درست است؟ «اقلام نفتی بیشترین اقلام صادراتی و مواد غذایی عمده اقلام وارداتی ایران در سال ۱۳۹۶ را تشکیل می‌دهد.» ....

تمرین ۸: به تعریف پدیده‌ای اقتصادی گوش کنید[۴] و به پرسش زیر پاسخ دهید.

این تعریف، کدام پدیده اقتصادی را توصیف می‌کند؟

الف) رِشوه　　ب) فِساد　　پ) رِقابت　　ث) اِنحِصار

رِشوه	bribe
فِساد	corruption
رقابَت	competition
انحصار	monopoly

تمرین ۹: به مصاحبه‌ای گوش کنید و به پرسش‌های زیر پاسخ دهید.

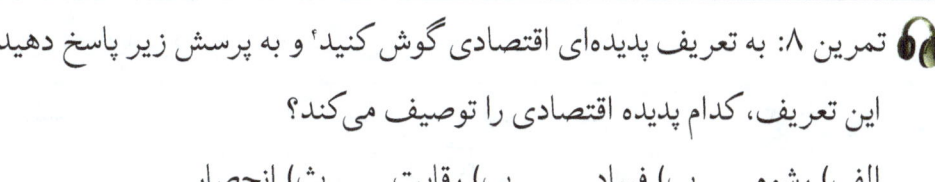

۱. دلیل قاچاق بنزین چیست؟

الف) انگیزه‌ی قوی برای قاچاق بنزین از کشورهای همسایه

ب) تفاوت قیمت بنزین داخلی با قیمت آن در کشورهای همسایه

پ) رایج بودن قاچاق بنزین به کشورهای همسایه و مجاور ایران

۲. چه مقدار بنزین داخلی از ایران قاچاق می‌شود؟

الف) ۸۴۰ میلیون تومان

ب) حدود ۱۰٪ مصرف داخلی

پ) در ابعاد آن اختلاف نظر وجود دارد

بنزین	fuel
مصرف	consumption
ضَرَر	loss

۳. این میزان قاچاق، روزانه چقدر به دولت ضَرر می‌رساند؟

الف) در حدود ۱۰٪　　ب) روزی ۱ میلیارد تومان　　پ) حدود ۸۴۰ میلیون لیتر

تمرین ۱۰: به گزارشی[۵] گوش کنید و جاهای خالی را پر کنید.

ده‌های ۶۰ و ۷۰، نرخ .... ایران به طور میانگین یک چیزی برابر با .... بود یعنی هرسال .... درصد اقتصاد ایران درآمدش .... می‌کرد. میانگین نرخ رشد اقتصادی ایران بعد از انقلاب در این .... دهه، یک چیزی نزدیک به .... هست. یعنی از .... اومده به سه درصد. ۶٪ نرخ رشد اقتصادی .... پیداکرده. هم‌زمان جمعیت ایران .... شده، یعنی یک درآمد کمتری را بسیار کمتری را الان باید بین جمعیتی به‌مراتب بزرگتر، .... تقسیم بکنید. در نتیجه درآمد هر نفر، یعنی درآمد سرانه کشور، .... پیداکرده. حدود ۳۰ تا ۴۰ درصد درآمد سرانه کشور نسبت به گذشته .... پیداکرده، سطح رفاه رفته پایین.

میانگین	average
تَنَزُل	کاهِش
به مَراتِب	relatively
سَرانه	per capita
سطح	level
رِفاه	welfare

[۵] منبع: بخش‌هایی از مصاحبه آقای هادی زمانی اقتصاددان ایرانی مقیم لندن با بی بی سی فارسی

خواندن ۳: گزارشی خبریٔ بخوانید و به تحلیل زبانی آن دقت کنید.

در پیِ **تَشدید** تَحریم‌های آمریکا علیه چند بانک مهم ایرانی، — موضوع

وزیر اقتصاد ایران، محدودیت‌های مالی آمریکا را بر اقتصاد ایران بی‌تأثیر خواند. — عقیده: جانبداری از ایران

دولت آمریکا پنجشنبه ۲۵ اکتبر سال ۲۰۰۷ اعلام کرد که **تحریم**‌های تازه‌ای **علیه** وزارت دفاع ایران، سپاه پاسداران و چند بانک مهم این کشور اِعمال کرده است. — حقیقت: خبر تحریم جدید

وزیر خارجه‌ی آمریکا گفت که این تحریم‌ها به‌دلیل حمایت ایران از سازمان‌های تروریستی در عراق، لبنان و سایر مناطق خاورمیانه، خرید و فروش موشک‌های بالستیک و فعالیت‌های هسته‌ای اعمال شده‌است. — عقیده: جانبداری از آمریکا — دلیل

از زمان انقلاب ۱۹۷۹، ایران همواره تحت تحریم‌های آمریکا بوده است ولی تحریم‌های جدید، بانک‌های مهمی مانند «بانک ملی»، «صادرات» و «ملت» را در بر می‌گیرد که سهم بزرگی در **مُبادلات** تِجاری و مالی ایران با خارج دارند. — حقیقت: خبر تحریم جدید

نکته‌ی دستوری

«حقیقت»: آمار، داده‌ها و اطلاعات مستند و درست است.

«عقیده»: گفته‌ای شخصی که درست، نادرست، جانبدارانه و یا بی‌طرفانه است.

موضوع	تشدید تحریم‌های آمریکا علیه ایران			
ترتیب خبر	۱- عقیده وزیر اقتصاد ایران	۲- اعلام تحریم‌های جدید	۳- عقیده وزیر خارجه آمریکا	۴- جمع‌بندی
عقیده	وزیر ایرانی جانبداری از ایران		وزیر آمریکایی جانبداری از آمریکا	
حقیقت		خبر اِعمال تحریم‌های جدید		خبر اِعمال تحریم‌های جدید
دلایل تحریم			حمایت از تروریسم، فعالیت موشکی و هسته‌ای	

اِعمال کردن	اِجرا کردن
مُبادلات	exchanges
بی‌طرف	neutral
تَشدید	exchange
تَحریم	sanction
علیه	against
عقیده	opinion
حقیقت	fact
جانبدارانه	biased

درس سی و نهم   تکلیف

تمرین ۱۱: متن خبری۷ زیر را بخوانید و به روش فوق آن را تحلیل کنید.

به‌گفته‌ی وزیر اقتصاد ایران، «آمریکا با **جَنجال**‌های سیاسی و تبلیغاتی تلاش می‌کند ریسک یا خطر سرمایه‌گذاری در ایران را بالا ببرد که این مسأله، موجب افزایش قیمت نفت می‌شود و **خود به خود** بخشی از **اقدامات** آمریکا را بی‌تأثیر و **خُنثی** می‌کند.»

قیمت نفت در روزهای اخیر از مرز ۷۵ دلار در هر بشکه فراتر رفته و به بالاترین سطح خود در دو سال گذشته رسیده است. اما کارشناسان می‌گویند که بالارفتن قیمت نفت باعث افزایش قیمت بقیه‌ی کالاهای مورد نیاز ایران می‌شود و این کشور **ناچار** است بخش بیشتری از درآمدهای نفتی خود را به واردات کالا **اختصاص** بدهد.

ایران در سال گذشته بیشتر از ۴۱ میلیارد دلار کالا از خارج وارد کرده و پیش‌بینی می‌شود که امسال این رقم به بیش از ۴۵ میلیارد دلار برسد. به‌عقیده‌ی کارشناسان، تحریم‌های تازه‌ی آمریکا، بخشی از فعالیت‌های تجاری را نیز تحت تأثیر قرار خواهد داد ولی پیش‌بینی میزان اثرات آن هنوز امکان‌پذیر نیست.

موضوع	....			
ترتیب خبر	۱- عقیده وزیر	۲- بالارفتن قیمت	۳- عقیده کارشناسان	۴- واردات .... کالا در سال گذشته
عقیده	....		....	
حقیقت	....			....
دلایل افزایش قیمت کالاها			....	

جَنجال	turmoil	اقدامات	actions	ناچار	inevitable
خود به خود	automatically	خُنثی	neutralize	اختصاص	allocate

۷.۶ منبع: گزارشی خبری از بی بی سی فارسی در سال ۲۰۰۷   http://www.bbc.com/persian/iran/story/2007/10/071026_ka-sanction-iran-us.shtml

گفتگوی ۱: به پرسش‌های زیر در گروه‌های دو نفره پاسخ دهید.

به عقیده‌ی برخی از کارشناسان اقتصادی، بیشتر مشکلات اقتصادی ایران به دلیل کنترل قیمت‌ها، پرداخت یارانه در بخش مواد غذایی و انرژی، عدم **شکل‌گیری** بخش خصوصی و به طور کلی سیاست‌های **انحصاری** دولت در اقتصاد است. برخی هم علت این مشکلات را خارجی و ناشی از اِعمال بیش از سه دهه تحریم‌های **فلج‌کننده**ی اقتصادی توسط غرب می‌دانند.

شکل‌گیری	formation
اِنحِصاری	monopoly
فَلَج‌کننده	crippling
اِستِدلال	دلیل
ذِکر	گفتن
مُتعاقِبِ آن	بعد از آن
قُدرَت خَرید	buying power
دُچار شدن	to go to
رُکود	recession
مُعضَلات	مشکلات

۱. موضِع شما درباره این دو نظر چیست؟ به نظر شما کدام مشکل اصلی اقتصاد ایران است؟ **استدلال** خود را با **ذکر** مثال بیان کنید.

۲. به نظر شما مشکل عمده‌ی اقتصادی ایران به جز موارد بالا کدام است؟ چنانچه اقتصاد ایران را با اقتصاد کشور خودتان مقایسه کنید، چه شباهت‌ها یا تفاوت‌هایی را خواهید یافت؟

۳. چنانچه برای رفع مشکلات اقتصادی راه‌حلی پیدا نشود، سرمایه‌گذاری و تولید در بخش داخلی به خطر خواهد افتاد و **مُتعاقِب** آن نرخ بیکاری بالا خواهد رفت، تورم و گرانی **قدرت خرید** مردم را کاهش خواهد داد و در نهایت اقتصاد کشور **دچار رُکود** و بحران خواهد شد. راه‌حل شما برای حل **مُعضَلات** اقتصادی چیست؟

تمرین ۱۲: متن زیر را به زبان انگلیسی ترجمه کنید (منبع از سایت معاونت حقوقی مجلس https://dlp.msrt.ir/fa).

اصل۴۴ **قانون اساسی** جمهوری اسلامی ایران

«**نظام** اقتصادی جمهوری اسلامی ایران بر پایه‌ی سه بخش دولتی، تَعاونی و خصوصی با برنامه‌ریزی مُنَظَم و **صَحیح اُستُوار** است. بخش دولتی شامل کلیه‌ی صنایع بزرگ، صنایع مادر، بازرگانی خارجی، مَعادن بزرگ، بانکداری، بیمه، تأمین **نیرو**، **سدها** و شبکه های بزرگ آبرسانی، رادیو و تلویزیون، پست و تلگراف و تلفن، هواپیمایی، کِشتیرانی، راه و راه‌آهن و مانند این‌ها است که به صورت **مالکیّت** عمومی و در اختیار دولت است. بخش تعاونی شامل شرکت‌ها و مؤسسات تعاونی، تولید و توزیع است ... بخش خصوصی شامل آن قسمت از کشاورزی، دامداری، صنعت، تجارت و خدمات می‌شود که **مُکَمِل** فعالیت‌های اقتصادی دولتی و تعاونی است.» ...

[۸]**تبصره ۱**: «دولت **مُکَلَف** است سهم، ... حقوق مالکانه، حق بهره‌برداری و مدیریّت خود را در شرکت‌ها، **بنگاه**‌ها و مؤسسات دولتی و غیردولتی که موضوع فعالیت آن‌ها جزء گروه یک ماده دو این قانون است، تا پایان قانون برنامه چهارم توسعه اقتصادی، اجتماعی و فرهنگی جمهوری اسلامی‌ایران به بخش‌های **خصوصی**، تعاونی و عمومی‌غیردولتی واگذار نماید.»

قانون اساسی	constitution
نظام	سیستم
صَحیح	درست
اُستُوار	پا بر جا
تَعاوُنی	cooperative
مَعادن	mines
نیرو	انرژی
سَد	dam
توزیع	distribution
مالِکیّت	ownership
مُکَمِل	complement
تَبصره	addendum
مُکَلَف	باید
بُنگاه	agency
واگذار نمودن	to privatize, to transfer

[۸] تبصره ۱ ذیل ماده‌ی ۲ قانون اجرای سیاست های کلی اصل ۴۴ قانون اساسی: http://www.mefa.ir/portal/home/?189774/-44قانون-اجرای-اصل

درس سی و نهم — تکلیف

تمرین ۱۴: ابتدا ترجمه خود را با ترجمه زیر مقایسه کنید سپس به چند پرسش پاسخ دهید.

Islamic Republic of Iran Constitution - Article 44

The economy of the Islamic Republic of Iran is to consist of three sectors: state, cooperative, and private, and is to be based on systematic and sound planning. The state sector is to include all large-scale and mother industries, foreign trade, major minerals, banking, insurance, power generation, dams and large-scale irrigation networks, radio and television, post, telegraph and telephone services, aviation, shipping, roads, railroads and the like; all these will be publicly owned and administered by the State. The cooperative sector is to include cooperative companies and enterprises concerned with production and distribution, in urban and rural areas ... The private sector consists of those activities concerned with agriculture, animal husbandry, industry, trade, and services that supplement the economic activities of the state and cooperative sectors. ...

Addendum 1: The state is hereby obligated to transfer all its shares, ... proprietry, exploitation and management rights in different corporations, agencies, governement and non-government institutions, whose activities are subject to the group one of the article two of this law, to the private, cooperative and non-government public sector by the end of the 4th Economic, Social and Cultural Development plan.

۱. آیا نظام اقتصادی کشور شما چنین اصلی در قانون اساسی خود دارد؟ ....

۲. نظام اقتصادی کشور شما با نظام اقتصادی جمهوری اسلامی ایران چه تفاوت‌های اساسی‌ای دارد؟

....

....

....

۳. به نظر شما، نظام اقتصادی کدام کشور بهتر است؟ دیدگاه خود را با جزئیات و مثال بنویسید و از موضع خود دفاع کنید.

درس چهلم

مستندسازی

۱. راجع به فیلم **مُستَنَد** چه می‌دانید؟

۲. فیلم مستند با فیلم سینمایی چه فرقی دارد؟

۳. کدام مستندسازان را می‌شناسید؟

۴. آیا فیلم مستند را می‌توان جز مطبوعات فرض کرد؟ چگونه؟

۵. چه نوع فیلم مستندی دوست دارید؟

تمرین ۱: بخشی از مستند بالا را ببینید و به پرسش‌های زیر که درباره محتوای آن است، پاسخ دهید.

مُستَنَد	documentary
ریشه	root
جَذب	absorption
سیلاب	flood
رُخ دادن	بوجود آمدن
گُنجایِش	capacity
ظَرفیّت	گُنجایِش
ذوب شدن	to melt down
طُغیان	overflow
تَلَفات جانی	casualty
سازه‌ها	structures
گِل	mud
مَهیب	ترسناک
جَوامِع	societies
بَشَری	human
اعتبارات	credit
مَقطَع	cross section
بَستَر	bed
رَوان، جاری	flowing
مَخزَن	tank

۱. این فیلم چه نوع فیلمی است؟

الف) سینمایی ب) جنگی پ) مستند ت) نمایشی

۲. موضوع این فیلم چیست؟

الف) آب آشامیدنی ب) آب و سدسازی

پ) دریا و رودخانه ت) آبشار و جنگل

۳. کدامیک از مکان‌های زیر در این فیلم نشان داده می‌شود؟

الف) جنگل ب) آبشار پ) رودخانه

۴. این فیلم با فیلم سینمایی تفاوت دارد.

الف) درست ب) نادرست

۵. بخشی از آب که به خاک و **ریشه** درختان **جذب** نمی‌شود، چه نام دارد؟

الف) آب جوی ب) روان‌آب

پ) سیلاب ت) آب جاری

۶. **سیلاب** در چه صورتی **رخ** می‌دهد؟

الف) وقتی آب زیادی روان شود و به رودخانه نریزد.

ب) وقتی آب جذب نشود و رودخانه **گُنجایش** نداشته باشد.

۷. سیلاب‌های فصلی که در اثر طغیان رودخانه رخ می‌دهند تلفات جانی زیادی دارند.

الف) درست ب) نادرست

درس چهلم
تمرین کلاسی

🚩 **گفتگوی ۱:** در گروه‌های دو نفره به پرسش‌های زیر درباره ویژگی‌های فنّی مستند «افق آبی»[۱] پاسخ دهید.

۱. به نظر شما ویژگی اصلی مستند «افق آبی» چه بود؟ آیا مستندی برای آگاهی دادن به **مُخاطبین** درباره سیل و سیلاب بود یا **تَبلیغی** بود از کارهایی که برای جلوگیری از سیلاب توسط دولت انجام شده یا هر دو؟

۲. مستند «افق آبی» چه ویژگی‌های فنّی‌ای داشت؟ آیا **راوی** همواره در **پس‌زمینه‌ی** مستند صحبت می‌کرد یا بخش‌هایی با برخی افراد و کارشناسان امور آب **مُصاحبه** می‌شد؟

اُفُق	horizon
مُخاطَب	بیننده
تَبلیغ	publicity
فَنّی	technical
پس‌زمینه	background
راوی	گوینده
موسیقی متن	موسیقی پس‌زمینه
مُحتَوا	content
بر انگیختن	stimulate
برطرف کردن	resolve

۳. مصاحبه‌ها چگونه بود؟ آیا افراد مستقیم به دوربین نگاه می‌کردند یا به سمتی دیگر نگاه می‌کردند؟ آیا فردی از مصاحبه‌شوندگان پرسش می‌کرد؟

۴. به نظر شما، آیا موسیقی‌های **متن** مستند «افق» مناسب با **مُحتَوای** آن بود؟ چرا؟ این موسیقی‌ها چه حِسی را در شما **بر می‌انگیخت**؟

۵. به نظر شما، آیا مستند «افق آبی» خوش‌ساخت است؟ این مستند چه ایراداتی دارد و چگونه می‌توان این ایرادها را **برطرف** کرد؟

---
[۱] اصل مستند «افق آبی» ۲۰ دقیقه است که تنها ۸ دقیقه‌ی نخست آن برای این تمرین انتخاب شده است. منبع مستند شبکه‌ی دوم صدا و سیما.

تمرین ۲: فیلمی کوتاه در مورد ساخت مستند از یوتیوب ببینید و به چند پرسش پاسخ دهید.

https://www.youtube.com/watch?v=NN_rsJephcY

equipment	تَجهیزات
camera	دوربین
microphone	میکروفُن
lights	چراغ، نور
subject matter	موضوع
specialty	تَخصص
خوب	مطلوب
quiet	ساکِت
editing	ویرایِش
editor	ویرایِشگر
quality	کیفیّت
special effects, transitions	جلوه‌های ویژه

۱. **تجهیزات** لازم برای ساخت فیلم مستند به ترتیب کدامند؟
الف) نور، میکروفون، چراغ
ب) چراغ، تلویزیون، میکروفون
پ) دوربین، میکروفون، چراغ

۲. کدام **موضوع** زیر برای فیلم مستند مناسب‌تر است؟
الف) چه ماشینی بخرید بهتر است
ب) خطرات آلودگی هوا برای سلامتی انسان
پ) علی کوچولو هر روز دیر به مدرسه می‌رود

۳. اعضای تیم چه **تخصص**‌هایی لازم است داشته باشند؟
الف) نورپردازی، فیلم‌برداری، سناریونویسی
ب) ضبط صدا، سناریونویسی، نورپردازی
پ) فیلم‌برداری، صدابرداری، نورپردازی

۴. شرایط **مطلوب** برای مصاحبه کدام است؟
الف) نور مناسب، محیط **ساکت**، عدم نگاه به **دوربین**
ب) محیط خانه، نور زیاد، نگاه مستقیم به **دوربین**
پ) محیط ساکت، نور خوب، نگاه مستقیم به **دوربین**

۵. در **ویرایِش** فیلم رعایت چه نکته‌ای از همه مهمتراست؟
الف) انتخاب **ویرایشگر** ارزان و مناسب
ب) حفظ **کیفیّت** دیجیتالی فیلم
پ) ویرایش مصاحبه‌ها در پایان کار

۶. انتخاب موسیقی و **جلوه‌های ویژه** مستند چگونه باید باشد؟
الف) بهترین موسیقی و بیشترین جلوه‌های ویژه
ب) کمترین جلوه‌های ویژه و موسیقی معمولی
پ) کمترین موسیقی و بیشترین جلوه‌های ویژه

۷. بهتر است از تمام موضوعات مورد نظر کامل فیلم‌برداری شود و بعد در ویرایش زمان‌بندی صورت گیرد.
الف) درست ب) نادرست

درس چهلم — تکلیف

تمرین ۳: کلمات زیر را جایگزینِ کلمات زیرخطدار کنید.

باورها، تحقیق، پرسش، از آنجائیکه، شیوه‌های، ایرادات، باتجربه، گفتگو، دنبال

وقتی بحث از پژوهش درباره مستندسازی به میان آمد، دانشجویی از کیارستمی در مورد روش‌های ساخت فیلم مستند سؤالی پرسید. کیارستمی از دو شیوه یا روش در مستندسازی سخن گفت؛ شیوه‌ای که مبتنی بر پژوهش است و چون کارگردان با شیوه‌های پژوهشی آشنایی ندارد، باید تیمی ورزیده و مُحَقِق را برای این کار تعیین کند که مشکلات زیادی دارد و یکی از مسائلش دخالت در موضوع است و دیگری شیوه‌ای که خودش آن را انجام داده و دوربین به دست گرفته و بدون برنامه‌ریزی به سراغ موضوع برود. او از ایرادهای هر دو روش هم گفت اما روش دوم را ترجیح داد زیرا «در این صورت ذهن و عقاید ما در فیلم داخل نمی‌شود».

مُحَقِق	کسی که تحقیق می‌کند
دِخالت	دست بردن در
ترجیح دادن	بهتر دانستن
ذِهن	فکر

تمرین ۴: به چند پرسش کوتاه درباره‌ی متن بالا پاسخ دهید.

۱. به نظر کیارستمی چرا مستندسازی بدون پژوهش بهتر است؟

....

....

۲. شما کدام روش مستندسازی را ترجیح می‌دهید؟ چرا؟

....

....

....

....

خواندن ۱: بخشی از یک گزارش خبری[۱] را بخوانید و به چند پرسش پاسخ دهید.

هفته سینمای مستند ایران، نه تنها فرصتی برای بازبینی آثار مستندی بود که پیش از این کمتر دیده شده‌اند، بلکه به مستندسازان و **منتقدان** ایرانی امکان داد تا گرد هم بیایند و در مروری **تحلیلی** بر سینمای مستند ایران، **دغدغه**‌ها، امیدها و **دیدگاه**‌های خود را درباره این سینما بازگو کنند.

در این برنامه که از ششم تا دوازدهم دی‌ماه به کوششِ انجمن مستندسازان سینمای ایران و با **دبیرکُلّی** «محمدرضا اصلانی» در خانه‌ی هنرمندان برگزار شد، ۵۲ فیلم مستند به نمایش در آمدند.

بعضی از مستندهای پیش از انقلاب مانند «**قَلعه**» (نام محله‌ی **روسپی‌خانه‌**ها در قبل از انقلاب)، ساخته‌ی «کامران شیردل» و برخی از مستندهای بعد از انقلاب مثل «**قضیه‌**ی شکل اول، شکل دوم» و «**همشهری**» ساخته‌ی «عباس کیارستمی» درگیر **مُحاقی** اعلام نشده‌اند.

سینمای مستند پیش از انقلاب در **مَقاطعی** **حامیان** پُرقدرتی همچون سازمان برنامه، شرکت نفت، **وزارت** فرهنگ و هنر، تلویزیون ملی ایران و **کانون** **پرورش** فکری کودکان داشت که تعدادی از فیلم‌های مطرح و **ماندگار** مستند ایران به سفارش آن‌ها ساخته شده است. با وجود این، مستندی مانند «قلعه»، پیش از انقلاب هم برای نمایش با **مانع** و مشکل روبرو شد.

«محمد تهامی‌نژاد»، مستندساز و محقق تاریخ سینما با اشاره به موانعی که در برابر نمایش آثار مستند بوده است، می‌گوید: وقتی به تصویر، اجازه نمایش داده نمی‌شود، به ناگهان سینمای مستند تبدیل به **مقوله**‌ای سیاسی می‌شود و در شرایطی هم حالت **طُغیانی** پیدا می‌کند. به همین جهت **برنامه‌ریزان** فکر می‌کنند سینمای مستند همیشه طغیانگر است.

سینمای مستند ایران که به گفته اصلانی، ریشه‌ای صدساله دارد، بیشترین **درخشش** و اوج خود را در دهه‌ی ۴۰ شمسی تجربه کرده است. تا جایی که اگر تاریخ مستندسازی ایران تنها به دهه‌های ۴۰ و ۵۰ محدود می‌شد، باز هم

مُنتَـقِد	critique
تَحلیلی	analytical
دَغدَغه	نگرانی
دیدگاه	view point
دبیرِکُلّ	secretary
قَلعه	castle
روسپی‌خانه	brothel
قَضیه	issue
هَمشهری	townsman
مُحاق	censorship
مَقاطِع	time periods
حامیان	supporters
وِزارت	ministry
کانون	institute
پَروَرِش	development
مَطرَح	مهم
ماندِگار	permanent
مانِع	obstacle
مَقوله	topic
طُغیان	revolt
برنامه‌ریز	planner
دِرَخشِش	shining
جایگاه	مَقام

[۱] منبع: گزارش خبری از بی بی سی فارسی http://www.bbc.com/persian/arts/story/2005/01/050101_sm_pa_doccinema.shtml

این کشور دارای **جایگاه** مهمی در سینمای مستند جهان بود.

اصلانی ساخت آثار **معتبر** در دهه ۴۰ را به دلیل **ثُبات** اقتصادی و سیاسی‌ای می‌داند که پس از ملّی شدن نفت پدید آمد و همچنین عواملی چون **گرایش** مؤسسات دولتی مانند شرکت نفت، سازمان برنامه و تلویزیون به مستندسازی برای **ترویج** و تبلیغ فعالیت‌هایشان، علاقمندی جوانان به سینما، بازگشت تحصیل‌کردگان ایرانی از خارج کشور و **تأسیس** کانون فیلم را در موفقیّت این دوران، مؤثر **تلقی** می‌کند. شاید **شاخص**‌ترین فیلم این نوع در سینمای مستند ایران «خانه سیاه است»، اثر «فروغ فرخزاد»، شاعر **فقید معاصر** باشد.

«همایون امامی»، که دبیر چهارمین روز همایش بود، دیدگاه متفاوتی درباره رابطه مستندسازان با دولت در دهه چهل دارد. امامی، به اندیشه‌های انتقادی نسبت به دولت و جامعه در مستندهای آن دوران توجه دارد، نگاهی که یک دهه پس از آن، با برخوردهای دولت و بسته‌تر شدن فضا، محدود و متوقف شد. به گفته‌ی امامی، نخستین حضور اندیشه‌های اجتماعی انتقادی در سینمای مستند ایران با فیلم‌های «ابراهیم گلستان» رخ داد. اما با اوج گرفتن سیاست‌های پلیسی در دهه‌ی پنجاه، انتقاد حتی به کوچکترین شکلش از سینمای مستند **رخت بَربست**.

امامی گفت: پس از انقلاب **تَجدید حَیات** مستند اجتماعی از تلویزیون آغاز شد و در این فیلم‌ها گستره‌ی وسیعی از موضوعات و آسیب‌های اجتماعی مطرح شد.

مُعتَبَر	valid
ثُبات	stability
گِرایِش	tendency
تَرویج	promoting
تَأسیس	establishing
تَلَقی کردن	to consider
شاخِص	distinctive
فَقید	late, passed away
مُعاصِر	contemporary
رَخت بَر بَستن	to leave
تَجدید	renewal
حَیات	زندگی

تمرین ۵: خلاصه‌ی متن بالا را در ۲۰۰ کلمه بنویسید.

درس چهلم — تکلیف

🖊 پروژه‌ی نهایی: با دوستان خود در مورد ساخت فیلمی مستند در مورد مرکز ایران‌شناسی و برگزاری کلاس‌های فارسی و تاریخ ایران در دانشگاه خود صحبت کنید. ابتدا موضوع مستند را انتخاب کنید سپس برای یکی از مسئولیت‌های زیر داوطلب شوید.

۱. موضوع: ....

۲. کارگردان: ....

۳. صدابردار: ....

۴. فیلم‌بردار: ....

۵. برنامه‌ریز یا هماهنگ‌کننده: ....

۶. نویسنده‌ی پرسش‌های مصاحبه یا متن راوی: ....

۷. راوی: ....

۸. تدوینگر و ویراستار: ....

۹. تکنسین فنّی (نور، صدا، تصویر، نرم‌افزار): ....

واژه‌نامه‌ی فارسی ـ انگلیسی، بخش چهارم

فارسی	درس	انگلیسی
الف		
اَنظار	34	(in the public) eyes
اَبیات	33	couplets
اَحمَقانه	35	stupid
اَخذ	39	getting
اَخیر	36	recent
اَدا کردن	35	to satisfy
اَرسطو	32	Aristotle
اَرابه، گاری	31	chariot
اَرتش	39	army
اَردِشیر	31	Artakhshatra
اَرز	39	exchange
اَرمَنی	39	Armenian
اَشکانیان	31	Arsacid
اَصل	39	article
اَطلَس	36	atlas
اَفزودن	31, 32	to add
اَفلاک	33	galaxies
اَمان دادن	33	to give refuge
اَمنیّت	39	security
اَنجُم	33	stars
اَنجامیدن	32	to end up
اُستُوار	39	secure
اُستُواری	33	stability
اُستِخوان	37	bone
اُستوانه	31	cylinder
اُصول	31, 32, 37	principles
اُفُق	40	horizon
اُفُقی	37	horizontal
اُکتاو، هنگام	37	octave
اُلگو	37, 38	pattern

فارسی	درس	انگلیسی
اِبلاغ	39	informing
اِبنِ سینا	32	Avicenna
اِتِحاد	36	unity
اِثبات	32	proof
اِجبار	34	force
اِجماع	32	consensus
اِحتِکار	35	hoard
اِحراز	39	showing
اِختِلاف، دَعوا	31	conflict
اِختیار	32, 39	indeterminism, authority
اِختیاری	32, 33	optional
اِستِبدادی	34	despotism
اِستِخراج	34	extraction
اِستِعاره	33	metaphor
اِستِعماری	34	colonial
اِستِغنا	33	self-contained
اِستِقبال	33	received
اِستِقرار	38, 39	settlement, establishment
اِستِقلال	32, 34	independence
اِشغال	34	occupying
اِشغال کردن	32	to occupy
اِصلاح	35	reform
اِصلاحات	32, 34	reforms
اِضافاتی	32	additions
اِعتِصاب	34	strike
اِعتِقاد	32, 36	belief
اِعتِماد	39	confidence
اِعمال کردن	39	to enforce, implement
اِقتِباس	35	adaptation
اِلتِماس کردن	35	to beg
اِلزامی	33	necessary

فارسی	درس	انگلیسی
اِمتِناع	33	refusal
اِنتِظامی	39	law enforcement
اِنتِقام	32	revenge
اِنحِصاری	39	monopoly
اِنسِجام	35	coherence
اِنسایِشی	35	affricate
اَبریشم	37	silk
اِجتِهاد، فِقه	32, 34	jurisprudence
اجرا کردن	37	to perform
اِحداث	38	to build
اَحزاب، حزب‌ها	34	parties
اِحیا	34	revival
اِختِصاص	38, 39	allocation
اِختِلاف	34	difference
اِختیارات	34	authority, power
اِداره شدن	39	to be managed
اَراضی	38	lands
اِرائه کردن	38	to present
اَرضی	34	land
اَزُت	38	nitrogen
از ... ناشی شدن	38	to stem from
از جُمله	31	examples of
اِستِثنائی	32	exceptional
اِستِدلال	38	argument
اسم	32	noun
اسم مَعنی	32	abstract noun
اِشاعه	34	dissemination
اِعتبارات	40	credit
اِعلام کردن	32	to announce
اَفزایِش	38	increase
اَفزایِش یافتن	31	to increase
اِقامه نماز	39	prayers coordination
اقتِصاد	39	economy
اِقتِصادی	34	economic
اِقدام	38	action
اِقدامات	39	actions
اَقوام، قوم‌ها	31, 36	tribes, ethnic groups
اِمتیاز	34	concession
اَنباشته	38	piled up
اِنتِفاعی	39	for-profit
اِنتِقال	38	transfer
اِنتِخابات	39	elections
اَندوه	35	sadness
اِنقِلابی	35	revolutionary
اَوایِل	33	beginning of
اوراقِ بَهادار	39	shares, securities
اوضاع	32	conditions
اولَویّت	36	priority
ایل	36	tribe
ایلخانان	32	Ilkhanids
ایهام	33	pun
آبِ خِضر	33	life water
آبزیان	38	aquatic
آبله‌رو	35	pockmarked
آثار، اَثرها	39	works, books
آداب مُعاشِرت	36	behavior
آداب و رُسوم	31	traditions
آرایه	33	figure of speech
آرشه	37	bow
آزمایِشات	32	tests
آستان	37	threshold
آسی	36	Ossetian
آسیابان	31	miller
آسیای صَغیر	32	Asia Minor
آشوری	39, 31	Assyrian
آشیان	37	home

فارسی	درس	انگلیسی
آفَت	33, 38	death, pest
آفَریده شده	35	created for
آگه	33	alert
آلوده کردن	38	to pollute
آمار	36, 39	statistics
آهَن	38	iron
آهَنگین	33	musical
آواز	37	song system
آوانویسی	36	transcribing
آیَتِ اَفسونگری	33	charming
آید هَمی	33	it is coming
آیین‌ها	36	customs
ب		
بَحر	33	sea
بَحرِ ژرف	33	deep sea
بَخت	35	luck
بَدگُمان شدن	32	to suspect
بَرجِسته	32	remarkable
بَردِگی	31	slavery
بَرده	31	slave
بَرقی	38	electrical
بَرکت	35	blessing
بَستَر	40	bed
بَشَری	40	human
بَلایا، بَلاها	34	disasters
بَند	33	restriction
بَنی‌اُمَیّه	32	Umayyad
بَهانه	32, 34	excuse
بَهره‌وَری	38	productivity
بُحران	38	crisis
بُحرانی	38	critical
بُختُ‌النَصر	31	Nebuchadnezzar
بُخور و نَمیر	35	very little
بُروز	38	creating
بُغض	35	rancor
بُگشاید	33	it will open
بُلبُل	33	nightingale
بُنگاه	39	agency
بِالفِعل	37	practical
بِالقُوه	37	potential
بِداهه‌نَوازی	37	improvising
بِریشَم	33	silk
بِکار، عادی	37	natural
بِلامُنازِع	31	uncontested
بِمُل، نیم‌پرده بَم‌تر	37	flat
بنزین	38, 39	fuel
بهبود	38	improvement
بیت	33	couplet
با اِستِعداد	32	talented
باد، باشد	35	may it be
باده	33	wine
بادی	37	woodwind
بارگه کِبریا	33	court of dignity
بازده	38	efficiency
بازگو	31	retelling
باستان	31, 36	ancient
باعِث شد	31	caused
باقی	33	eternal
باوَر	34	belief
بدآهنگی	35	cacophony
بَر اَنگیختن	40	stimulate
بَرطَرَف کردن	40	resolve
بَرفُروخت	33	it was lightened
بَرگُزید	34	he selected
بَرنامه‌ریز	40	planner
بُگُریزد	35	to run away

فارسی	درس	انگلیسی
بَنادِر	34	ports
به ... اِفتِخار کردن	32	to be proud of ...
به اِجرا گُذاشتن	34	to implement
به پُشتوانه‌یِ	32	supported by
به تَدریج	32	slowly
به توپ بَستن	34	to shell
به حاشیه راندن	34	to marginalize
به مَراتِب	39	relatively
به مُرور	34	little by little
به نَفعِ	34	for benefit of
به هَوایِ	35	for the sake of
به واسطه‌ی	34	because of
بودجه	39	budget
بورس	39	stock exchange
بی فِسار	33	without halter
بیابان‌زایی	38	desertification
بی‌اِنصاف	35	unfair
بی‌ثُباتی	34	instability
بی‌حِس	35	numb
بی‌رَویّه	38	unplanned
بیشه	35	pond
بی‌طَرَفی	34	neutrality
بی‌طَرَف	39	neutral
بی‌کِردار	35	damn!
بی‌گُمان	35	no doubt
بیگانِگان	31	aliens
بِینُ‌النَهرِین	36	Mesopotamia
بیهوشی	33	unconsciousness
پ		
پَدید آمدن	32	to appear
پَدیده	38	phenomenon
پَر	37	feather
پَراکنده	32	scattering
پَرنیان	33	soft feather
پَروَرِش	40	development
پِژوهِش	32	research
پَسماند	38	garbage
پَشتو	36	Pashto
پَشم‌آلود	35	fluffy
پَلیدی	33	filth
پَندآموزی	33	advice
پُرتَوان	35	strong
پُررَنج	32	painful
پُرشِتاب	35	accelerated
پُرمُحتَوا	33	profound
پِکَن	38	Beijing
پِلکان	35	stairs
پِی بُردَن	31	to understand
پِیرُو	36	follower
پِی‌ریزی	34	building
پیغَمبَر	35	prophet
پیک، قاصِد	33	messenger
پیکَر	33	body
پابَرجا	31	erected
پاپِی	35	pursuing
پارت‌ها	31	Parthians
پارس‌ها	31	Persians
پاره کردن	35	to tear apart
پاسِبان	34	gendarme
پاسداری	39	patrolling
پایه	37	base
پَس‌زَمینه	40	background
پوزه	35	snout
پوست	37	animal skin
پیروزی	39	victory
پیشرَفت	31	advancement

فارسی	درس	انگلیسی
پیشرَفته	31	advanced
پیشکِش	32	gift
پیل	33	elephant
پِیمان	33	balance, promise
پِیمانه	33	measure
ت		
تَأسیس	40	establishing
تَبصَره	39	addendum
تَبعید	34	exile
تَبعید کردن	34	to exile
تَبعیض	34	discrimination
تَبلیغ	40	publicity
تَبلیغات	39	propaganda
تَثبیت	34	stabilized, internalized
تَجَدُّدطَلَب	34	reformist
تَجدید	40	renewal
تَجدیدپَذیر	36, 38	renewable
تَجرید	33	seclusion, abstraction
تَجزیه	32	separation
تَجهیزات	40	equipment
تَحَوُّل	32, 35, 36	evolution, change
تَحَیُّر	33	astonishment
تَحریم	34, 39	sanction
تَحلیلی	40	analytical
تَحمیل	31, 38	forcing, imposing
تَخَیُّل	33	imaginary
تَخریب	38	destruction
تَخَصُّص	40	specialty
تَخمین	38	estimate
تَدبیر	33	wisdom
تَرَدُّد	38	traffic
تَرَقّی	33	growth
تَر، خیس	38	compost
تَرانه	33, 37	chant, song
تَرغیب	33	convincing
تَرک کرده بود	34	he had left
تَرکیبات	33	combinations
تَرویج	34, 40	promotion
تَسَلُّط	32, 36	dominance, control
تَسخیر	32	capturing
تَسلیم شدن	31	to give up
تَشبیه	33	simile
تَشدید	39	exchange
تَصَرُّف کردن	31	to capture
تَصَوُّر	35	imagination
تَصَوُّف	33	Sufism
تَصاحُب	33	owning
تَصنیف	35	song
تَصویب	39	approval
تَصویب کردن	34	to approve
تَظاهُرات	34	protest
تَعَب	33	hardship
تَعادُل	38	balance
تَعاوُنی	39	cooperative
تَعلیم	32	teaching
تَغَیُّر	35	anger
تَغییر	37	change
تَفریح	35	fun
تَفسیر	32, 35, 39	interpretation
تَقاضا	38	demand
تَقلید	33	imitation
تَکامُل	33, 37	evolution
تَکَلُّم	36	speech
تَلَفاتِ جانی	40	casualty
تَلَقّی کردن	36, 40	to consider
تَلاش	31	struggle

انگلیسی	درس	فارسی
civilization	31	تَمَدُّن
flattery	35	تَمَلُق
complete	31	تمام‌عَیار
territorial integrity, sovereignty	32, 39	تَمامیّت اَرضی
tendency	38	تَمایُل
reduction	39	تَنَزُل
diversity	36	تَنَوُع
proportion	38	تناسُب
strait	31	تنگه
threat	38	تَهدید
inflation	39	تَوَرُم
by	32	تَوَسُطِ
expectation	33	تَوَقُع
bad tempered	33	تُرش‌روی
empty	33	تُهی
to erupt	35	تِرکاندن
to rely on	32	تِکیه داشتن
Tamerlane	32	تیمور لَنگ
Tartars	32	تاتارها
businessmen	32	تاجِران
coronation	31, 34	تاج‌گُذاری
robbery	33	تاراج
marsh	38	تالاب
influence	32, 37	تَأثیر
impression	32	تأثیر روحی
to influence	31	تأثیر گُذاشتن
he established	34	تَأسیس کرد
to establish	31	تأسیس کردن
publication	31, 32	تَألیف
to provide	38	تَأمین کردن
confirmation	39	تَأیید
Persepolis	31	تَختِ جَمشید
scale	33	تَرازو

انگلیسی	درس	فارسی
to prefer	40	تَرجیح دادن
combination	32	تَرکیب
combinational	39	تَرکیبی
synthetic	36	تَرکیبی
condolences	33	تَعزیّت
copying	34	تَقلید
struggle	34	تَکاپو
solo	37	تَک‌نَوازی
congratulating	33	تَهنیّت
oneness	33	توحید
reserved	35	تودار
communist	34	توده‌ای
distribution	38, 39	توزیع
non developing	34	توسعه‌نَیافته
difference	35	توفیر
GDP	38	تولیدِ ناخالصِ ملّی
bullet	35	تیر، گُلوله
Ctesiphon	31	تیسفون
marbles	35	تیله
mental hospital	35	تیمارستان
	ث	
record	37	ثَبت
stability	32, 40	ثُبات
second	32	ثانی
	ج	
absorption	40	جَذب
to jump	35	جَستن
be surprised	33	جَمادی گیر
beauty	33	جَمال
population	36	جَمعیّت
heaven	33	جَنَّت
turmoil	39	جَنجال
tourist	32	جَهانگرد

فارسی	درس	انگلیسی
جَوامِع	40	societies
جُرعه	33	spirit shot, sip
جُفت	35	mate
جُفت‌گیری	35	mating
جُلبَک	38	algae
جُمله	32	sentence
جُمهوری	34, 39	republic
جُنبَندِگان	35	animals
جُنبِش	34	movement
جِدّ و جَهد	33	struggle
جِدّی	38	serious
جِگَرخَراش	35	excruciating
جلوگیری	32	prevention
جِلوِه	35	attraction
جاده، راه	31	way, road
جار زدن	35	to announce
جالینوس	32	Galen
جامِع	38	comprehensive
جامِعه	32	society
جانِشین	32	successor
جانِشینان	31	successors
جانِوَر	38	animal
جان بَر .. شد	33	he died
جان داد	33	she died
جان سِپُردن	34	to die
جانِبدار	39	biased
جاودانِگی	35	eternity
جاودانه	33	eternal
جاوید	33	eternal
جایگُزینی	38	replacing
جایگاه	40	position
جَذب شدن	35	to be attracted
جِلوه‌های ویژه	40	special effects, transitions
جوهَر	35	ink
جوی /juy/	33	river
جیوه	38	mercury
چ		
چَرخِشی	35	recursive
چَنگیزخان	32	Genghis Khan
چُغازَنبیل	31	upside-down basket
چِراندن	38	to graze
چِشم‌گیر	31	significant
چِشمه	35	spring water
چِشیدن	35	to taste
چِکیدن	35	to drop
چِهره	31	face
چاپلوسی	35	flattery
چالِش	38	challenge
چالاک	35	sharp
چاه حفر کردن	31	to dig a well
چراغ، نور	40	lights
چِشم از جَهان فروبَست	32	she passed away
چِشم غِیبی	33	divine eye
چَندمِلیّتی	34	multi national
چینه	35	layer
ح		
حَدّ	33	limit
حَدِّ وَسَط	32	average
حَدیث	32	anecdote
حَرفِ اِضافه	32	preposition
حَسرَت	33, 37	yearning, sigh
حَکیم	35	doctor
حَلقه	37	ring
حَلقه‌ی اوراد	33	temple, circle

انگلیسی	درس	فارسی
transportation	38	حَمل و نَقل
attack	31	حمله
throat	35	حَنجِره
life	37, 40	حَیات
wild life	38	حَیاتِ وَحش
bubble	33	حُباب
human rights	31	حُقوقِ بَشَر
Islamic law	32	حُقوقِ اسلامی
lawyer, jurist	39	حُقوقدان
government	31	حُکومَت
philosophy	32	حِکمَت
epical	33	حِماسی
support	33	حِمایَت
awe	33	حِیرَت
astonished	33	حِیران
fertile	31	حاصِل‌خیز
staff	37	حامِل، خَط
supporters	40	حامیان
fact	39	حَقیقَت
seminary school	39	حوزه‌ی عِلمیّه
	خ	
wicked	34	خَبیث
ruins	31	خَرابه
scratched	35	خَراشیده
to prance	35	خَرامیدن
Caspian	36	خَزَر
Xerxes	31	خَشایار شاه
pathway	35	خَطِ سِیر
cuneiform	31	خَطِ میخی
vacuum	34	خَلاء /khala'/
creation, people	33, 34, 35	خَلق
uncrowded	35	خَلوَت
caliph	31	خَلیفه

انگلیسی	درس	فارسی
Abraham	33	خَلیل
bending	35	خَم، دُولّا
moat	35	خَندَق
drought, famine	31, 38	خُشکسالی
violent	32	خُشونَت‌آمیز
private sector	39	خُصوصی
sleeping	33	خُفته
caliphs	32	خُلَفا، خلیفه‌ها
neutralize	39	خُنثی /khonsâ/
to neutralize	34	خُنثی کردن
wise	33	خِرَدمند
harvest	33	خِرمَن
compensate	34	خِسارَت
horse	33	خِنگ
charity	39	خِیریّه
family	32	خاندان
Middle East	36, 38	خاوَرمیانه
Khwarizmi	32	خوارَزمی
automatically	39	خود به خود
self sufficiency	38	خودکفایی
blood	35	خون
aggressive	32	خویِ خَشِن
imagery	33	خیال‌انگیز
stare	35	خیره
	د	
ferocious	35	دَرَنده
king's court	32, 37	دَربار
percent	36	دَرصد
disordered	35	دَرهَم و بَرهَم
alas	33	دَریغ
fret	37	دَستان، پَرده
accomplishment	32, 39	دَستاوَرد
prairie	38	دَشت

فارسی	درس	انگلیسی
دَغدَغه	40	worry
دَفع کردن	38	to dispose of
دَلایِل	38	reasons
دَم	33	moment
دَمِ	35	near
دَمیدن	35	to infuse
دُچار شدن	39	to go to
دُعا	31, 35	prayer
دِخالَت	38, 40	interference
دِرَخشِش	40	shining
دِروگر	33	carpenter
دِشنه	33	dagger
دِفاع	38	defend
دِلبَر	33	beloved
دِه، آبادی	35	village, oasis
دِین	35	obligation
داخِلی	31	internal
دادسِتانی	39	Public Prosecutions
دار نِگاه (نگهدار)	33	keep
دارُالوِکاله	34	law office
داریوش	31	Darius
داغ	33, 37	sadness, disaster, hot
دالان	35	hallway
دام	38	livestock
دامدار	36	herder
دانگ	37	tetrachord
داوطَلَب	39	applicant
دبیرکُلّ	40	secretary
در اَمان بودن	31	to be safe from
در بَندِ ... اَسیر	31	captured by
در واقِع	31	in fact
درآمد	39	income
درخُورِ تَوَجُه	33	important
دِرَختِ کاج	35	pine tree
دَرصَدَدِ	34	about to
در گُریزد	33	he runs away
دَرگَه	37	heaven
دَریغا	35	alas
دستگاه	37	set, music system
دسته	37	neck, bunch
دو به دو	37	two by two
دوربین	40	camera
دوزَخ	33	hell
دوش، دِی	33	last night
دیِز، نیم‌پرده زیرتر	37	sharp
دیار	32	land
دیدگاه	40	view point
دیگ	35	pot
دیو /div/	33	Satan
دیوانِ عالی	39	supreme court
دیوانه	35	mad
دیوانی	33	official
ذ		
ذَخایِر	39	resources
ذَرّات	38	particles
ذُغال سنگ	38	coal
ذُل	33	humiliation
ذِکر	39	saying
ذِهن	40	mind
ذات	33	spirit
ذوب شدن	40	to melt down
ذوذَنَقه	37	trapezoid
ر		
رَدّ	33, 39	rejection
رَدّ	35	trace
رَدِّ پا	36	foot trace

فارسی	درس	انگلیسی
رَدیف	37	an ordered series
رَسا	35	high, clear
رَستَن	33	to get rid of
رَسمی	32	official
رَسمیّت	32	recognition
رَسمیّت یافتن	39	to be recognized
رَصَدخانه	32	observatory
رَفع	34	to remove
رَفیق	35	comrade
رَقیب	32	rival
رَنج، سَختی	35	suffering
رَه	33	path
رَهایی	35	freedom
رَوَند	38	process
رَواج دادن	31	to spread
رَواج یافت	36	it was widely used
رَواج یافتن	31	to boom
رَوان، جاری	40	flowing
رَوان‌پَریش	35	psychosis
رُخ دادن	40	to happen
رُشد	32, 34, 36, 38, 39	development, growth
رُکن	39	authority
رُکود	39	recession
رُونَق داشتن	31	to prosper
رِحلَت	31	passing away
رِژه	34	marching
رِساله	32	essay, thesis
رِشوه	39	bribe
رِعایَت	33	observing
رِفاه	39	welfare
رِقابَت	34	competition
راشِدین	32	the first 4 caliphs
ران	37	thigh
راهِ حَل	38	solution
راه‌آهن	34	rail way
راهکار	38	strategy
راوی	40	narrator
رأی /ra'y/	39	vote
رَخت بَر بَستن	40	to leave
رِقابَت	39	competition
رَمزگُشایی	35	decoding
رَهبَر	39	supreme leader
روح	33	spirit
روده	35	intestine
روسپی‌خانه	40	brothel
روستا	39	village
روی /ruy/	38	zinc
ریزگَرد	38	dust
ریشه	40	root
ریشه‌شِناسی	36	etymology
رَئیسُ الوُزَراء	34	prime minister
رَئیس‌جُمهور	39	president
ز		
زَرّین	31	golden
زَرتُشتی	39	Zoroastrian
زَکریای رازی	32	Razi
زَهر، سَم	35	poison
زَوال	33	death
زُباله، آشغال	38	garbage
زُلال	35	clear
زُنّار	33	stole, shawl
زَبَردَست	35	sly
زِراعَت	31	agriculture
زِه	37	gut, string
زَبان، گویِش	36	language, dialect
زَبانه	33	scale tips

انگلیسی	درس	فارسی	انگلیسی	درس	فارسی
to recite, compose	32, 33	سُرودَن	setting	35	زَمینه
microtone	37	سُری، ربع پرده زیرتر	even	33	زُوج
aquifer	38	سُفره	live	33	زی
fall	32	سُقوط	because of	35	زیرِ سَرِ
Seleucids	31	سُلوکیان	underground	38	زیرزَمینی
traditions	36	سُنَّت‌ها	infrastructure	38	زیرساخت
thought	33	سُودا	Ziggurat	31	زیگورات
he relegated	34	سِپُرد	to decorate	31	زینَت دادن
to delegate	34	سِپُردن			ژ
Sepah, (IRGC)	39	سِپاه	teardrop	37	ژاله
tear	37	سِرِشک	straggled	35	ژولیده
secret	33	سِرّ			س
stroke	35	سِکته	index (finger)	37	سَبّابه
Satrapy	31	ساتراپی	style, genre	33, 35	سَبک
instrument	37	ساز	rhyme	35	سَجع
UN	38	سازمانِ مِلَل	dam	39	سَدّ
structures	40	سازه‌ها	to know	35	سَر شدن
Sassanids	31	ساسانیان	per capita	38, 39	سَرانه
bartender	33	ساقی	elite	31	سَرآمد
quiet	40	ساکِت	land	31	سَرزَمین
to reside	31	ساکِن شدن	census	36	سَرشُماری
mystic	33	سالِک	cancerous	38	سَرطان‌زا
healthy	38	سالِم	rebel	33	سَرکِش
fricative	35	سایِشی	to suppress	34	سَرکوب
angel	33	سَبزپوش	downfall	34	سَرنِگونی
read, chant	37	سُرا	cedar	37	سَرو /sarv/
investment	39	سَرمایه‌گُذاری	superficial, surface	35, 38	سَطحی
destruction, downfall	34	سَرنِگونی	residents	36	سَکَنه
level	39	سَطح	share	39	سَهم
hierarchical	38	سِلسِله مَراتِبی	cavalry	31	سَوارهِ‌نِظام
stonemason	31	سَنگ‌تَراشی	lead	38	سُرب
abuse	32	سوءِاستِفاده	rouge	35	سُرخاب
mis-management	38	سوءِ مُدیریّت	with eyeliner makeup	35	سُرمه‌کشیده

فرهنگ واژگان

انگلیسی	درس	فارسی
trading	33	سودا
hole	37	سوراخ
morning	33	سوگواری
CIA	34	سیا
Sibawayh	32	سیبویه
flood	40	سِیلاب
wire	37	سیم
	ش	
youth	33	شَباب
dew	33	شَبنَم
character	32, 35	شَخصیّت
flame	33	شَرَر
condition	33	شَرط
Sharia	39	شَرع
paranoia, doubt	33, 35	شَک
pond	33	شَمَر
candle and butterfly	33	شَمع و پَروانه
to testify	35	شَهادَت دادن
municipality	38	شَهرداری
debauchery	35	شَهوَترانی
slogan	34	شُعار
flame	37	شُعله
haste	35	شِتاب
shotgun	35	شِشلول
complaint	37	شِکوه
great	33	شِگَرف
distinctive	40	شاخِص
basis	32	شالوده
witness	35	شاهِد
masterpiece	32	شاهکار
noticeable	32	شایان
he left	33	شُد
to defeat	31	شِکست دادن

انگلیسی	درس	فارسی
formation	39	شِکل‌گیری
uprising	34	شورِش
to uprise	32	شورِش کردن
city council	39	شورای شَهر
Guardian Council	39	شورای نِگهبان
sandy road	34	شوسه
shock	35	شوک
detergent	38	شویَنده
slope	31	شیب
Shiite	32	شیعه
	ص	
scene	31	صَحنه
correct	39	صَحیح
made of seashell	35	صَدَفی
top	33	صَدر
mustang	33	صَرصَر
minor, orphan	35	صَغیر
truehearted	35	صَفا
eligibility	39	صَلاحیّت
industry	36	صَنعَت
industrial	38	صَنعَتی
creation	33	صُنع
adjective	32	صِفَت
low pitch	37	صِدای بَم
high pitch	37	صِدای زیر
minister	34	صَدرِاَعظَم
cut in consumption	38	صَرفه‌جویی
description	33	صِفَت
shout	33	صلا
IMF	39	صَندوقِ پول
hunter	37	صَیّاد
	ض	
loss	39	ضَرَر

انگلیسی	درس	فارسی
proverb	36	ضَربُ‌المَثَل
pronoun	32	ضَمیر
wastage	38	ضایِعات
	ط	
temper	37	طَبع
nature	35, 38	طَبیعَت
happiness	37	طَرَب
plan	39	طَرح
taste	33	طَعم
demand	33	طَلَب
satire	35	طَنز
tonal	37	طَنینی
long	35	طَویل
overflow, revolt	40	طُغیان
medicine	32	طِب
according to	39	طِبقِ
bald	35	طاس، کچَل
fortune	35	طالِع
categorizing	32	طَبَقه‌بَندی
sand storm	38	طوفانِ شِن
length	33, 37	طول
	ظ	
capacity	38, 40	ظَرفیّت
meticulous	35	ظَریف
oppression	31, 37	ظُلم، جُور، سِتَم
appearance	32	ظُهور
	ع	
Abbasid	32	عَباسیان
nothingness	33	عَدَم
pang of conscience	35	عَذابِ وُجدان
heaven	33	عَرش
supply	38	عَرضه
metric	33	عَروض

انگلیسی	درس	فارسی
to dismiss	34, 39	عَزل کردن
determination	33	عَزم
nomads	36	عَشایِر
era	32	عَصر
repetition	35	عَطف
opinions	32	عَقایِد
cure	35	عَلاج، دَرمان، مُعالِجه
in addition to	31	عَلاوه بر
mission	38	عَمَلیات
vertical	37	عَمودی
agreement	34	عَهدنامه
in place of	35	عَوَضِ
consequences	38	عَواقِب
factors	38	عَوامِل
overt	33	عَیان
Ottomans	32	عُثمانی‌ها
standard	38	عُرف
guilty	35	عُصیانگَر
member	39	عُضو /ozv/
life, age	35	عُمر، سِن
improving	32	عُمران
depth	35	عُمق
public	34, 38	عُمومی
element	35, 38	عُنصُر
a number of people	31	عِده‌ای
mysticism	32, 33	عِرفان
mystic	33	عِرفانی
science	31, 32	عِلم، دانِش
position	33	عِنان
happiness	33	عِیش
habit	35	عادَت
affection	33	عاطِفه
healthiness	33	عافیّت

انگلیسی	درس	فارسی
factor	36	عامِل
phrase	32	عِبارَت
opinion	39	عَقیده
against	39	عَلیهِ
aloe vera	33	عود
	غ	
to defeat	32	غَلَبه کردن
sheath	35	غَلاف
rich	36	غَنی
dust	38	غُبار
damage	34	غِرامَت
negligence	33	غِفلَت
real	33	غِیرتَخَیُلی
looting	31, 32, 34	غارَت، چَپاوُل
nonprofit	39	غِیر اِنتِفاعی
	ف	
liberalizing, besieged	32, 34	فَتح
to free	31	فَتح کردن
high hill	34	فَراز
to acquire	32	فَراگِرفتن
erosion	38	فَرسایِش
worn out	38	فَرسوده
head	33	فَرق
commander	31	فَرماندِهی
governor	31	فَرماندار
ruler	31	فَرمانرَوا
to trick	35	فَریب دادن
tale	33	فَسانه
cyberspace	39	فَضای مَجازی
activity	31	فَعالیّت
wail, cry	37	فَغان
poverty	33	فَقر
late, passed away	37, 40	فَقید، مَرحوم
crippling	39	فَلَج‌کننده
heaven	37	فَلَک
plateau	31	فَلات
spring	37	فَنَری
technical	40	فَنّی
nirvana	33	فَنا
victories	32	فُتوحات
curse	35	فُحش
low hill	34	فُرود
lower village	35	فُرودَست
details	32	فُروع
to suppress	32	فُرونِشاندن
a lot	33, 35	فُزون
fossil	38	فُسیلی
clergies	39	فُقَها
above	36	فُوق
fall	33	فِتَد
frozen	33	فِسُرده
corruption	34, 39	فِساد
verb	32	فِعل
steel	37	فِلِزی
splendid	33	فاخِر
sewage	38	فاضِلاب
lantern	35	فانوس
mortal	33	فانی
benefit	38	فایِده
to beat	38	فائِق شدن
to recall	34	فَراخواندن
extraordinary	34	فوق‌العاده
metallic	35	فولادی
	ق	
tribe	32	قَبیله
murdering	32	قَتل

فارسی	درس	انگلیسی
قَتلِ‌عام	32	massacre
قَحطی	34	drought
قَدَح	33	goblet
قَدِغَن	35	forbidden
قَدر	33	value
قَراوُل	35	guard
قَرن	36	century
قَضیه	40	issue
قَطره	35	drop
قَعر	33	bottom
قَفَس	35	cage
قَلب	33	conversion
قَلعه	31, 40	castle
قَنات	31	canal, qanat
قَناری	35	canary
قَهر کردن	35	to break with
قَهقَرا	33	backward
قَوانین	39	laws
قُدرَت خَرید	39	buying power
قُدرَتیِ خُدا	35	God forbid
قُرب	33	piety
قُربانی	36	victim
قُشون	34	army
قُطر	37	diameter
قُوا	39	forces
قُوم	31	tribe
قُوم‌گرایی	32	ethnicity
قُوه‌ی قَضائیه	39	judiciary
قُوه‌ی مُجریه	39	executive
قُوه‌ی مُقَنَنه	39	legislative
قِدمَت	31, 37	age
قِید	32	adverb
قِید و بَند	34	restriction

فارسی	درس	انگلیسی
ق.م.، قبل از میلاد	31	B.C.
قابِل	35	eligible
قاتِل	31	murderer
قاچاق	39	smuggling
قالِب	33	pattern
قانون اساسی	36, 39	constitution
قانون مَدَنی	39	civil code
قائِل بودن	36	to consider
قائِمه	37	right angle
قَبرِستان، گورِستان	34	grave
قَدَم	33	step
قَرارداد	34	agreement
قَطعه، گوشه	37	music piece
قُوَت	34	power
قُومیّت‌ها	36	ethnic groups
قیاس	38	analogy
قیام	31	uprising
ک		
کَبود	35	blck-and-blue
کَری	33	deafness
کَسب	31	acquisition
کَسری	34	deficit
کَشف کردن	31	to discover
کَلَمه، واژه	32	word
کَلیمی	36, 39	Jewish
کُرُن، ربع پرده بم‌تر	37	microtone
کُردی	36	Kurdish
کُفر	33	blasphemy
کُلُفت	35	thick
کُلی	33	complete
کُمُخته‌بَسته	35	callous
کُنج	37	corner
کُهَن، باستانی	33, 36, 37	age old, ancient

فارسی	درس	انگلیسی
کِثرَت	35	multiplicity
کِرا	33	who
کِش و واکِش	35	wriggling
کِشاوَرزی	31, 38	agriculture
کِشت	38	cultivating, planting
کِشمَکِش	33, 35	conflict
کِشیده	33	long
کِشیک دادن	35	to guard
کِنایه	33	irony
کِنیسه	36	synagogue
کِیف کردن	35	to enjoy
کِیفیّت	38, 40	quality
کِیهان	31	cosmos
کابوس	35	nightmare
کاج	35	pine tree
کاخ	31	palace
کاروان‌سَرا	31	caravansary
کاسه	37	bowl
کاشتن	38	to plant
کانون	40	institute
کاهِش	38	reduction
کَرانه	36	coast
کَسا	33	people
کَف	33	bottom
کَفّاره	35	atonement
کُلِ قُوا	34	all forces
کِلیدِ سُل	37	G-clef
کَلیمُ اللّه	33	Moses
کَمان	35	bow
کَمبود	38	shortage
کَمین	35	ambush
کوبه‌ای	37	percussion
کوچ	36	migration

فارسی	درس	انگلیسی
کوچ، مُهاجِرَت	31	migrate
کود	38	manure
کوروش	31	Cyrus
کوشیدن	32	to try
کوک کردن	37	to tune, wind
کیابیا	35	grandeur
گ		
گُذَشته	31	before
گُریختن	35	to run away
گُستَرِش	31, 32	spreading, development
گُلابی‌شکل	37	pear shape
گُل‌باقالی	35	striped
گُلخانه‌ای	38	greenhouse
گُلشَن	37	garden
گُمان، حَدس	35	guess
گُنجایِش	40	capacity
گُنگی	33	muteness
گُوارا	35	tasty
گُواه	34	evidence
گُواهی دادن	35	to testify
گِرایِش	40	tendency
گِرد آمدن	31	to gather
گِریستن	33	to cry
گِل	35, 40	mud
گام	37	scale
گروهِ اِسمی	32	noun phrase
گروهِ فِعلی	32	verb phrase
گَنجینه	36	treasure
گوگِرد	38	sulfur
گویِشوَر	36	native-speaker
گویی	35	as if
گیتی	35	world
گیر افتادن	35	trapped by

انگلیسی	درس	فارسی
hair	35	گیس
	ل	
melodic	37	لَحنی
little by little	33	لَخت لَخت
army	33	لَشکَر
attacking	32	لَشکرکِشی
canceling	34	لَغو /laqv/
forms	35	لَفظی
to touch	35	لَمس کردن
accent	36	لَهجه
Luri	36	لُری
maybe	35	لابُد
inevitable	33	لاجَرَم
azure	35	لاجِوَردی
The Hague	34	لاهه
bill	39	لایِحه
to be eligible	33	لایِق بودن
layer	38	لایه
tablet	31	لُوح
spoiled kid	35	لوس، نُنُر
to lick	35	لیسیدن
but	33	لیک
however	33	لیکِن
	م	
synecdoche	33	مَجاز
places, communities	34	مَجامِع
parliament	34, 39	مَجلِس
Assembly of Experts	39	مَجلِسِ خُبرِگان
Expediency Discernment Council	39	مَجمَعِ تَشخیصِ مصلَحَتِ نظام
mad	33	مَجنون
familiar	33	مَحرَم
deprived	34	مَحروم
solution	38	مَحلول
blurry	35	مَحو /mahv/
to be mesmerized	33	مَحو شدن
tank	40	مَخزَن
velvet	34	مَخمَل
praising	33	مَدح
religions	32	مَذاهِب
religion	32	مَذهَب
pasture	38	مَرتَع
step	31	مَرحَله
humidify	38	مَرطوب‌سازی
mysterious	35	مَرموز
temper	35	مَزاج
farms	31, 32	مَزارِع، مَزرعه‌ها
ecstasy	35	مَستی
housing	34	مَسکَن
poisoning	38	مَسمومیّت
Christian	39	مَسیحی
constitutional	34	مَشروطه
constitutional	34	مَشروطیّت
homework	35	مَشق
consumption	38, 39	مَصرَف
to consume	38	مَصرَف کردن
artificial, synthetic	35, 37	مَصنوعی
meanings	34, 35	مَضامین
media	34	مَطبوعات
relevant	40	مَطرَح
desirable	40	مَطلوب
passageways	34	مَعابِر
mines	34, 39	مَعادِن
sciences, culture	32, 34	مَعارِف
temple	31	مَعبَد

فرهنگ واژگان — فارسی‌آموز ۴

انگلیسی	درس	فارسی	انگلیسی	درس	فارسی
nearby	31	مُجاوِر	self-examination	33	مَعرِفت
researcher	40	مُحَقِّق	exposure	38	مَعرَض
siege	34	مُحاصِره	time periods	40	مَقاطِع
content	40	مُحتوا	post	39	مَقام
environment	38	مُحیطِ زیست	Macedonia	38	مَقدونیّه
audience	40	مُخاطَب	cross section	40	مَقطَع
brief	37	مُختَصَر	topic	40	مَقوله
wise	32	مُدَبَّر	con artist	35	مَکّار
pretenders	32	مُدَّعیان	school of thought	34	مَکتَب
music mode	37	مُد، مَقام	queen	33	مَلَکه
toleration	31	مُدارا، تَحَمُّل	country	36	مَملِکت
endlessly	35	مُدام	prohibition	38	مَمنوعیّت
continuity	35	مُداوِمَت	resources	33	مَنابع
management	38	مُدیریَّت	out-of-date	38	مَنسوخ
negotiation	35	مُذاکره	origin	38	مَنشاء /mansha'/
compound	32	مُرَکَّب	charter	31	مَنشور
connected	36	مُرتَبِط	elected	34	مَنصوب
related to	38	مُرتَبِط با	logic	32	مَنطِق
discharge	35	مُرَخَّصی	purpose	35	مَنظور، هَدَف
owl	35	مُرغ حَقّ	skill	31	مَهارَت
dominated	32	مُسَلَّط	to control	38	مَهار کردن
peaceful	32	مُسالِمَت‌آمیز	to tame	32	مَهار کردن
attaché	34	مُستَشار	scary	40	مَهیب
susceptible	38	مُستَعِد	exchanges	39	مُبادِلات، مبادله‌ها
colony	34	مُستَعمِره	captivated	33	مُبتَلا
independent	35, 36	مُستَقِل	vague, mystery	33, 35	مُبهَم
necessitate	38	مُستَلزِم	united	31	مُتَّحِد
documentary	40	مُستَنَد	modern	34	مُتَجَدِّد
observations	32	مُشاهِدات	numerous	34	مُتَعَدِّدی
approved	39	مُصَوَّب	after that	39	مُتِعاقِبِ آن
measures	39	مُصَوَّبات	elite	32	مُتِفَکِّر
disaster	34	مُصیبَت	centralized	39	مُتِمَرکِز
studying	32	مُطالِعه	he scared	35	مُتَوَحِّش کرد

فارسی	درس	انگلیسی
مُطالِعات، مُطالِعه‌ها	38	studies
مُطلَق	37	freehand
مُعَلَق	38	floating
مُعاصِر	35, 36, 40	contemporary
مُعتَبَر	40	valid
مُعضَلات	39	issues
مُغایِر	39	different
مُغبَچه	33	teenager
مُفرِح	33	cheering
مُقَنّی	31	well-digger
مُقابِله	34	confrontation
مُقایِسه	36	comparison
مُقتَدِر	31	strong
مُکَرَر	38	repeated
مُکَلَف	39	obligated
مُکَمِل	39	complement
مُنَظَم	31	ordered
مُناسِب	38	proper
مُنتَقِد	40	critique
مُنجَر به ... شدن	38	resulted in
مُنحَصِربه‌فَرد	39	unique
مُنحَل شد	34	it was canceled
مُنسَجِم	32	coherent
مُنشَعِب شدن	36	to branch
مُهاجِرَت	34, 36	immigration
مُواجه شدن	38	to face with
مُوازی	35	parallel
مُوزون	33	rhythmic
مُوعِظه	33	preaching
مُؤَثِر	38	effective
مِحراب	33	altar
مِس	38	copper
مِسی	37	copper
مِصرَع	33	semi couplet
مِضراب، زَخمه	37	pick
مِعراج	33	ascent
مِعماری	31	architecture
مِلّی شدن	34	to nationalize
مِلّی‌گرایی	32	nationalism
مِهر	33	affection
مِیخانه	33	tavern
م.، میلادی	31	A.D.
ماچ	35	kiss
ماده	35	female animal
مادها	31	Meds
ماشین‌آلات	38	machinery
مالِک	34	landlord
مالِکیّت	31, 39	possession, ownership
مالیات	39	tax
مانِع	40	obstacle
مانِع شدن	32	to prevent
ماندِگار	40	permanent
مانَندِ	31	such as
ماوَراءُالنَهر	32, 36	Transoxiana
مأموریّت	39	mission
مستقیماً	32	directly
مُوج زَدن	35	to stream
مور	33	ant
موسِم	35	season
موسیقیِ مَتن	40	music
مُوضِع	38	stand
مُوضوع	40	subject matter
مولیان	33	Amu Darya, Oxus
میانجیگری	39	mediation
میان‌رودان	32	Mesopotamia
میانگین	39	average

انگلیسی	درس	فارسی
it pulsates	33	می‌تَپَد
they used to taste	33	می‌چِشیدند
king	33	میر
heritage	31	میراث
scale, balance	33	میزان
it blooms	35	می‌شِکُفد
microphone	40	میکروفُن
birth (Christ)	31	میلاد
bar	37	میله
she brags	33	می‌نازد
	ن	
battle	32	نَبَرد
prose	33	نَثر
male animal	35	نَر
Narcissus	33	نَرگِس
by	33	نَزدِ
generation	38	نَسل
breeze	35	نَسیم
publication	39	نَشر
publications	35	نَشریات
to appoint	39	نَصب کردن
theoretical	37	نَظَری
yowl	35	نَعره
corpse	35	نَعش
song	33	نَغمه
self	35	نَفس
cash, whole	33	نَقد
criticism	35	نَقد
imprint	31	نَقش کردن
saying	32	نَقل
symbol	35	نَماد، سَمبُل
representative	39	نَمایَنده
not scared	33	نَهَراسَد
hidden	36	نَهُفته
institution	39	نَهاد
plant	38	نَهال
places	31	نَواحی، ناحیه‌ها
to play song	37	نَواختن
music player	37	نَوازَنده
musical note	37	نُت، نَغمه
astronomy	32	نُجوم
influence	34	نُفوذ
shortage	33	نُقصان
weak point	31	نُقطه‌ضَعف
sacrifice	33	نِثار
gentility	34	نِجابَت
rate	39	نِرخ
race	36	نِژاد
racist	32	نِژادپَرَست
subsidence	38	نِشَست
happiness	33	نِشاط
aim	35	نِشان
control	39	نِظارَت
system	39	نِظام
military	32	نِظامی
old school	32	نِظامیّه
curse	31	نِفرین
mask	33	نِقاب
nice	33	نِکو
to hold	37	نِگَه داشتن
guard	31	نِگَهبان
movement	34	نِهضَت
insecurity	32	نااَمنی
extinction, destruction	36, 38	نابودی، زَوال
inevitable	39	ناچار
infertile	38	ناحاصِلخیز

فارسی	درس	انگلیسی
ناحیه	31	place
ناخُن	35, 37	fingernail
ناخوش	35	patient
ناراضی	31	unsatisfied
ناسازگار	38	incompatible
ناسالِم	38	unhealthy
ناکارآمد	38	inefficient
ناکارآمدی	39	inefficiency
ناکامی	34	frustration
ناله	35, 37	moan, sigh
نامَحدود	35	unlimited
نامَطلوب	38	undesirable
نام‌آوَر	31	famous
نام‌آوا	35	onomatopoeia
ناوه‌کِشی	35	hod carrier
نِسبَتِ نیم‌پرده	37	semitone ratio
نِشانه	33	target
نیرو	39	energy
نیروهای مُسَلَّح	39	armed forces
نیک	33	goodness
و		
وَجهِ اِشتِراک	35	commonality
وَحدَتِ وجود	32, 35	unity, singularity
وَر	33	and if
وَرایِ	35	beyond
وَزن	33	rhythm
وَسواس	35	sensitivity
وَصف	33	describing
وَضع	31	situation
وَعده، قُول	33, 35	promise
وَقایِع	35	events
وَلیِّ فَقیه	39	Supreme Leader
وُسعَت	37	range
وِزارت	40	ministry
وِصال	33	attain
وِلگرد	35	stray
وابَسته	34	dependent
وادی	33	land
وافوری	35	junky
واگذار نمودن	39	to privatize, to transfer
وجود	33	existence
وَزیر	39	minister
وَصل کردن	37	to connect
وَضعیّت	38	condition
وَظایِف	39	duties
وُکَلا، وَکیل‌ها	34	lawyers
ویران کردن	32	to ruin
ویرایِش	40	editing
ویرایِشگر	40	editor
ه		
هَخامَنِشیان	31	Achaemenian
هَدَر	38	to waste
هَذیان‌وار	35	delusional
هَراسان	35	fearful
هَرج و مَرج	31, 32	anarchy, chaos
هَسته‌ای	38	nuclear
هَل مَن مَزید	33	auction
هَمشَهری	40	townsman
هُلاکوخان	32	Hulago Khan
هِجا	33	syllable
هِجران	37	passing away
هِنگُفت	32	enormous
هم‌آوایی	35	alliteration
همه‌پُرسی	39	referendum
هم‌وَزن	33	balanced
هُولناک	35	frightful

فارسی	درس	انگلیسی	فارسی	درس	انگلیسی
هیزُم	33	wood log			
ی					
یَقین	33	certainty			
یَهودیان	31	Jews			
یِکباره	32	at once			
یِکپارچه	32	homogeneous			
یادِگار	31	monument			
یارانه	38, 39	subsidy			
یورِش	32	attack			

پیوست
فارسی‌آموز ۴

Subjective Pronouns

Plural	Singular
ما	مَن
we	I
شُما	تُو
you	you
آن‌ها، ایشان	او، آن
they	s/he, it

Possessive Pronouns

Plural	Singular
مِدادِمان	مِدادَم
our pencil	my pencil
مِدادِتان	مِدادَت
your pencil	your pencil
مِدادِشان	مِدادَش
their pencil	her pencil

Reflexive Pronouns

Plural	Singular
خُودِمان	خُودَم
ourselves	myself
خُودِتان	خُودَت
yourselves	yourself
خُودِشان	خُودَش
themselves	herself

Subject Verb Endings

Plural	Singular
ـیم	ـَم
we	I
ـید	ـی
you	you
ـَند	ـَد / ـ
they	s/he (only present)

Demonstratives

Plural	Singular
این‌ها (اینا)	این
these	this
آن‌ها (اونا)	آن
those	that

Indefinite Pronouns

هَمه	هَر
all	every
هیچ‌کس	هیچ، هیچ‌چیز
nobody	none, nothing
یِکی، کَسی	بَعضی
someone	some of

Verb Endings/Perfect Tenses

ایم	ام
we have ...	I have ...
اید	ای
you have ...	you have ...
اند	است
they have ...	s/he has ...

Locative Prepositions

under	زیرِ
on	رویِ
back of	پُشتِ
in front of	جِلویِ
in	در، تویِ
above	بالایِ
below	پایینِ
next to	کِنارِ، بَغَلِ
inside of	دَرونِ
outside of	بیرونِ
corner of	گوشه‌یِ
between	بینِ
around	دُورِ
through	میانِ
toward	به طَرَفِ
from	از طرفِ
via	از طَریقِ

Adverbs of Time

today	اِمروز
this year	اِمسال
tonight	اِمشَب
tomorrow	فَردا
2 days later	پَس‌فَردا
yesterday	دیروز
2 days ago	پَریروز
last year	پارسال
last year	سالِ گُذَشته
last night	دیشَب
always	هَمیشه
still, yet	هَنوز
no time	هیچ‌وَقت
sometimes	بَعضی وَقت‌ها
now	اَلان
before	قَبلاً
later on	بَعداً
sometime	گاهی
next year	سالِ آیَنده

Question Adverbs

where	کُجا
when	چه‌وَقتی (کِی)
who	چه‌کسی (کی)
what	چه (چی)
which	کُدام (کُدوم)
how	چِطُور، چِگونه
why	چِرا
how many	چَند، چَندتا
how much	چِقَدر
do	آیا
how long	چَندوَقت

Adverb of Manners

usually	مَعمولاً
at all	اَصلاً
certainly	حَتماً
for now	فِعلاً
meanwhile	ضِمناً
almost	تَقریباً
really	واقِعاً
never	هَرگِز
apparently	ظاهِراً
at least	اَقَلاً
totally	کامِلاً

Preposition

با
with
دَر، تویِ
in
به
to
اَز
from
بَرایِ
for
تا
till, to
را

Conjunctions

but, however	اَمّا، وَلی	despite	عَلیرَغمِ	and	وَ
because	چُون، زیرا	nevertheless	با این وُجود	or	یا
before the	قَبل از	whereas	در حالی که	although	اگرچه
after the	بَعد از	otherwise	در غیرِ اینصورت	in order to	تا
if	اگر (اگه)	unless	مَگر این که	that, which	که
considering	با توجه به	albeit	البَته	as if	انگار

Inf	Present Stem	Past Stem	Participle	Imperative Singular	Imperative Plural
رفتن	رَو	رَفت	رَفته	بُرو	بِرَوید
to go	-	went	gone	go	go

Pronoun	Simple Present	Simple Past	Present Perfect	Past Perfect	Present Progressive	Past Progressive	Habitual Past	Future	Present Subjunctive	Past Subjunctive
مَن	می‌رَوَم	رَفتَم	رَفته‌اَم	رَفته بودَم	دارَم می‌رَوَم	داشتَم می‌رَفتَم	می‌رَفتَم	خواهَم رَفت	باید بِرَوَم	باید رفته‌باشَم
I	I go	I went	I have gone	I had gone	I am going	I was going	I used to go	I will go	I should go	I should have gone
تُو	می‌رَوی	رَفتی	رَفته‌ای	رَفته بودی	داری می‌رَوی	داشتی می‌رَفتی	می‌رَفتی	خواهی رَفت	باید بِرَوی	باید رفته‌باشی
او	می‌رَوَد	رَفت	رَفته‌اَست	رَفته بود	دارَد می‌رَوَد	داشت می‌رَفت	می‌رَفت	خواهَد رَفت	باید بِرَوَد	باید رفته‌باشَد
ما	می‌رَویم	رَفتیم	رَفته‌ایم	رَفته بودیم	داریم می‌رَویم	داشتیم می‌رَفتیم	می‌رَفتیم	خواهیم رَفت	باید بِرَویم	باید رفته‌باشیم
شُما	می‌رَوید	رَفتید	رَفته‌اید	رَفته بودید	دارید می‌رَوید	داشتید می‌رَفتید	می‌رَفتید	خواهید رَفت	باید بِرَوید	باید رفته‌باشید
آن‌ها	می‌رَوَند	رَفتَند	رَفته‌اَند	رَفته بودَند	دارَند می‌رَوَند	داشتَند می‌رَفتَند	می‌رَفتَند	خواهَند رَفت	باید بِرَوَند	باید رفته‌باشَند

Inf	Present Stem	Past Stem	Participle	Imperative Singular	Imperative Plural
کردن	کُن	کَرد	کَرده	بُکُن	بُکُنید
to do	-	did	done	do	do

Pronoun	Simple Present	Simple Past	Present Perfect	Past Perfect	Present Progressive	Past Progressive	Habitual Past	Future	Present Subjunctive	Past Subjunctive
مَن	می‌کُنَم	کَردَم	کَرده‌اَم	کَرده بودَم	دارَم می‌کُنَم	داشتَم می‌کَردَم	می‌کَردَم	خواهَم کَرد	باید بُکُنَم	باید کَرده‌باشَم
I	I do	I did	I have done	I had done	I am doing	I was doing	I used to do	I will do	I should do	I should have done
تُو	می‌کُنی	کَردی	کَرده‌ای	کَرده بودی	داری می‌کُنی	داشتی می‌کَردی	می‌کَردی	خواهی کَرد	باید بُکُنی	باید کَرده‌باشی
او	می‌کُنَد	کَرد	کَرده‌اَست	کَرده بود	دارَد می‌کُنَد	داشت می‌کَرد	می‌کَرد	خواهَد کَرد	باید بُکُنَد	باید کَرده‌باشَد
ما	می‌کُنیم	کَردیم	کَرده‌ایم	کَرده بودیم	داریم می‌کُنیم	داشتیم می‌کَردیم	می‌کَردیم	خواهیم کَرد	باید بُکُنیم	باید کَرده‌باشیم
شُما	می‌کُنید	کَردید	کَرده‌اید	کَرده بودید	دارید می‌کُنید	داشتید می‌کَردید	می‌کَردید	خواهید کَرد	باید بُکُنید	باید کَرده‌باشید
آن‌ها	می‌کُنَند	کَردَند	کَرده‌اَند	کَرده بودَند	دارَند می‌کُنَند	داشتَند می‌کَردَند	می‌کَردَند	خواهَند کَرد	باید بُکُنَند	باید کَرده‌باشَند

پیوست
فارسی‌آموز ۴

Inf	Present Stem	Past Stem	Participle	Imperative Singular	Imperative Plural
شُدَن	شَو	شُد	شُده	شو	شَوید
to become	-	became	become	become	become

Pronoun	Simple Present	Simple Past	Present Perfect	Past Perfect	Present Progressive	Past Progressive	Habitual Past	Future	Present Subjunctive	Past Subjunctive
مَن	می‌شَوَم	شُدَم	شُده‌اَم	شُده بودَم	دارَم می‌شَوَم	داشتَم می‌شُدَم	می‌شُدَم	خواهَم شُد	باید بِشَوَم	باید شُده‌باشَم
I	I become	I became	I have become	I had become	I am becoming	I was becoming	I used to become	I will become	I should become	I should have become
تُو	می‌شَوی	شُدی	شُده‌ای	شُده بودی	داری می‌شَوی	داشتی می‌شُدی	می‌شُدی	خواهی شُد	باید بِشَوی	باید شُده‌باشی
او	می‌شَوَد	شُد	شُده‌اَست	شُده بود	دارَد می‌شَوَد	داشت می‌شُد	می‌شُد	خواهَد شُد	باید بِشَوَد	باید شُده‌باشَد
ما	می‌شَویم	شُدیم	شُده‌ایم	شُده بودیم	داریم می‌شَویم	داشتَیم می‌شُدیم	می‌شُدیم	خواهیم شُد	باید بِشَویم	باید شُده‌باشیم
شُما	می‌شَوید	شُدید	شُده‌اید	شُده بودید	دارید می‌شَوید	داشتید می‌شُدید	می‌شُدید	خواهید شُد	باید بِشَوید	باید شُده‌باشید
آن‌ها	می‌شَوَند	شُدَند	شُده‌اَند	شُده بودَند	دارَند می‌شَوَند	داشتَند می‌شُدَند	می‌شُدَند	خواهَند شُد	باید بِشَوَند	باید شُده‌باشَند

Inf	Present Stem	Past Stem	Participle	Imperative Singular	Imperative Plural
بودن	باش	بود	بوده	باش	باشید
to be	-	was, were	been	be	be

Pronoun	Simple Present	Habitual Present	Simple Past	Present Perfect	Habitual Past	Future	Present Subjunctive	Past Subjunctive
مَن	هَستَم	می‌باشَم	بودَم	بوده‌اَم	می‌بودَم	خواهَم بود	باید باشَم	باید بوده‌باشَم
I	I am	I'd be	I was	I have been	I used to be	I will be	I should be	I should have been
تُو	هَستی	می‌باشی	بودی	بوده‌ای	می‌بودی	خواهی بود	باید باشی	باید بوده‌باشی
او	هَست، است	می‌باشَد	بود	بوده‌اَست	می‌بود	خواهَد بود	باید باشَد	باید بوده‌باشَد
ما	هَستیم	می‌باشیم	بودیم	بوده‌ایم	می‌بودیم	خواهیم بود	باید باشیم	باید بوده‌باشیم
شُما	هَستید	می‌باشید	بودید	بوده‌اید	می‌بودید	خواهید بود	باید باشید	باید بوده‌باشید
آن‌ها	هَستَند	می‌باشَند	بودَند	بوده‌اَند	می‌بودَند	خواهَند بود	باید باشَند	باید بوده‌باشَند

پیوست
فارسی آموز ۴

Inf	Present Stem	Past Stem	Participle	Imperative Singular	Imperative Plural
دادن	ده	داد	داده	بِده	بِدَهید
to give	-	gave	given	give	give

Pronoun	Simple Present	Simple Past	Present Perfect	Past Perfect	Present Progressive	Past Progressive	Habitual Past	Future	Present Subjunctive	Past Subjunctive
مَن	می‌دَهَم	دادَم	داده‌اَم	داده بودَم	دارَم می‌دَهَم	داشتَم می‌دادَم	می‌دادَم	خواهَم داد	باید بِدَهَم	باید داده‌باشَم
I	I give	I gave	I have given	I had given	I am giving	I was giving	I used to give	I will give	I should give	I should have given
تُو	می‌دَهی	دادی	داده‌ای	داده بودی	داری می‌دَهی	داشتی می‌دادی	می‌دادی	خواهی داد	باید بِدَهی	باید داده‌باشی
او	می‌دَهَد	داد	داده‌اَست	داده بود	دارَد می‌دَهَد	داشت می‌داد	می‌داد	خواهَد داد	باید بِدَهَد	باید داده‌باشَد
ما	می‌دَهیم	دادیم	داده‌ایم	داده بودیم	داریم می‌دَهیم	داشتیم می‌دادیم	می‌دادیم	خواهیم داد	باید بِدَهیم	باید داده‌باشیم
شُما	می‌دَهید	دادید	داده‌اید	داده بودید	دارید می‌دَهید	داشتید می‌دادید	می‌دادید	خواهید داد	باید بِدَهید	باید داده‌باشید
آن‌ها	می‌دَهَند	دادَند	داده‌اَند	داده بودَند	دارَند می‌دَهَند	داشتَند می‌دادَند	می‌دادَند	خواهَند داد	باید بِدَهَند	باید داده‌باشَند

Inf	Present Stem	Past Stem	Participle	Imperative Singular	Imperative Plural
داشتن	دار	داشت	داشته	بِدار	بِدارید
to have	-	had	had	have	have

[1]only used in a compound form

Pronoun	Simple Present	Simple Past	Present Perfect	Past Perfect	Habitual Past	Future	Present Subjunctive	Past Subjunctive
مَن	دارَم	داشتَم	داشته‌اَم	(نِگه[1])داشته بودَم	می‌داشتَم	خواهَم داشت	باید (نِگه[1]) دارَم	باید داشته‌باشَم
I	I have	I had	I have had	I had kept	I used to have	I will have	I should keep	I should have had
تُو	داری	داشتی	داشته‌ای	(نِگه)داشته بودی	می‌داشتی	خواهی داشت	باید (نِگه) داری	باید داشته‌باشی
او	دارَد	داشت	داشته‌اَست	(نِگه)داشته بود	می‌داشت	خواهَد داشت	باید (نِگه) دارَد	باید داشته‌باشَد
ما	داریم	داشتیم	داشته‌ایم	(نِگه)داشته بودیم	می‌داشتیم	خواهیم داشت	باید (نِگه) داریم	باید داشته‌باشیم
شُما	دارید	داشتید	داشته‌اید	(نِگه)داشته بودید	می‌داشتید	خواهید داشت	باید (نِگه) دارید	باید داشته‌باشید
آن‌ها	دارَند	داشتَند	داشته‌اَند	(نِگه)داشته بودَند	می‌داشتَند	خواهَند داشت	باید (نِگه) دارَند	باید داشته‌باشَند